ちくま新書

国際法

大沼保昭
Onuma Yasuaki

1372

国際法【目次】

はじめに

「国際法ってなに？」

スマホをいじっていた中学生の息子にいきなり訊かれる。あるいは、テレビのニュースを見ていたガールフレンドが突然ふりむいて、そうたずねる。

さあ、どう答えるか。

「うーん、むずかしいねえ……」

「あ、ごめん、考えたことないんで」

「……（無言）」

大方の反応はそんなところか。

なんとか、「国と国の関係を規律する法律じゃない？」という答えが出るかもしれない。あるいは、「国に法律があるでしょ？　国際社会にもたぶん国際『法』があるんだよ。ほとんど守られてないと思うけど」などと解説する人もいるかもしれない。

これらは問いへの「正解」というわけではない。それでもここまで行ける人はずいぶんましな方で、おそらくごく少数ではないか。国際法学者を半世紀近くやってきた著者としては悲しいことだが、それが現実かと思う。

わたしが悲しいのはどうでもよいことだが、「国際法」の存在感がかくも薄いのは困ったことである。明治維新から一五〇年の歴史を振り返ってみても、日本にとって重要な政治・経済・社会的課題のほとんどが国際法と深くむすびついている。それくらい、国際法は日本にとって大事なものだからである。

明治維新のきっかけとなった「攘夷」か「開国」かの問題。幕末に結ばれた不平等条約の改正（「条約改正」）問題。日清・日露戦争。「満州事変」、真珠湾攻撃をふくむアジア・太平洋戦争。東京裁判。連合国との講和。日米安保条約。沖縄。韓国、中国との国交正常化。日米経済摩擦。尖閣諸島。北朝鮮の核ミサイル開発。憲法九条の解釈・改正問題。

日本の近現代史を彩るこれらの問題を国際法抜きに理解することはできない。しかもこれらはけっして過去の問題ではない。過去の歴史をいかに認識するかは、日本が将来いかなる道をたどるべきかという、未来への選択を左右する。こうした諸問題が国際法とふかくかかわる問題であるのなら、日本国民の未来も国際法と密接に結びついているはずである。

さらに、二〇世紀後半以降のグローバル化の進行にともなって、国際法は国民の生活にふかく入り込んでいる。食材の購入にせよ、ネット通信にせよ、わたしたちの日常生活は貿易や国際通信を規律する国際法なしにはなりたたない。つまり、憲法、日米安保体制といった日本国民全体にかかわる大問題だけでなく、コンビニでパンを買うといったまったく私的な問題まで、国際法とかかわりをもっている。そういう世界、そういう時代に、国際法の知識、国際法にかかわる諸問題の理解なしに生きて行こうというのは、なんとも無茶な話ではなかろうか。

本書は、こうした考えから、国際法を一般の方々にできるだけよくわかっていただくために書かれたものである。

国際法は国際社会の法だから、米国人が説こうが、インド人が描こうが、対象は同じである。実際、著者は二〇一七年にケンブリッジ大学出版局から英語で国際法の教科書を出版したが、そこであつかっている対象は、諸国の学者がこれまで国際法の教科書であつかってきたものとそう変わらない。たまたまわたしの教科書は、これまでオックスフォード、ケンブリッジという二大学術出版社の国際法教科書が欧米人に独占されていたのに対して、非欧米世界に住む非欧米人の手になるはじめての教科書ということで、その方法と視座は既存のものとかなり異なっているが、それでも対象が世界に共通する国際法であることに変わりはない。

ただ、世界に約二〇〇存在する諸国家は、国際社会における立ち位置も、国内法のシステムも、国際法教育のありかたも、それぞれ異なる。たとえば米国は、二〇世紀後半、超大国として国際社会に君臨してきた。米国の国際法教育はロースクールと政治学部・国際関係学部などでおこなわれるが、弁護士を養成する前者が主流であり、弁護士が米国の司法システムで国際法にかかわる事件をあつかうという前提で国際法教育がおこなわれている。英国は米国とともに判例法の国であり、二〇世紀に成文法が増えたとはいえ、法の基本的なとらえかたは司法中心・判例中心である。成文法典を前提に法を考える独仏などの「(欧州)大陸法」の国々とはその点で異なっている。

急速に先進国化・超大国化しつつある中国は、二〇世紀には国内法も未整備の発展途上国であった。二一世紀初頭の今日もなお共産党独裁という特異な体制下にある。その中国が整備しつつある国内法は、欧米や日本などの先進国の法制に学びつつ、それを「中国式」に換骨奪胎したものである。そこでの国際法観は、当然そうした中国の状況に規定されている。このように国家のありようが多彩であることから、各国の国際法学者が書く国際法の著作も著者の母国とのつながりを反映して、方法、概念、構成などの点でかなり異なっている。

わたしは、在日韓国・朝鮮人問題、東京裁判、日米経済摩擦、「慰安婦」問題など、日本にかかわる諸問題にもふかくかかわってきた。また本書は日本語で出版される。英語で書かれ、世界中で読まれることを想定した国際法の著作でさえ執筆者がどの国家に帰属しているのかを反映する以上、日本語の読者を想定して書かれる本書には、日本と国際法とのかかわりという色彩がさらに色濃くふくまれることになる。

とはいえ、著者としてはできるだけ読者に、国際社会に通用している一般的な国際法の理解と解釈を知っていただきたいという思いで本書を書いた。自衛権にせよ日米経済関係にせよ、中国との歴史認識問題にせよ、日本の一般市民の方々が国際社会に一般的な国際法認識を共有することによってこれらの問題の理解をふかめていただくことが本書の狙いだからである。こうした理由から、本書はできるだけわたしが世界の読者を想定して英語で書いた二〇一七年の国際法教科書をベースとし、日本と国際法にかかわる話題は各章の例としてあげるというかたちをとっている。

国際社会は、弱肉強食、駆け引きと暴力が跋扈《ばっこ》する不条理の世界である。そこで国際法という「法」のはたらく余地があるのか。あるとしたら、どういう条件の下で、いかなる限度で、法は機能するのか。以下、ひとまず著者を機長とする「スペースシップ・国際法号」の乗客として、著者とともにこうした問題を考え、悩み、読者なりの判断を下していただきたい。機長の操船能力にはたえず疑いの目を投げかけながら。

二〇一八年八月

大沼保昭

序

二〇世紀後半から二一世紀にかけて、経済・社会・文化のあらゆる面でグローバル化が進行した。人々の生活は無意識のうちに「国際」的な色合いを帯びるようになった。わたしたちがコンビニでパンや牛丼を買ってたべるとき、その材料――たとえば小麦や牛肉――にはまず輸入品がふくまれている。多くの人にとってスマホ、携帯電話のない生活は考えられないが、そうしたくらしはグーグルなどの国境を越える企業活動に支えられている。

これらのいっさいの経済や社会のグローバル化は法の国際化をともなっている。牛肉の輸入にせよ、スマホを通した情報の入手にせよ、それを支え同時に規制する法なしにはおこなえない。経済社会活動とともに詐欺やテロなどの犯罪も国境を越え、それを取り締まる法も国際化する。こうした「法の国際化」には、商法、刑法といった国内法の規律対象が国際化する側面と、もともと国際関係を規律するのが任務だった国際法が規律領域を増大・深化させるというふたつの側面がある。

日本が小麦や牛肉を輸入するとき、それは日本や米国などの国内法にしたがっておこなわれる。しかし、日米の貿易は両国の国内法だけではなりたたない。そこには、日米関係を貿易の分野で規律する国際法がかならず働いている。それは日米二国間条約のこともあれば、両国をふくむ多国間条約、さらにその双方のこともある。また、条約という成文法だけでなく、「慣習国際法」といわれる不文の国際法もかかわっている。

かつての国際法はおもに国家間の外交や戦争などにかかわる法で、一般市民の生活が国際法にかかわる場面はすくなかった。今日では米作をふくむ日本の農業、バリやマチュピチュへの観光旅行など、ごく身近な問題が国際法の規律を受けるようになっている。こうした現実に人々の意識は追いついていない。テレビや新聞などのメディアも、これらの問題を解説する際に国際法にふれることに慣れていない。

たとえば、憲法九条の解釈や改正が話題になるときかならず問題になる自衛権、とくに集団的自衛権の問題。これは本来国際法上の概念だが、日本ではもっぱら憲法学者と国際政治の専門家、外交評論家が論じている。そのため国際法学者からみると、「いや、そういうことじゃないでしょう。ポイントが外れてますよ」という議論もすくなくない。ほかにも、政府が「固有の領土」と言い続け、マスコミもそれをそのまま使っている「北方領土」などの領土問題。元「慰安婦」に日本が一九九五年からおこなってきた償いはアジア女性基金という「民間の」団体の行為であるという、二〇年以上続いている（日本政府と）メディアの解説。二〇一二年に日本政府は尖閣諸島を「国有化」したという、これまたずっと続いているメディアの報道ぶり。これらの問題の論じられかたも、国際法の観点からみるとさまざまな問題をはらんでいる。

まず、自衛権、集団的自衛権について。自衛権は国際法上長い歴史をもち、国連憲章にも明記されており、国際平和の問題を考えるうえできわめて重要な概念である。ただ、国連憲章上、自衛権はあくまで武力行使の禁止という国際法の基本原則の例外と位置づけられる。また、自衛権の一種とされるものの、集団的自衛権は一九四五年の国連憲章制定時に規定された新奇な概念である。

このように自衛権は国際法上の制度であり、日本国憲法には九条にも平和主義をうたう前文にも規定されていない。むろん憲法に明文で規定されていなくても、九条の解釈や改正を論ずるうえで自衛権を論じることは許されるし、必要でもある。しかしその場合、まずもって国際法上の自衛権にかかわる理論と諸国の実行を十分検討しなければならない。そうした手続きなしにいくら自衛権を論じても、それは日本国内で消費されるだけで、国際社会には通用しない。

国際社会に通用しない議論は独善であり、国を誤らせる。このことをわたしたちは一九三一年の「満州事変」の教訓から十分理解しているはずである。この時日本の政府と軍部は関東軍の行動を自衛権の行使だと正当化した。日本国内にしか通用しない独善的な論を憂慮し、関東軍の行動は自衛権の発動とみとめられないと主張した国際法学者・横田喜三郎は右翼や軍部ににらまれ沈黙を余儀なくされた。今日「平和主義」を標榜するメディアも、国際社会の自衛権解釈から目をそむけ、日本国内にのみ通用する自衛権論を主張した。この「満州事変」こそ、その後四五年の敗戦にいたる日本のアジア侵略戦争の発端だった。こうした歴史の教訓を忘れてはならない

日本政府が長年主張し、メディアがそれを無批判に広めてしまった「固有の領土」論も、国際法学者からみると困ったものである。日本政府が、対外交渉との関係で「北方領土」、尖閣諸島、竹島などを「固有の領土」と性格づけることにはそれなりの理由——わたし自身は批判的だが——があった。しかし、政府がそうだからといって、メディアや一般の市民が「北方領土」・尖閣・竹島問題を「固有の領土」といった用語・論法で考え、論ずべきことにはならない。問題の解決という観点からみると、国民全体が「固有の領土」という（学問的には誤った）観念・発想に染まってしまうことは、日本政府が相手国の政府と外交交渉による問題の解決を模索する際、不必要に日本政府の手を縛り、妥協を困難にし、

問題の解決を阻害してしまう可能性が高い。

一九九〇年代からぐずぐずと長引いている「慰安婦」問題にかかわるさまざまな誤解・曲解、ことばの不適切さも深刻な問題である。一九九五年からアジア女性基金が元「慰安婦」の方々に総理のお詫びの手紙とともにお渡ししたのは、日本国という「国家」を構成する国民の公的な償い金であって、民間の私的なお金ではない。国際法上も国内法上も、「国民」と「民間人」は同じではない。にもかかわらず、二〇年以上ものあいだ、日本のテレビも新聞も、「アジア女性基金という日本の民間の団体が民間の償い金を被害者にお渡ししてきた」と報じ続け、政府もそうした言いかたを正そうとしなかった。このことは、「日本は元『慰安婦』への償いにあたって、民間からの拠金で済ませ、国家としてなんの償いもしなかった」という謬見《びゅうけん》が全世界に広まり、定着してしまうのを、日本自身が――メディアと政府の行為を通して――助けることになっている。

メディアはさらに、二〇一二年の日本による尖閣諸島の「国有化」を語り続け、日本政府もこれを正そうとしない。だが、日本政府がおこなったのは尖閣諸島所有者からの購入であって、国有化ではない。国際法上、「国有化」は私的な購入とははっきり区別される権力行為である。日本政府による尖閣諸島の購入を「国有化」というと、国が尖閣諸島を購入したという私的な行為に、日本政府による権力行為という異なる意味を付与してしまう。それは中国の政府や国民に対しても、米国などの第三国の人々に対しても、「日本の国家権力による尖閣諸島の収用」といった権力的でネガティブなメッセージを送ってしまうことになる。そうしたメッセージは尖閣諸島問題に関する日本の国際的なイメージを傷つけ、日本国民の利益を損なう。さらにそれは日中関係を不必要に激化させ、東アジアの安定的な関係と平和を阻害する方向にはたらく。

このように、メディアも一般国民も国際法について一定の知識をもち、さまざまな政治・外交問題について、憲法や国際政治などの観点からだけでなく、国際法の観点から考えるくせをつけておくことは、日本国民が二一世紀を生きていくうえでどうしても必要なことなのである。

そもそも日本の近現代史を彩った重要な出来事をふりかえるなら、そこにはほとんど常に国際法がかかわっていたことがわかる。約三世紀におよぶ徳川の世から明治維新という巨大な変換をもたらしたのは、ペリー来航にはじまる「開国か攘夷か」をめぐるあらそいだったが、この時の具体的な問題は、米国が日本に締結を迫った日米和親条約という国際法にかかわるものだった。そして米国と条約を締結すべきか否かという問題の背後には、日本が近代の欧米中心の主権国家体制・国際法秩序に属すべきかという、世界における日本の立ち位置にかかわる重大な問題があった。

日本は一八五四年に米国と和親条約を締結し、その後米英蘭などの欧米列強と友好通商条約を締結した。こうして日本は欧米中心の国際法秩序の一員となった。ただ、当時の国際法は欧米列強が非欧米諸国民を植民地主義・帝国主義的政策の対象としてあつかう差別的な法であり、日本が欧米諸国と締結した通商条約も日本の主権を一方的に制限する不平等条約だった。そのため、不平等条約を平等な条約に変えていく「条約改正」は維新後の日本の重大な政治・外交課題であり続けたのである。

こうした条約改正を実現するうえで大きな役割をはたした日清・日露の両戦争も、国際法と密接な関係をもっている。当時の欧米諸国は世界の国々を「文明国」と「非文明国」に大別し、国際法主体たりうる資格を前者にかぎっていた。ここで「文明国」とは近代ヨーロッパ文明国を意味したが、具体的には国際法の遵守能力が「文明国」の証だった。日本が不平等条約を改正するには、列強に日本を文明国とみとめさせなければならず、それには日本が国際法を遵守する意志と能力をもっていることを示す必要があった。日清、日露の両戦争を戦うにあたって日本の指導者はこのことを十分承知しており、欧米列強に日本が国際法を遵守する「文明国」であることを示すため力を尽くした。

まず、日清、日露の両戦争の開戦に際して明治天皇は、「いやしくも国際法に戻らざる限り……一切の手段を尽くすにおいてかならず遺漏なからんことを期せよ」(一八九四年八月の日清戦争の詔勅）、「およそ国際条規の範囲において一切の手段を尽し遺算なからむことを期せよ」（一九〇四年二月の日露戦争の詔勅）と命じた。実際にも、日本軍は前線の将官に戦時国際法の教科書をもたせるなど――すくなくとも一九三一年から四五年のアジア・太平洋戦争（「一五年戦争」）よりはるかに――軍の構成員に国際法を遵守させようと努めた。日本の有力な国際法学者も、日清・日露戦争の直後に両戦争でいかに日本が国際法を遵守したかを詳細に記した欧文の著書を欧州の出版社で刊行し、日本が「文明国」であることの広報・宣伝に努めた。

日清・日露両戦争に勝利をおさめ、第一次大戦にも参戦してこれまた戦勝国となった日本は、第一次大戦後つくられた国際連盟に英仏伊とともに常任理事国のひとつとして参加した。この連盟とのかかわりで注目すべきは、日本が連盟規約に人種平等を規定するよう主張したが拒否され、連盟に代表される国際秩序にふかい失望を抱いたことである。日清、日露、第一次大戦と三つの戦争に立て続けに勝利し、国際連盟体制下で「列強の一員」となった日本は意気盛んであり、欧米との対等の地位を要求した。しかし、当時の欧米諸国（民）は人種偏見にみちた帝国主義・植民地主義の国（民）であり、日本の勃興を「黄禍」というかたちで警戒し、米国の排日移民法に代表される「有色人種」への差別をただそうとしなかった。

こうした状況の下で、人種平等条項を国際連盟規約に規定すべきだという日本の提案は英米、南アフリカなどの強い抵抗によって葬り去られた。人種平等といった理念の問題より第一次大戦で手中にした中国の山東省の利権確保を重視していた日本政府は事態を冷静にうけとめたが、在野の知識人や一般民衆はそうでなかった。かれらは当時の国際社会の支配者とみなした英米の偽善を責め、悲憤慷慨し、国際法秩序への強い否定的感情を募らせた。

国際連盟規約への人種平等条項提案は、第一次大戦のベルサイユ講和会議でみずからの利益に直接かかわる問題以外には沈黙を通し、「サイレント・パートナー」と揶揄された日本が例外的に国際社会の公共価値を主張した例外的な事例だった。しかし、当時の国際法秩序は、人種差別意識の強い欧米列強を主たる担い手としていた。また提案者たる日本自身、非欧米諸国民への人種差別意識をもち、人種平等条項提案の動機は排日移民法など、「一等国・日本」への差別が許せないという特権的な意識を抱いていた。日本の人種平等提案が実現しなかったのは、当時の客観的条件からしても、提案者たる日本自身の人種差別意識からしても、当然といえば当然のことであった（大沼 一九八七）。

明治維新後の歴史上、日本国民にとって最大の悲劇だった第二次大戦についても国際法はふかくかかわっている。一九三〇年代から四五年まで断続的に続いた戦争の発端は、一九二八年の不戦条約（国際紛争を解決する手段としての戦争の放棄を誓約した条約）に違反する「満州事変」だった。その後三七年にはじまる「支那事変」（日中戦争）を経て四一年から四五年の「大東亜戦争」へといたるが、これらの一連の戦争は東京裁判で国際法に違反する侵略戦争と認定された。東京裁判には国際法上も歴史上の評価としても多くの問題があるが、それでも「満州事変」と真珠湾攻撃にはじまる「大東亜戦争」が不戦条約と戦時国際法を蹂躙《じゅうりん》した、重大な国際法違反の行為だったことに疑問の余地はない。

この点でとくに日清・日露戦争との対比で注目すべきは、「満州事変」、「支那事変」（日中戦争）、「大東亜戦争」を戦う際の日本政府の国際法遵守への姿勢である。政府は、前者――さらに第一次大戦への参戦の際も――では開戦の詔勅で国際法の遵守をうたったのに対し、「満州」、「支那」の両「事変」ではそもそも国際法上の戦争でないとして開戦の詔勅を発しなかった。さらに「大東亜戦争」の開戦の詔勅には、国際法遵守をうたう文言をふくめなかった。実際これらの一連の武力行使にあたって、日本軍は南京虐殺事件や七三一部隊の人体実験に象徴される数々の戦時国際法違反行為を犯した。中国、東南アジア、英国、オランダ、豪州など、日本と戦った諸国に戦後長く日本への恨みと非難の感情が残ったのは、こうした日本軍の大規模な戦時国際法違反行為によるものだった。

第二次大戦で壊滅的な敗戦を経験した日本は、戦後その反省から不戦条約と国連憲章の武力行使禁止規範をさらに徹底させた第九条をもつ「平和憲法」を制定した。一九五二年には連合国の多数とサンフランシスコ平和条約を締結して独立を回復し、同時に日米安保条約を締結して、理想主義的な憲法をもつ日本の生存と安全を事実上米国に委ねた。国家としての生存それ自体を委ねたという意味で、日米安保条約は――好むと好まざるとにかかわらず――日本（国民）にとって憲法とならぶ、もっとも重要な法となった。このことは一九六〇年改正後の現行安保条約でもかわらない。

一九三一年から四五年まで凄惨な戦争を続けた中国との国交回復は、一九七二年の日中共同声明によってはたされた。日本側は田中角栄首相と大平正芳外相、中国側は毛沢東・共産党主席と周恩来首相の傑出した指導力によって実現したこの声明は、国際法上も日本の国内法上も条約ではない。とくに与党内にも親台湾勢力が強く、日中国交正常化への抵抗が強かった日本では、政治力学上日中の合意を国会承認条約とすることは困難だった。日中両政府の合意が「日本国政府と中華人民共和国政府の共同声明」とされた所以《ゆえん》である。

とはいえ、この声明は「戦争状態の終結と日中国交の正常化」（前文）という、日中間の戦争の講和条約という意味をもち、具体的な規定も――条約に採用される文言は慎重に回避しつつも――講和条約が規定すべき内容を数多くふくんでいる。日中間の不正常な状態の終了（第一項）以下、ほとんどの条項がそうである。このように、日中の場合、日本が第二次大戦を戦った他の連合国と異なり、戦争状態終結の合意が内容は講和条約でありながら形式上は条約でないという性格を付与されている。この事実は、複雑な日本の近現代史を理解するうえで国際法の知識と視点が必要なことを逆説的に物語っている。

このほかにも、日ロ間の最大の問題である「北方領土」問題、一九九〇年代から二一世紀まで引き継がれ、日韓関係のトゲとなっている「慰安婦」問題、二一世紀の中国とのもっとも深刻な問題となってしまった尖閣諸島の帰属など、ほとんどの重要な政治課題は、それらにかかわる国際法の適用と解釈、国際法による日本の立場の正当化とその国際的説得力など、国際法とふかく結びついている。そのような重大問題だけでなく、二一世紀という時代が、わたしたちの日常生活のあらゆる側面が貿易・国際通信・金融・投資・環境保護・人権保障などにかかわる国際法の規律なしには機能しえないことも、まえに述べたとおりである。

第1章以下では、そうした国際法の生きた姿――それはたいていの人が「法」というと考える国内法とはかなりちがったものだが――を具体的に見ていくことにしよう。

第一部　国際法のはたらき

イラスト©山科けいすけ

第1章 国際社会と法

I 国際法の歴史

1 「国際法の父」はグロティウス?

「国際法って、いつ頃からあるの?」

「国際法」を考えるにあたってごく自然な問いだろう。制度として国際法というものがあるのはわかる。では、それはいつ頃からなの? という疑問である。

この問いに対しては、「国際法の父・グロティウス」という語が脳裏をかすめるかたもいるかもしれない。そう、たしか高校の教科書にありました、そういう記述が。この際、「国際法は母なし子なの?」という疑問はひとまず措くとして。

他方、「エジプトとヒッタイトが結んだ『世界最古の条約』というのがあったな」という反応を示すかたもいるかもしれない。たしかに、エジプト新王国第一九王朝のファラオ、ラムセス二世は現在のシリア地方の覇権をめぐってヒッタイト王とあらそい、両者は紀元前一二五九年に和平同盟を結んだ。この文書が「世界最古の（平和）条約」と語られてきたのである。

両者とも「国際法とはなにか」を考えるうえで興味深い材料だが、まずは前者から検討してみよう。

†「国際法の父」グロティウス？

フーゴー・グロティウス（一五八三〜一六四五）を国際法の始祖とするのは二〇世紀後半まで支配的な見解だった。グロティウス（オランダ語ではヒューホー〔ホイフ〕・デ・フロート）は、人文学、神学、法学などの諸学をまたぐ学者で、ホラント州などの官吏、政治家を務め、法律家、外交官としても活躍した天才。一一歳でライデン大学に入学、一四歳で卒業、一五歳でオランダ使節団の一員としてフランス宮廷に赴き、仏国王アンリ四世は彼を「オランダの奇跡」と讃えたという。当時のオランダは強大な経済力を基礎にアジアにも侵出して「海上帝国」と称される覇権を確立し、レンブラント、フェルメールなどの画家やスピノザ、デカルト（仏国籍だが活動の拠点はオランダ）などの哲学者を擁し、政治、経済、文化のあらゆる面でヨーロッパの中心だった。

グロティウスはこのオランダで法、宗教、政治・外交、人文学など多彩な分野で活動に従事した。彼自身は宗教改革によって分裂したキリスト教の再統一をねがい、欧州の伝統的な身分秩序を前提として宗教戦争で破壊された平和の回復に尽力した人間だった。ただ、その主著『戦争と平和の法』(一六二五年)や『自由海論』(一六〇九年)には、近代を切り拓く新興大国オランダのイデオローグというにふさわしい語彙もふくまれていた。後代の学者は彼のそうした側面を強調し、「近代」の担い手として描き出した。「国際法の父・グロティウス」という評価はそうした後代のグロティウス解釈が生み出したものである。

こうしたグロティウスの評価は、三十年戦争に終止符を打った一六四八年のウェストファリア条約を近代の国際関係のはじまりとみてきた伝統的理解と通底している。ウェストファリア条約は、戦前に存在していた大小多様な国家や国王、封建領主、神聖ローマ帝国といった、多元的で分散的な中世ヨーロッパの権力のありかたを保障する現状維持的な体制を表現したものだった。そこに示された「体制」は、今日わたしたちが考える、相互に独立して主権をもつ諸国家の併存という「主権国家体制」とは大きく異なっている。このことは専門家のあいだではよく知られている。

しかし、一般的な理解では――グロティウスの近代的側面の強調と同じように――、ウェストファリア体制の一見「主権国家の併存」という側面が強調され、同体制の前近代的・復古的側面はほとんど無視されてきた。一六二五年に書かれたグロティウスの『戦争と平和の法』と一六四八年のウェストファリア条約は、一七世紀前半に「近代」を刻印した記念碑とされてきたのである。

グロティウスを「国際法の始祖」から切り離す作業は、二〇世紀初頭からさまざまなかたちでおこなわれている。そうした研究には、一六世紀のスペインの神学者やイタリア・英国のローマ法学者を国際法の始祖とするものもあったが、焦点を一七世紀欧州に絞らず、古代にまで国際法の起源を遡らせるものもある。エジプト・ヒッタイトの「平和条約」はその文脈で引かれることが多い。

わたし自身は、国際社会の法としての国際法はずっと新しく、せいぜい一九世紀末にようやく全地球をカバーする法になったと考える。ラムセス二世とヒッタイト王との合意を「世界最古の平和条約」というのは、学問というよりロマンの世界の物語のように思える。ただ、そのロマンが世界中に流布したいきさつをみておくのは、「国際法とはなにか」を考えるうえで意味のあることである。以下、ロマンの世界を覗いてみよう。

†世界最古の平和条約?

「ラムセス二世がヒッタイトと戦ったカデシュの戦いに終止符を打った世界最古の平和条

約」という物語は世界中で知られている。この「条約」のヒッタイト版のレプリカはニューヨークの国連本部にかかげられているという。この「条約」の一方当事者が、世界遺産のアブ・シンベル神殿を創建した、有名なファラオであるラムセス二世であることも、そうした知名度に貢献しているのだろう。

ただ最近の研究では、これが平和条約であったことは疑問視されている。カデシュの戦いは紀元前一二七四年におこなわれ、エジプト軍は大敗を被ったが、ヒッタイトにはエジプトを攻略する力はなかった。その後は両者とも国内問題に忙殺され、両国の戦いののち平和的関係にあった。

紀元前一二五九年、王位継承上の問題を抱えていたヒッタイト王ハットゥシリ三世はラムセス二世と同盟を締結してみずからの王位と後継者への王位継承を確たるものにしようとし、ラムセスはこれに応じた。それゆえ、両者の合意は両支配者の同盟条約であっても平和条約とはいえない。これが古代エジプト・ヒッタイト研究者の最近の有力な解釈のようである。

それでは一歩進めて、この和平はそもそも今日わたしたちが一般的に考えている「条約」といえるのだろうか。この点についても実は問題が多い。

まず、この和平は、ラムセス二世とハットゥシリ三世という支配者間の合意であって、エジプトとヒッタイトという国家間の合意ではない。そもそも前近代にあっては、支配者から独立した抽象概念である近代的意味の「国家」について語るのは困難である。支配者間の合意も、どこまでが支配者同士の私的な約束なのか、今日的な意味での公的な条約なのか、さらに一方支配者が自己の命令・譲許・特許とみなし、他方支配者が対等な合意とみなすような不一致はないのか、明確でないこともすくなくない。

第二に、ここではそれぞれの側が自国語で作成し、かなり異なる内容のふたつの文書が和平ないし同盟を構成している。ヒッタイト側はアッカド語の条文を銀板に刻印してそれをエジプトに送り、エジプト側は自国語で作成した文書をアッカド語に翻訳した銀板をヒッタイトに送った。今日の条約が基本的に同一の文書に国家代表が署名し、当事国が協議のうえみとめる言語を正文として厳密に当事国の意思を体現するのに対して、この「条約」はそうではない。その結果、ヒッタイト王の息子が王位を継ぎ、それに対してヒッタイトの民が反抗した場合、ラムセスは軍を送ってそうした反抗を抑圧するという、ヒッタイト側にとってきわめて重要な条文は、エジプト版には存在しない。

第三に、本「条約」の不履行があった場合、その違背者を罰するのは、エジプト側はエジプトの、ヒッタイト側はヒッタイトの、もろもろの神々である。両者の「合意」を遵守すべき規範として担保する共通の法共同体・機関は想定されていない。つまり、条約の法的拘束力を支える当事者双方に共通する規範意識は存在しない。

このように、紀元前一二五九年の「エジプト・ヒッタイト平和条約」なるものの実態は、エジプトのファラオとヒッタイト王がそれぞれ別個に作成し、内容もかなり異なる各々の約束を記し、約束をたがえた場合はそれぞれみずからが信じる神々が違背者を罰するという文書を各々が相手方に送ったものである。それが「世界最古の(平和)条約」とされるのは、後世の学者がそのように称してきたからにほかならない。こうした文書を「条約」と称すべきなのか。「条約」というとしても、今日のように世界全体に妥当する国際法秩序の下での条約とどの程度同視すべきなのか。疑問は尽きない。

そもそも、「条約」、「国家」といった、現代一般に通用していることばと概念を過去の時代に遡らせて歴史を理解することが許されるのだろうか。この問いは、歴史学・思想史学上の難問である。わたしたちは、「条約は何々の時代にあったのか」「国際法はどこそこの時代・地域にあったのか」と簡単にいいがちだが、古代のエジプトやヒッタイトに、「条約」という漢字もそれにあたる英語(treaty)や仏語(traité)もなかったことはあきらかである。ラムセス二世とヒッタイト王の合意の形式や内容が今日一般に国際社会で条約と称されているものと大きく異なることも、先に述べたとおりである。こうしたものを条約ということにはきわめて慎重でなければならないし、かりに条約と性格づけるにしても、そのことからそこに「国際法」があったと言い切ることにはさらに慎重でなければならない。

このように考えてみると、「国際法の父・グロティウス」といういいかたにも、ラムセス二世とヒッタイト王の「最古の平和条約」論にも、大きな問題があることがわかる。それでは「国際法って、いつ頃からあるの？」という問いにはどう答えるべきなのだろう。ここで一六～一七世紀のヨーロッパや古代の地中海世界からひとまず離れて、さまざまな文明・文化圏における合意、規範、秩序、世界といった、今日の「国際法」にかかわりのありそうな人々の観念や意識のありかたを探ることから、その答えを考えてみよう。

2　地域規範秩序の併存から世界全体に妥当する国際法へ

†国際法がない世界

今日世界中の人々が国際法と考えるのは国際社会に妥当する法である。日本国憲法は日本に妥当する法だが、国連憲章は国際社会――あるいは世界――に妥当する法である。日米安保条約は日本と米国の関係を規律する国際法だが、日本と米国という二カ国の法関係も、世界全体に妥当する国際法秩序の下で日米という部分的な関係を規律する。日米安保条約が国際法秩序から独立してそれだけで日米の関係を規律しているわけではない。

　こうした世界全体に妥当する国際法ができたのは、実はごく最近のことである。ヨーロッパ諸国は一六世紀頃から徐々に主権国家化しつつあり、そうした国家間の関係を規律する法を創り出しつつあった。しかし当時のヨーロッパ諸国は、東アジアの巨大帝国、中国の明朝や清朝、ユーラシアの広大な地域の覇者、オスマン帝国といった大帝国にみずからの「国際法」を強いるほど強力な存在ではなかった。それらの大帝国は、ヨーロッパの政府や商人と関係を取り結ぶ際も、「国際法」でなく、自己の主張するルールにしたがって外交や貿易をおこなおうとした。そうした非ヨーロッパの大国がヨーロッパ諸国に優越しているかぎり、ヨーロッパの法である「国際法」が地球全体に適用されることはなかった。

　それでは「国際法」が世界化する前の世界では、どのような規範が諸国の外交や貿易を規律していたのだろう？　以下では、世界の無数の地域のうち、地域内さらに地域外の諸集団との規範関係が比較的みえやすい、東アジア、ムスリム、ヨーロッパの地域を概観しておこう。

　これらの諸地域はしばしば「文明（圏）」、「世界」などとよばれ、わたしたちはそこに他地域とは異なる文明・文化・宗教をもつ人々がひとつの塊として存在すると考えがちである。しかし、「東アジア文明」にせよ、「イスラーム世界」にせよ、「ヨーロッパ文明」

にせよ、それらの地域に住む人々はけっしてある特定の宗教、文化、文明を一枚岩的に固守する実体ではなかった。

たとえば、「ヨーロッパ世界」の人々のキリスト教信仰はたしかに強かったが、それでもハプスブルク朝と政治的・軍事的に対立するフランスの国王は、ムスリムのオスマン帝国の皇帝と同盟関係にはいることを躊躇《ちゅうちょ》しなかった。フランス国王の臣下には貴族や封建領主のほか、農民も商人もいたが、彼（女）らの意識もきわめて多元的だった。彼（女）は、多くの場合、村の構成単位である家の一員（家長、家長に従属する妻や子供）であり、その村のキリスト教会の信徒であり、村を支配する領主の臣下であり、その領主が忠誠を誓うフランス国王の臣下でもあった。

こうした人々の意識、世界のイメージは、近現代に比べれば変化の速度は遅かったが、それでも時代とともに変化した。これらの人々を包摂する「地域」「文明」「世界」自身、時代とともにその範囲は変わっていった。以下では本書でも便宜上、「地域」「文明」「世界」などのことばを使って説明していくが、それはあくまで具体的な関係毎に存在する人々のさまざまな帰属意識や世界像を観念化したものにすぎない。読者には、そうした「文明」や「世界」がなにか「本質」をもつ実体ではないことを十分理解して以下の諸地域の「世界」のありかたを考えていただきたい。

†前近代のイスラーム、東アジア、ヨーロッパの世界

ユーラシアは、西はイベリア半島から東は東アジアを包含する巨大な地域だが、七世紀頃から約一千年のあいだこの地域の中心に覇を唱えたのはムスリム（イスラーム教徒）の諸王朝だった。当初アラビア半島の小さな宗教集団にすぎなかったイスラームの民は、西アジアからイベリア半島、アフリカ大陸北部、インド亜大陸、東南アジアへと勢力を広げ、活発な通商活動によって繁栄した。イスラームの教えによれば、ムスリムは世界中にシャリーア（イスラームの法・道徳・社会規範）を広め、そのために異教徒に働きかける使命をもつ。こうした働きかけが「ジハード」である。

このジハードは、「聖戦」とも訳されるように、武力による布教もふくむ攻撃的な色彩を帯びている。他方、ユーラシア大陸の中枢を占め、通商活動から巨大な利益を得てきたムスリムにとって、非ムスリムとの平和的共存は繁栄の鍵だった。このためムスリム王朝の多くは、ジハードはムスリムにとって利益となるときは中断可能と解釈し、この「中断」を事実上長期化するという建て前によって他の世界との平和共存を正当化した。

ムスリムにとってシャリーアは普遍的に妥当すべき法・道徳・社会規範である。したがって、キリスト教徒や他の宗教・政治体との関係も、シャリーアのなかの国際関係にかか

わる規範（スィヤル）によって規律されるべきものとされる。ムスリム王朝が主たる通商・外交関係の相手である欧州諸国を圧倒する力をもっているときには、実際にムスリム側の規範にしたがった通商・外交関係がおこなわれた。しかし、そうした場合でも、キリスト教や仏教、ヒンドゥー教などを信奉する隣接諸国がどこまで厳密にスィヤルにもとづいて行動していたか、疑問である。実際はムスリム諸王朝の側も一定の逸脱は黙認して良好な関係を維持するよう努めたのである。

同様のことは、東アジアにおける中国の諸王朝と他の諸国・社会との関係にも妥当する。現在「中国」とよばれる地域では、徳を体現する皇帝がその徳を広める統治をおこない、その威光が四囲におよぶという建て前に立脚する華夷《かい》思想（中華思想）が、紀元前から徐々に形成された。この思想によれば、周辺諸国（「夷狄《いてき》」）の支配者は貢ぎ物をもって中国皇帝に朝貢し、みずからの支配地域における支配者たる地位をみとめてもらう（「冊封《さくほう》」）。こうした建て前は、中国諸王朝の他国・他地域の支配者への経済的・軍事的・文化的・情報的優越を基盤とするものだった。「朝貢」とは、他国・他地域の支配者が中国皇帝に貢ぎ物を持参し、中国側が後者に高価で貴重なものを与える事実上の貿易だった。中国皇帝が「夷狄」の支配者に爵位を与えて正統な支配者とみとめる「冊封」も、周辺諸国の支配者にとっては自己の権力を正統化する道具だった。

このように、華夷思想的関係は、「冊封」による政治的利益、中国との貿易という経済的利益、中国に集まる情報への参与による情報面での利益、大乗仏教・儒教・法制・文字や文学などを学ぶ文化的利益など、周辺諸国（民）にとってもおおむね有益なものだった。また、朝鮮半島と日本列島を中心とする東北アジア地域の支配者、知識人は、儒教、仏教、漢字、法制、建築様式、詩歌、美術など、さまざまな思想、観念、制度、芸術を中国から取り入れ、社会運営に利用した。このため、これらの中国の文化は東北アジアでは一定程度民衆レベルにも浸透し、欧州諸国が「国際法」をもって東アジアに侵出しようとした時期には、日本をふくむ東アジアの諸国はこうした華夷思想的世界像にもとづく対外観をもって欧州の侵出に対峙することになった。

それでは、今日の国際法の原型を創り出したヨーロッパは、どのような規範をもって自他の関係を規律しようとしていたのだろう？

前近代のヨーロッパではキリスト教会が高い権威をもち、人々の生活を誕生から結婚、葬儀まで規律した。東アジアの華夷思想、ムスリムのジハード思想などと同じく、他の宗教・世界像への優越意識をもっていたキリスト教会は、時に異教徒との交易の禁止、同盟の禁止などを命じた。しかし、人間の欲望を過度に禁圧する措置は、教会が巨大な権威を誇っていた時代でさえ実効性を欠き、異教徒との交易禁止令は長続きしなかった。

また欧州では、騎士や下位の封建領主など、伝統的な支配の正統性と実力をもつ各種の権力者が国王をふくむ上位の支配者に忠誠と服従の義務を誓い、代償として上位の支配者から保護を得る支配服従契約がはりめぐらされていた。権力者同士のあらそいは第三者の仲裁や調停で解決することもあったが、血讐《けつしゅう》、復仇《ふっきゅう》などの私戦のかたちをとることも多かった。キリスト教神学は、ローマのキケローの正戦論を取り込み、一定の要件を備えた戦争を正戦としてみとめ、それを欠く戦争を防止しようとした。しかし、無数の政治権力の多元的・重層的併存を特色とする中世の欧州では、正戦論の戦争抑止力には大きな限界があった。

ただ正戦論は、一六～一八世紀に近代欧州国際法が理論化されたときにその理論枠組みを提供した。また、中世の欧州で「書かれた理性」とされていたローマ法も、キリスト教神学とともに自然法、諸国民の法などの理論を発展させ、近代欧州国際法の重要な母胎となった。

†主権国家体制とヨーロッパ国際法の世界化

一六～一八世紀の欧州には、マキャヴェッリ、ボダンなど、国家と君主の権力強化を主張する「国家理性」論者、グロティウスをはじめとする啓蒙思想家、ホッブズ、ロック、ルソーといった社会契約論者など、優れた学者が登場して、充実した国家論が戦わされた。こうした精神的風土の下で資本主義経済の発展、産業革命、ブルジョワ革命を経て封建領主を担い手とする分権的な秩序は崩壊し、代わって主権国家の併存を骨格とする新たな秩序原理が確立していった。ここに国際法をその重要な構成要素とする主権国家体制、すなわち近代国際社会の原型が誕生した。

ただ、欧州にこうした国際社会の原型が生まれつつあったとき、ヨーロッパ諸国は中国の明清朝やオスマン帝国よりはるかに微弱な存在だった。欧州の制度にすぎない主権国家体制と国際法が世界化することはけっして自明でなかった。明朝が一五世紀初頭に派遣した鄭和の艦隊は、一四九二年に「新大陸を発見」したコロンブスの艦隊よりはるかに強大だった。コロンブスによる西インド諸島への到達に引き続くスペインとポルトガルによる「世界分割」とローマ教皇によるその承認などは、中国の明朝、さらに強大な清朝、欧州諸国に対して圧倒的優位に立っていた一六世紀のオスマン帝国などにとって「夷狄」の戯れ言でしかなかっただろう。

しかし、欧州諸国は一七世紀の科学革命とそれに引き続く一八～一九世紀の産業革命により圧倒的な軍事力を手中に収め、その軍事力と巧みな外交技術をもってアメリカ、オセアニア、アジアの一部を植民地化していった。一八～一九世紀にはオスマン帝国、ムガール帝国など、他文明圏のライバルを次々に屈服させ、一九世紀末にはアフリカを分割した。欧米の列強はアフリカの勢力範囲調整のため一八八四〜八五年にベルリン会議を開催して一般議定書を採択したが、この議定書は「文明」（実はヨーロッパ文明）の名の下に植民地化を正当化した典型的文書だった。

一八九五年には清朝が日清戦争に敗れ、日清講和条約第一条でそれまでもっとも忠実な朝貢国だった朝鮮が国際法上「独立自主」の国家であることをみとめた。それまでの中国は、一連の対欧州列強との戦争に敗れながら華夷思想に固執し、欧州中心の国際体系の世界化に対する最大の抵抗者だった。その中国が、国際法上朝鮮が「独立自主」の国家であることをみとめたのである。このことは、中国が華夷主義的秩序原理を放棄して平等な主権国家の併存という原理にもとづく欧米中心の国際社会の一員となったことを象徴するものだった。

一九世紀末アフリカ大陸の欧米中心的国際体系への包摂と、清朝による欧米中心的国際体系の受容により、欧州に生まれた「国際社会」は全世界を覆う地球的規模の社会となった。ただ、そこに成立した国際社会は、欧米の覇権の下にアジア・アフリカの多くが植民地支配下におかれ、かろうじて独立を守った諸国も欧米列強の干渉と人種差別に苦しむ、帝国主義下の国際社会だった。当時の欧米諸国は国際法を「文明国間の法」と性格づけたが、この文明とは近代ヨーロッパ文明にほかならず、人類の圧倒的多数を占めるアジア・

アフリカの諸民族は野蛮・未開の民とされた。当時の国際法は、地球的規模の植民地体制に寄り添い、それを総体として正当化する差別的な「法」だったのである。

3　二〇世紀の脱植民地化、二一世紀のアジアの復興と国際法

†アジア・アフリカ諸国の独立と国際法の変容

こうした帝国主義下の国際社会と差別的な国際法のありかたは、戦後大きな変容を被った。欧州列強の植民地支配下におかれていたアジア・アフリカの人々は、戦勝国となったものの長期の総力戦で疲弊しきった英仏、オランダ、スペイン、ポルトガルから次々に独立した。一九六〇年に国連総会決議として採択された「植民地独立付与宣言」は、こうした脱植民地化、植民地支配体制の崩壊という国際社会の構造変化を象徴的に示すものだった。

脱植民地化により独立を達成した諸国は、既存の国際法、とくに国際経済にかかわる法や海洋法の諸規則を厳しく批判した。それらの法規範は、欧米諸国とその資本の利益に仕える道具であり、自分たちの資源を収奪する機能を営んできた。これが新興独立諸国の主張だった。

しかし、これらのアジア・アフリカ諸国も、欧米中心の国際法を全面的に拒否することはなく、その基本的な原則と具体的な規則の多くは受け入れている。主権平等、干渉の禁止、武力行使の禁止といった現行国際法の基本原則は、経済・軍事力の面で圧倒的に欧米諸国に劣る新興独立国の利益を守るうえで重要な規範であり、外交上の道具だからである。二〇世紀後半には、アジア・アフリカ諸国と、すでに一九世紀に植民地支配から独立していたラテンアメリカ諸国の多くは、「非同盟諸国」、「G77」など国際社会の多数派を糾合することにより、積極的に国際法の定立過程にかかわる主体としてもふるまうようになった。

一九世紀末の「国際法の世界化」では、地理的に国際法が世界全体に妥当するようになったものの、アジア・アフリカ・オセアニアの多くの諸民族は国際法の主体である「文明国」とみとめられず、植民地支配下にあった。そこでの国際法は、「地球全体に妥当する法」といっても、人類の多数を植民地というかたちで主体的参加から排除した「擬似法」という色彩を色濃く帯びていた。二〇世紀後半の脱植民地化により、国際法はようやく全人類を主体としてあつかう、地球的規模の国際社会全体に妥当する法となったのである。

†二一世紀、アジアの復興と国際法

とはいえ、第二次大戦後の国際法はまだまだ欧米中心の法にとどまっている。テロや内戦、核開発や国家間紛争といった国際社会の安全にかかわる問題への国連安保理による対応。ＩＭＦ、世界銀行、各国の政府・中央銀行などによる国際金融・投資にかかわる問題の処理。人権・環境保護といった国際公共価値の問題への対処。こうした人類全体の利害にかかわる諸事案をいかに定式化し、多国間条約の締結や国際機関、同盟や有志国連合による対応などで解決にもっていくか。こうした問題を決めるのは依然として米国、英仏独を中心とする西欧・ＥＵ諸国の政府、大企業、メディアである。中国、インドなどが「大国」として、あるいは途上国の盟主として関与することはあっても、その影響力はかぎられている。

それだけではない。

そもそもこうした問題を「問題」として把握し、認識し、定式化して人々の対応・対処のありかたを規定するのは、欧米先進国の知的リーダーであり、メディアである。彼(女)らは、英語(問題によっては仏語)で発想し、表現し、先進欧米社会の人々が共有する認識枠組みで、そうした問題のかたち、性質、原因などを提示する。

世界中の人々は、世界的影響力をもつ欧米のメディアを通して世界中に提示され、印象づけられ、埋め込まれた情報、知識の力によって、問題をそうしたものと認識し、理解してしまう。現代世界では、欧米のこうした圧倒的な「知の力」によって、わたしたちが物事を考え、問題として認識し、その解決を探る発想それ自体が日々造形され、頒布され、再生産される。現代の国際法が欧米中心的な色彩を色濃く帯びているというのは、こうした世界全体の欧米中心的な発想・思考様式のありかたを法のかたちで表現しているということにほかならない。

こうしたありかたはいつまで続くのだろうか。変わるとしたら、あるいは変わるべきであるとしたら、現在の世界、現行国際法のどの部分が、どういうかたちで変わっていくのだろうか。変わっていくべきなのだろうか。「中国の台頭」が語られ、インドもそれに続くという説も説かれ、全体として「欧州（欧米）からアジアへ」「西洋から東洋へ」という「世界史の転換」がメディアを賑わすなかで、わたしたちはこうした問題にいかに向き合うべきなのか。

現在のありかたが（どのくらい）続くのかという未来の予測は、本書のなしうるところではない。わたしは一九八七年に石橋湛山賞を受賞した論説で二一世紀における中国やインドの台頭を予測し、たまたまその予測はあたったが、それは文字どおり「たまたまあたった」だけのことである。そもそも国際法学をふくめ、そうした未来予測が学問の課題なのか、また可能なのかについてはさまざまな議論があり、答えるのが困難な問題である。

ただ、次の問題を考えるのは、現実認識の社会科学であると同時に価値判断をふくむ規範の学でもある国際法学の重要な役割だろう。

それらの問題とは、①現在の世界における国際法のありかたが全人類の観点からどの程度望ましいものであり、かりに将来それが変わるのならどの点が維持され、どの点が変えられるべきなのか、②それはいかなるかたちで変わることが望ましいのか、③「現在の世界における国際法のありかた」といったとき、それはいかなる観点から、どういうレベルでの「ありかた」が問題とされているのか、④そのような問題はそもそも「問題」として考えられるべきなのか、といった諸問題である。Ⅱ、Ⅲではそうした問題意識を踏まえつつ、現行国際法の基本的な機能と原則を概観しておこう。

Ⅱ　国際法のはたらき

1　「国際法は無力」という神話――国際法の社会的役割と有用性

†国際法は無力か？

Ⅰでは「国際法の父・グロティウス」と「ウェストファリア体制＝近代国際社会」というふたつの神話について考えた。Ⅱでは国際法にまとわりつくもうひとつの神話、「国際法の無力」を検討する。そもそも国際法など無力・無意味だというのであれば、読者が本書のページをめくるのも無意味ということになる。そこで国際法にかかわる実質的な議論にはいる前に、こうした「国際法は無力・無意味だ」という、もっともらしい俗説を料理しておかなければならない。以下でうまく料理できているかどうかは、読者の判断次第であるが。

「大国と小国の力の差が歴然としている国際社会は『勝てば官軍』の世界だ。そこでは法は無力だ」

「国際法は国家、とくに大国の行動を規制する法としての力をもたない」

「国際法が機能するとしてもそれはせいぜい経済、社会、文化にかかわる分野であって、国家の安全保障にかかわるハイポリティクスの世界では国際法は意味をなさない」

こうした主張はひろく流布している。一部の国際政治学者や外交評論家はそう公言するし、すくなからぬ政治家、ジャーナリスト、一般市民もそう考えている。法学者のなかにさえそう断ずる者もいる。たとえば一九世紀の法理学者ジョン・オースティンは、国際法を法とみとめず「実定道徳」と称した。

実はこれらの主張にはある種の前提が隠されており、また次元を異にするいくつもの議論をふくんでいる。それらを整理しながら考えてみよう。

まずこれらの議論にはことばの定義の問題がふくまれている。国際法を法とみとめず実定道徳と称したオースティンの主張はその典型である。オースティンは法を主権者の命令と定義する。このように定義してしまえば、国際社会には国際法を命ずる（国家を超越した）主権者はいないから、当然国際法は法でないことになる。

学問上、定義とは定義者がさまざまな事象を説明するために、定義者が自由に設定する仮設にすぎない。だから、定義が正しいかまちがっているかを論ずることは——その定義があきらかに論理矛盾を犯しているといったずさんな定義でないかぎり——できない。ただ、その定義でどれだけの事象がどの程度説得的に説明できるかは検証可能である。

「法＝主権者の命令」というオースティンの定義は、現代の主権国家に住むわたしたちには自然に聞こえるかもしれない。しかし、法＝主権者の命令という観念は、法が重視されてきた欧州でもごく新しい観念だった。前近代の欧州では法とは長いあいだ、「社会のなかにある正しいもの」であり、主権者が与えるものではなかった。オースティン以後も、正しい法でなくても主権者の命令なら法なのかという問題が提起されるなど、国内法の分野でもオースティンの定義は説明能力が低く、彼の法の定義が一般に受け入れられているとはいえない。

法には——政治や宗教と同じく——無数の定義がある。国際法にも数え切れない定義がある。

「国際社会の法」という定義。
「国家間の法」という定義。
「国際政治における国家政策の道具」という定義。

これら無数の定義のうち、関連する諸事象をよく説明することができ、国際的に有力なメディアで流布された定義が国際的通用力をもち、ある時代の支配的な国際法概念として生き残る。

オースティンは国際法を実定道徳と主張した。たしかに国際法には、一般に「法」と考えられイメージされる国内法とはちがった性質があり、法というより道徳的な一面をもっている。しかし、だからといって国際法にかかわる多様な主体が、国際法を法でなく道徳とみなしてきたわけではない。どの国の政府も実務家も、学者もジャーナリストも、国際法を国内法とは異なる特質をもつ法の一種として国際法にかかわる行動をとってきたのである。

「国際法は国際政治上の国家の道具」というシニカルな概念についても同じことがいえる。国際法はたしかに国家の正当化の道具として機能するが、諸国が国際法を完全に国際政治の一部としてあつかってきたわけではない。政治の道具という意味では、五輪をふくむスポーツも、文学も芸術も政治の一部として利用され、政治的な機能をいとなむ。しかし、だからといってスポーツ、文学、芸術を「政治の道具」とする定義が一般的に受け入れられることはない。

国際法はどの国のことばでも「法」と表現され、諸国の政府や実務家、学者、ジャーナリストなど、圧倒的多数の人々によって二世紀以上のあいだ、法の一種としてあつかわれてきた。五輪がスポーツとしてあつかわれるのと同じように、国際法は法としてあつかわれ、そうした前提に立ってわたしたちの生活が営まれている。国際法について考えるとき、わたしたちはそうしたあたりまえの現実から出発しなければならない。

鬼面人を驚かす定義や概念はしばしば魅力的で、「あたりまえの現実」を再考させる大切な役割をはたすが、平凡な現実には冷笑家が否定しきれない重みがあるのである。

†国際法は守られないか?——国際法遵守を支える要因と国際法違反のコスト

国際法はしばしば破られるともいわれる。国際法がよく破られることは日々の国際報道からあきらかだが、実は国内法も頻繁に破られているのである。どの国でも、制限速度を守って車を運転する人より破って運転する人の方が多いだろう。殺人を禁じる法は、国民の生命安全の保障を基本任務とする国家にとってきわめて重要な法だが、そうした法さえ破られる。だからといって道路交通法や刑法が無力・無意味だということにはならない。法とは人にあるべきことを指示する規範である。宗教規範や道徳規範と同じく、法を守らない人がいること、法に一定の不遵守があることは、もともとどの社会でも当然のことである。すべての人が殺人を犯さないのであれば、殺人を禁じる法はそもそも必要なく、つくられることもない。国内法と同じく国際法も受範者によって破られるが、第4章以下で具体的に示されるように、国際法は意識的にも、それ以上にむしろ無意識のうちに、よく守られ、利用され、実現されている。

今日の国家には、国内のあらゆる主体を法的に義務づける立法府があり、法が適用される主体(「法の受範者」)間のあらそいを強制的に解決する権限をもつ裁判所があり、法や判決を軍や警察力を用いてでも強制する力をもつ政府がある。紛争を解決する交渉の際、すくなくとも先進国では、「あなたがわたしの主張を受け入れなければわたしは裁判に訴えます。あなたは違法行為をおこなっているのだから裁判では負けます。だから、わたしの主張を受け入れて話し合いであらそいを解決した方がいいですよ」という「脅し」（「敗訴の威嚇」）が効く。

国際社会ではそうはいかない。国際法の受範者（具体的には多くは国家）の意思に反しても法を強制する制度は、（先進国の）国内社会ほど確立していない。国際司法裁判所（ICJ）をはじめとする国際裁判所は国家に対して強制管轄権をもたず、国家間では国内の紛争当事者間の交渉のように「裁判に訴える」という脅しがはたらく余地は小さい。また、国家間には巨大な力の格差がある。大国が国際法を破っても、被害国が対抗・報復の措置をとることは容易でない。貿易・金融関係の断絶といった措置は、逆に被害国にとって自殺行為になりかねない。さらに、大国が国際法を破っても、国連をはじめとする国際組織が制裁を加えることも実際上容易ではない。

にもかかわらず、実際には国際法の多くの規則は遵守され、その法規範は日々実現されている。それは、貿易や国際通信、国際航空など、さまざまな分野における国際法の実施を前提としているわたしたちの生活が、日々営まれていることからも証明される。なぜ諸国は強制機構による担保が不十分な国際法を守るのだろう？

いくつもの要素が諸国の国際法遵守という現実を支えている。

†国際法の有用性

まず、国際法は多くの国家にとって――つまり国家という制度を通じて国際社会に参与する人々にとって――有用な制度である。現代の国際社会、そこにおける秩序と人類に有用な諸活動は国際法なしにはありえない。このことは、「もし国際法がなければ」という問いを発してみればすぐわかる。

国際社会には約二〇〇の国があり、約七五億の人がくらしている。人々はキリスト教、仏教、イスラームなど、多様な宗教を信じている。そうした宗教にはさらに教義や信仰のありかたをめぐって大きなちがいがある（キリスト教にはカトリックとプロテスタント、イスラームにはスンニ派とシーア派のちがいがあり、そのなかにも無数の分派がある）。道徳観にも、政治・経済・文化観にも、諸国間、人々のあいだには巨大なちがいがある。

むろん、「殺すな」「他人を敬え」といった、抽象度の高い人類共通の規範を考えることはできる。だが、こうした抽象的な規範では七五億の人、二〇〇余の国、無数の団体の行動を具体的に規律し、秩序づけることはできない。また、無数の宗教や道徳に共通する規範を文章化して世界の人々に示す典拠も存しない。子午線であれ世界共通時であれ、世界中に妥当する制度は人類にとって有用であり、それなしには現代人は生活を送ることができない。国際法もそうした世界中に妥当する有用な制度である。

国際法は、諸国が共にしたがうべき世界共通の規範を、諸国が明文で合意した条約と、「慣習国際法」といわれる不文法のかたちで示す（第3章Ⅲ参照）。人々は今日、自分たちがしたがうべき規範を定立し、執行する主体は国家であると——多くの場合無意識のうちに——考えている。そうした国家が定立し、執行する国際法に人は国家を通してしたがう。国際社会はこうした人々の共通の認識に立脚して、国家、国際組織、企業、メディア、NGOなどによって運営されている。

むろん、国際社会には（先進国）国内社会に比べて法の遵守に不利な要素が多い。法の遵守を定量的に証明するのはむずかしく、また国内社会でも法の侵犯がよくあることはすでに述べたが、それでも国際社会の方が（すくなくとも先進国の）国内法より法が守られにくいといえるだろう。ただ、諸国は国際法の個々の規則を破ることはあっても、国際法という制度そのものを廃棄しようとはしない。それは国際法が制度として有用であり、それに代わる制度が考えられないからである。

国際法を一見簡単に破れそうな大国にとっても、国際社会の多数を占める小国にとっても、国際法は有用であり、両者ともおおむね国際法を守り、利用している。

国際法の定立には——国内法でも実は同じだが——力がものをいう。大国の利益・価値観に真っ向から反する国際法を定立することは困難である。すくなからぬ国際法規範は大国の利益に仕えるイデオロギーとして機能する。国際法がそういうものである以上、大国にとっても国際法は否定するより、むしろ活用すべき道具である。

小国は、経済力や軍事力では大国に太刀打ちできない。国際法は「正義」「公平」「平等」を建て前とする「法」である以上、大国のイデオロギーとはいっても、むき出しの力よりはまだましである。しかも小国は国際社会で多数を占める。多国間条約にせよ慣習国際法といわれる不文法にせよ、国際社会の多数派の意思・利益を無視してつくられるわけではない。このように小国にとっても国際法は有用な制度である。

†「法」制度の自明性

第二に、人類の歴史的な経験から、法を使って社会を運営することは人間にとって自明の、それなしには社会生活を考えることができない常態である。人は生まれたときからその法を守るべき国家の一員であることを否定できない。同じように、国際法が適用される国際社会の一員であることは、諸国の指導者にとっても一般市民にとっても、生きること、日々行動することの前提となっている。

これに加えて、国際社会の原型を創り出したヨーロッパは、前近代から法を重視し、人や社会のありかたを法に即して考える思考が強い社会だった。その欧州が原型を創り出し、それが世界化した今日の国際社会も、そうした法中心的な思考様式を引き継いでいる。とくに一九世紀から今日まで国際(法)秩序のありかたには、司法府を中核とする法中心主義的文化をもつ英国(大英帝国)と米国が圧倒的な影響を与えてきた。このことも現代の国際社会における法中心主義的な思考の優越をもたらす大きな要因だった。

国際政治(学)上、米国(さらにかつての大英帝国)はしばしば国際公共財の提供者といわれる。国際法を主導的に定立し、支配的な解釈を流布させ、経済、人権、環境、海洋などにかかわる国際法制度を運営することは、そうした公共財の提供という意味をもつ。このことは米英が国際法遵守のお手本ということを意味するものではない。超大国として、米国も大英帝国も自己の利益に反する国際法規則はよく破ってきたし、国際判決を無視することもあった。それでも、主権国家という強大な暴力主体からなる国際社会にあって、国際法という、国内法に比べて不利な法が維持されてきたことには、こうした欧米の法中心主義的文化という背景があった。

今日、諸国の政府は他国との関係を考え、行動するに際して、国際法を引照基準として、国際法との距離を測りながら物事を進める。それは、かならずしも諸国政府が法規範の遵守を第一義としているからではない。むしろ、近代以降の社会が、人間や人間集団が自己の意思を実現するうえで、法にのっとり、法を利用し、法に反しないようにすることが物事をうまく進める道となるようにつくられているからである。国際社会も、主権国家という近代の制度である主体を中心に構成された社会として、そうした近現代社会の特質を備えているのである。

†「法＝正しいもの、したがうべきもの」というイメージ

第三に、国際法は「法」の一種として、「法＝正しいもの、したがうべきもの」というイメージに支えられている。そうしたイメージは、「国際法＝大国の政治の道具」という隠れた一面を覆い隠すイデオロギーではある。しかし、法の支配は人の支配、まして力の支配よりはましだという認識は現代世界でひろく共有されており、大国の指導者といえども正面から国際法を破ることのコストを十分考えて行動しなければならない。

「国際法違反」がもたらす負のイメージは、とくに法の支配の観念が浸透している先進国の場合、国際社会で非難を浴びるだけでなく、国内でも種々のコストを生じさせる。具体的には、国際法に反して行動する国家の政府は、①そうした行動により利益を侵害される被害国からの対抗・報復措置、②その法規則の実施（の監視）を任務とする国際組織や法

規則の維持に利益を有する第三国からの制裁・圧力、③自国内の裁判所による国際法に反する行動の違法性の認定、④与党内の反主流派や野党、破られた法規則によって利益を守られている企業・圧力団体、その法規則に価値を見出すメディアからの非難、辞任・政権交代の要求など、さまざまな不利益を覚悟しなければならない。

諸国の政府が国際法の規則をあえて破って行動するのは、こうした不利益を上回る利益があると判断する場合にかぎられる。そうしたケースはそう多くない。国家指導者があえてこうした不利益を甘受してでも追求すべき利益があると判断する場合にのみ、国家は国際法を破り、自己が利益と信ずることを貫徹しようとするのである。

武力紛争のときでさえ国際法がまったく守られないということはない。戦争も永久に続くものでなく、いつかは平和を回復しなければならない。また、完全に無制約な暴力は相手方の死に物狂いの抵抗を招いて自国軍の犠牲をふやし、中立諸国の支持を失い、戦争を長びかせる。それは自国の出費を増大させ、国内での反戦・厭戦感情による自国政府批判を招くなどの不利益を招く。武力紛争に一定の制約を課す国際法は、これらの要因に支えられてそれなりの規制力をもっている。

2 国際法の社会的機能

†国際法の拘束的機能

法とは一般に人々の行動を強制的に拘束する規範と考えられている。それは、融通がきき恣意的になりうる政治と異なり、一律平等に適用され、専門家によって担われる技術的なものと考えられている。さらに道徳と異なり、法の違反には制裁が課せられ、最終的には強制的に実現されると考えられている。こうした法のイメージは、主にわたしたちに身近な国内法からの連想によるものだが、国内法だけでなく国際法も拘束的規範として機能する。

国際法は紛争解決（を促進する）規範としても機能する。国家間で利害の衝突がおこった場合、これを平和的に解決し、あるいは解決を促進することは、国際法の重要な役割である。ただ、国際法は平等・一律の適用で定型的な解決をもたらす法とされているから、解決の枠組みとして適当な場合とそうでない場合がある。両当事者が問題を現行法の枠内で解決する意思があるときは、国際法は適切な枠組みを提供する。これに対し、問題が現行法の改変の要求をふくむ場合は、国際法はその現状固定的性格から、かならずしも紛争解決に貢献しない。

法が紛争解決規範としてもっとも典型的にはたらくのは、裁判の基準というかたちにおいてである。国際法もこうした裁判規範として機能する。ただ、実際に社会構成員が紛争の解決手段としてどれだけ裁判に依拠するかは、社会により大きく異なる。国際社会では裁判規範としての国際法の役割はきわめてかぎられている（第8章参照）。

†国際法の構成的・コミュニケーション機能

以上の国際法の具体的な機能に加えて、国際法は社会の重要な制度として定着していることにより、人々の発想を規定し、影響をおよぼす。人々が物事を考え、なんらかの行動をとるうえで、「国家」「領土」「主権」などの国際法上の観念を無意識のうちに取り入れており、問題を考察し、定式化するうえで影響を受ける。国際法はそうしたはたらきによって多様な主体間の関係を統御し、誘導する機能を営む。これは、個々の国際法規範が行為規範、裁判規範として有する行為の制御的機能に対して、発想ないし行為の構成的機能といえる。

武力紛争が発生したとき、国連憲章に代表される国際法は、そうした武力紛争をどのように認識し対処するか、という認識と判断の枠組みとして、他の観念や制度——紛争解決のための外交的知恵、軍事的制御の可能性、紛争の根源を探る経済学・宗教学など——とともに、問題を定式化し、解決への選択肢を提示する機能を営む。国際貿易・投資にかかわる問題は、WTO協定、自由貿易協定、投資条約などの枠組みを通じて、経済学的な発想規定要因その他の要因とともに考察され、対処される。そうしたはたらきを通じて世界貿易・投資にかかわる全世界的な体制ないし制度が日々（再）構築され、運営される。

国際法はさらに国際社会のさまざまな主体の意思を伝達する機能を営む。国際法は、利益、価値を異にし、対立する紛争当事国にとって、貴重な「共通のことば」である。国際法に訴えるということは、武力や圧力を用いるのと異なり、非暴力的手段で問題を処理するという意思を相手に伝えることであり、物事の平和的処理という性格をもつ。他面、国際法は「法」として最終的にはその内容を強制的に実現する根拠となる。国際法に訴えるということは、強制的・非妥協的な要求実現の可能性を相手方に示唆する意味をもつ。国際法は外交の手段であると同時に外交の柔軟性を制約する要因でもある。

国際法は、意思伝達機能を通じて、国際社会のありかたに関する基本的な了解事項を高い正統性をもったかたちで示す。これは近現代の国際社会のありかたをみればあきらかである。一七世紀中葉以来の欧州の国際関係はウェストファリア体制、戦間期の国際関係はベルサイユ体制とよばれる。これは、ウェストファリア条約、ベルサイユ条約という多国間条約にそれぞれ表現された国際関係のありかたを示している。

また国際法は、国際人権規約や地球環境保護に関する多国間条約のように、人類が達成すべき理念を体現する機能を営む。かりにこれらの条約の規則が厳密に守られないとしても、こうした国際法は、諸国の共通行動の準則を示すことにより、諸国の行動が国際法の規定する方向に収斂することを促進し、国際社会の共通理念の実現に資するのである。

最後に、前述のとおり国際法は法として「したがうべきもの」「正しいもの」というイメージをもっているため、国家の行動を正当化する機能を営む。諸国は、国際法が自己の利益追求の障害となる場合は自己の行動を国際法上正当化しやすいものになるように工夫し、さまざまな理論や先例を持ち出して自己の行動の国際法的合法性を主張する。国際法を正面から否定することは、国際政治上も国内的な支持獲得の点でもさまざまな不利を招き、例外的である。

このことは、国際法が諸国の利益追求を隠蔽するイデオロギー機能をはたすことも意味する。と同時に、国際「法」により正当化するという事実は、諸国の政府の選択肢に一定の制約を課し、相互が正当化を提示する際いずれが法的により適切な解釈かを自他と第三者に呈示することにもなる。こうした論争の過程を通じて、国際法は紛争解決の基準を示し、紛争解決を促進し、国際法が体現する共通理念の方向へと諸国の行動を収斂させるのに貢献するのである。

第2章　国家とその他の国際法主体

I　国家

1　「国家の黄昏」という神話

†国際法は国家にはじまり、国家に終わる

「え、反動的！」

「時代錯誤もはなはだしい」

小見出しをみてこう反応する読者がいるかもしれない。メディアでは「国家の黄昏《たそがれ》」、「国境の無化」、「主権国家体系の凋落」が喧伝されている。わたし自身、無意識の国家中心主義的思考を克服する必要性を主張してきた者として、これらの主張をあたまから否定するものではない。ただ、こうした言説が、現代世界の根源的な国家中心的構成、主権国

家体制の強靭な力と正統性を見失った浅薄な知的ファッションに堕していないか、注意する必要はある。

たしかにグーグルやアマゾンは軽々と国境を越え、国家の規制を無化しているようにみえる。アムネスティ・インターナショナルなどのNGOの力と役割は今日国際問題を考え、解決するうえできわめて重要である。しかし、わたしたちはグーグルやアムネスティがわたしたちを逮捕し、懲役刑を科すといったとき、それにしたがうだろうか。イエスと答える人は皆無だろう。強大な企業、世界的影響力をもつNGOといえども、国家に代わって人の存在を左右する生殺与奪の権をもつものではない。

また、日米欧などの先進国にとっては国民国家と主権国家建設の「国家の時代」が一九世紀から二〇世紀だったとしても、人類の圧倒的多数を占める諸国にとっては二一世紀こそが統一的な国民を創り出し、主権国家としての体裁を整える「国家の時代」である。「国家の黄昏」のたぐいの議論は先進国の知的エリートが創り出し、先進国のメディアを通じて流布したものである。中印などが欧米を凌ぐ力をもつ可能性がある二一世紀の国際法を考えるうえでは、現在の先進国の支配的言説を鵜呑みにしない用心深さ――わたしたちの無意識の欧米中心主義からの脱却――が大切である。

「国際的 inter-national」とは、本来「国家（総体としての国民）間の」という意味である。

「世界経済」「地球環境」といういいかたがふえつつあるとはいえ、「国際経済」、「国際環境」も、「世界経済」、「地球環境」と互換的に用いられる。つまり、地球全体にかかわるほとんどのことは「国際」ということばで表現される。国際法の教科書は、主権、管轄権、条約、領土、武力紛争などをあつかうが、これらはすべて国家にかかわる問題である。これらの事実は、現代人がいかに国家を自明視しているかを如実に物語る。「国家」はしばしば人を誤らせる危険な概念であるにもかかわらず、必要不可欠な概念なのである。

他方、こうした国家中心的な発想にさまざまな問題があるのはたしかである。無意識のうちに国家を前提とする発想は、しばしば自己と国家を同一視する。それは、自己を特定の国家、民族、国民から切り離し、相対化する醒めた認識を妨げる。

たとえば日本の法学者は日本の制度、行動などを表すのに、「我が国」ということばを用いることが多い。政府首脳や官僚が国家機関として自己と日本（という国家）を重ね合わせて「我が国」ということは理解できる。しかし、そうした立場から離れた認識をめざすべき学者やジャーナリストが、日本という国家を指すのに「我が国」というのは自己と国家との無意識の同一化であり、疑問である。

国家には無数の定義があるが、人々が殺人者に対する死刑執行や自分の給料からの税金の徴収をおこなうことと認識し、それを受け入れるところに国家は存在する。その意味で国家も、「国際社会」や「地球市民社会」と同じく、人々が現実の現象から抽象的に構成する社会的構成物である。「王は彼を王とみとめる人々がいてはじめて存在する」ということばがあるが、国家も同じである。国民の圧倒的多数がある人を首相とみとめ、その行動を国家行動とみなしているから、その人は国家の首相として行動できる。

ところが、国家という枠組みで考えると、わたしたちは政府と企業とNGO、宗教的多数派と少数派、富裕層と貧困層など、国家内に存在する差異を無視しがちになる。日本やフランスといった具体名で語るにせよ、「国家」という抽象概念で考えるにせよ、一枚岩的な国家を前提とする発想に陥りやすい。「米国」の対外政策を批判するとき、人はしばしば米国国内にもそうした批判を共有する人々がいることを忘れてしまう。

†国際法上の国家

世界中の人々は、自己が国家の一員であり、他国の人々も他国の一員であることを理解しているが、その際各自がもつ国家イメージは多様である。国家が軍事力をどの程度行使すべきか、という問題でもたとえば日米の差はきわめて大きい。同一国内でも、民族、階層、世代などにより国家イメージは多様である。国際法上の国家概念はこうした多様な「国家」にかかわる現象にひろく妥当しつつ国家と他の権力体を区別しうるものでなければならない。そのため国際法上の国家概念はどうしても抽象的で最低基準的なものとならざるをえない。

一般に国家は強制権力を独占すると考えられているが、国家が強制権力を独占して主権国家の内実を備えるようになったのは、ヨーロッパで絶対主義権力による領域国家の制度化が進行し、市民革命後国民国家の成立をみてからのことである。それ以前の国家は強制権力を独占する主権国家ではなかった。国家支配者の具体的な人格（具体的には「国王」）から抽象された国家それ自体の権力や正統性が問題とされるようになったのも、社会契約説以後のことである。近代の欧州では国家による権力の一元的掌握が進行し、封建領主などの中間権力が没落する過程を経て、国内法は私人間および私人と国家との関係、国際法は国家間の関係を規律するという考えかたが徐々に一般化したのである。

この時期は欧州ではナショナリズムの隆盛期であり、理論的にもそれに対応した国家観がもてはやされた。ヘーゲルによる国家中心の哲学の後、イェリネクを中心とするドイツ国法学が優勢をきわめた。一九世紀後半から二〇世紀初頭にかけてドイツ法学は国際的に強い影響をもち、国際法学はこうした国内法学をモデルとして理論形成につとめた。今日の国際法における国家の地位を考えるうえでも、こうした歴史性を意識しておく必要がある。現在の国際法教科書にみられる国家の定義、類型なども、この時期の欧米に支配的な国家観と国家の実態を一般化したものがすくなくない。

現行国際法で国家とは、一九三三年の「国家の権利義務に関する条約」第一条の規定を手掛かりに、①永久的住民、②明確な領域、③実効的支配をおよぼす政府、④他国と関係をとりむすぶ能力をもつ法人格とされるのが一般的である。この第一条は前述したイェリネクの国家三要素説に外交能力を加えた二〇世紀初頭の支配的国家観を体現したものである。こうした国家観は、二〇世紀後半から二一世紀にかけて自決権、民族的少数者の権利主張、移民・難民、破綻国家などの諸問題により、さまざまな挑戦を受けている。

†国家の承認

とくに国際政治上しばしば問題となるのが国際社会における国家の存在とその承認にかかわる問題である。ヨーロッパ国際法の時代には、国際法は君主、封建領主、都市国家など、多様な権力の存在を与件として機能していた。ところが一九世紀に中南米諸国が独立する過程で独立阻止をめざす旧支配国と独立をみとめようとする諸国とのあいだで論争がくりひろげられ、「国家承認」の慣行が一般化した。一九世紀後半には、欧米諸国は非欧米諸国が国際法主体たる「文明国」たりうるかを問題とした。第一次大戦後は戦争の違法化にともない、違法な戦争がもたらした状態を承認しない不承認主義が唱えられ、日本の傀儡《かいらい》国家の「満州国」は日独伊など少数の国の承認をうけるにとどまった。

国家承認とは、ある国がある国を国際法上の権利義務主体とみとめる一方的行為である。承認は基本的には承認国と被承認国との問題であり、ある国（たとえばイスラエル）が世界の多くの国にとって国際法上国家であるとしても、イスラエルを国家とみとめないムスリム諸国とのあいだでは両者間の国際法関係は基本的に生じない。イスラエルを国家として承認しない国がイスラエルと外交関係をもたず、イスラエル国民の入国をみとめないことは国際法上違法とはいえない。

しかし、こうした効果は相対的であり、国際社会の国際法関係に全面的におよぶものではない。ある国を国家としてみとめる国の数が多ければ、また大国をふくんでいれば、承認しない国もその国の国際法上の地位をすべての面で否定するのは困難である。たとえば、イスラエル領土を無主地《むしゅち》であると主張して自国に武力併合することは、イスラエルを承認している大多数の国々からみれば重大な国際法違反であり、許されない。

二一世紀の国際法上の国家についてはもうひとつ、人民の自決権という観念・制度が難問を生み出している。

2 人民の自決権

†自決権の意義

国際法がヨーロッパ国際法から世界の国際法となった一九世紀末は植民地主義と帝国主義の時代であり、みずからの運命をみずからの手で決するという自決の観念は国際法とは無縁のものだった。しかし、第一次大戦でオーストリア・ハンガリーとロシアの二帝国が崩壊すると、中東欧の多くの民族はソ連のレーニン、米国のウィルソンが唱えた民族自決をもとめて独立を達成した。第二次大戦後にはアジア・アフリカの諸民族が英仏などの植民地支配から脱して次々に独立を達成した。アジア・アフリカ諸国は一九五五年にインドネシアのバンドンに参集して、民族自決をふくむバンドン一〇原則を採択し、その後も自決権を国際法上の権利としてみとめるよう強く主張した。植民地への既得権をもつ西欧諸国はこれに抵抗したが、アジア・アフリカ諸国の多くが独立した結果、国際社会の多数派だった西欧諸国は少数派に転落しており、多数派となったアジア・アフリカ諸国の主張に抵抗するのはむずかしかった。

一九六〇年、国連総会は賛成八〇、反対〇、棄権九で植民地独立付与宣言を採択した。同宣言はあらゆる形態の植民地主義を終わらせる必要があるとして、「すべての人民は、自決の権利をもち、この権利によって、その政治的地位を自由に決定し、かつ、その経済的、社会的および文化的発展を自由に追求する」と宣明した。「政治的、経済的、社会的または教育的な準備が不十分なことをもって、独立を遅延させる口実としてはならない」と規定する同宣言の第三項は、帝国主義諸国が植民地支配の口実とした「文明化」のイデオロギー（「暗黒大陸アフリカに文明をもたらす」などの主張）を正面から否定するものだった。宣言は勧告的効力をもつにとどまる国連総会決議だが、その採択は戦後国際社会の共通了解を体現する画期的な出来事だった。

一九六五年、英国の自治植民地だった南ローデシアの少数派白人政権が人種差別体制の下で独立を宣言したが、国連は独立不承認の決議を採択し、非軍事措置を発動して最終的に黒人多数派の意思にもとづくジンバブエの独立の道筋をつけた。アパルトヘイト政策（人種隔離政策）を維持するため、南アフリカが南ア領域内にトランスカイという傀儡国家を独立させた際も国連はこれを非難し、「独立」の不承認を決議した。こうした国連の実行を通じて、異民族・異人種による少数派支配が断罪され、多数派政府の形成が自決の一要件であることがあきらかにされた。

この間、一九六六年に採択された国際人権規約は社会権規約と自由権規約の共通第一条として人民の自決権を規定した。七〇年の友好関係原則宣言も、植民地独立付与宣言の規定をさらに強化する規範を人民の権利として規定し、その保障・促進をすべての国の義務とした。ICJも、七一年のナミビア事件と七五年の西サハラ事件で自決権が国際法上の権利として確立したことを示唆する勧告的意見をあきらかにし、九五年の東ティモール事件では自決権が対世的《たいせいてき》(1)性格を有する権利であることをみとめた。

国連は、植民地支配下にあった人民の自決に際して、南ローデシアと南アの例にみられるように、多数派人民の意思の尊重という正統性基準にもとづいてあるときは独立をみとめ、ある場合には否認した。こうして、多数派人民の自決権行使が国家形成への根拠として国際社会の一般的承認をうけたことは、国家性の認定において重要な意義をもつ。ただ、それまでの国際法理論との整合性が不十分なまま人民の自決権が国際法上の権利として定着したことにより、自決にともなう問題の解決は困難さを増した。

自決権が生み出す諸問題

問題は、①いかなる人的集団を自決権の主体とみとめるかという「人民」の要件と、②伝統的な国家要件にふくまれる「実効的支配」に加えて、なんらかの正統性をそなえることが国際社会によって承認さるべき国家の要件なのか、という二点である。

まず、「人民」の公権的な定義はなく、独立戦争や内戦に勝利を収めた民族集団の国家や政権を自決権の行使として事後的に正当化する傾向が強い。また正統性要件については、冷戦終結後、とくにソ連やユーゴの解体にともなう新国家の承認について西欧諸国などは、民主主義、人権保障などを新たな要件とする動きをみせた。こうした「新正統主義」には先進国の差別的な姿勢とイデオロギー性も見え隠れしており、こうした政策がそのまま一般的承認を得るか、疑問が多い。

自決権の主体にかかわるこうした不確定性から、有力集団による自決の主張を一部の諸国が承認し、内戦や国際紛争が激化する例はすくなくない。インドとパキスタンの独立は両者の対立により莫大な犠牲者を生み、今日なおカシミール問題は危機的状況にある。一九六七〜七〇年のナイジェリア内戦では、分離独立をもとめたイボ族が大量虐殺された。一九九二年の旧ユーゴスラヴィア解体の際も、ユーゴ連邦を構成していた共和国が「自決」を称して次々に独立を宣言し、これに諸外国の（尚早の）承認も絡み、凄惨な内戦状況をひきおこした。これらの事例は、実力組織をもつ権力者とそれを支持する民衆の狂信的排外主義が少数者保護の理念を抹殺し、「自決権の行使」が紛争の激化をもたらすという構図を示している。

（1）「対世的」とは、「すべての国に対しての」、この場合は「国際社会全体に対しての」を意味する。

多くの国はその領土内にさまざまな民族的・言語的・宗教的少数者を抱える。そうした少数者は一般に自決の単位である人民とはみとめられない。一九六六年の自由権規約は第二七条で少数民族の権利を保障するが、これは集団としての少数者の権利ではなく、少数者に属する個々人の権利にとどまる。また、自決は独立国家形成というかたちをとることが多いが、それだけが自決の唯一の形態ではない。主体となる人民が自由な意思にもとづいて既存国家への結合・編入を選択するなら、それも自決権の行使である。一九九〇年のドイツ統一は、東ドイツの西ドイツへの編入というかたちをとった。

人民の自決にあたっては、人民を構成する個々人の人権が尊重され、その意思にもとづいて自己のありかたを決すること（内的自決）が尊重されなければならない。自決の名の下に他民族排斥の動きが頻発している現代の状況において、国際社会がみとめる関係国（自決を主張する集団に影響力をもつ諸国）と自決を主張する集団が国際会議で少数者保護を条件とする自決の承認（＝独立国家としての承認や既存国家との結合）の枠組みを確保しなければならない。こうした枠組みができるまで諸国は自決を主張する集団の国家承認を控える慣行を創り出すことは、自決権という、それ自身は望ましい観念による排外主義の暴発を規制するうえで、考察すべきひとつの選択肢といえるだろう。

3　国家機関

†政府

国際法上もっとも重要なアクター（国際法関与者）は政府である。国家間関係としての国際関係とは基本的に政府間関係であり、条約は政府が交渉して締結し、国際組織も政府間組織である。このとき、政府とは具体的には行政府（内閣）を意味する。たとえば、日本で外交関係を処理し、条約を締結する主体は内閣とされており（憲法第七三条）、国際法もこうした国内法による外交主体の確定をそのまま受け入れる。

もっとも、国際法が「国家」を法主体としてあつかう場合は、行政、立法、司法のすべてをふくむ政府総体の体制が問題となる。たとえば、国際法上「国家（の）実行（state practice）」というとき、行政府の行為（軍隊の派遣、首相の声明など）に加えて、立法府による国内法の制定、司法府の判決もふくめるのが一般的である。国によっては軍や警察が行政機関とは別個の機関とされることもあるが、その場合も軍や警察は国際法上国家機関とみなされる。国家が違法行為をおこない、それによって国際法上責任を負うときも、行政府のみならず、立法府の立法行為、司法府の裁判も国家行為としてその違法性が問題となる（第4章参照）。

ある国に革命がおこり、行政、立法、司法の全機構が革命政権によって旧来のものと完全に異なる体制に変更されたとしても、その国は国際法上同一の国家であり続ける。革命後の国家は革命前の政府が締結した条約に拘束され、革命前の国家がもっていた債権や債務は同一の権利義務として維持され、革命後の国家がこれを一方的に拒否することはできない。国際関係が支配者間の関係だった時代には、条約も国王や皇帝同士のものであり、その後継者にも条約を守らせようとするときはその旨を条約上明記する必要があった。近代になって国家が君主の具体的人格から抽象化されると、一国内で根本的な政体の変革があった場合も国家の同一性は保たれるようになった。条約も支配者同士の約束から国家間の約束となり、継続性と安定性は高まった。

いかなる政府が国家を代表するかという国家の代表性の問題は、戦後、中国の国連における代表権をめぐって大きな問題になった。台湾(中華民国)は、社会的実態としては領域、人民、台湾を実効的に支配する政府をもつれっきとした国家だが、中国(中華人民共和国)が台湾を中国の一部とみなしているため、大多数の国々はそうした中国の立場を尊重して台湾を国家として承認していない。第二次大戦後台湾の中華民国と国交関係を結んでいた日本も、一九七二年の日中国交正常化の際に「日華平和条約は存続の意義を失い、終了した」との見解を表明した。中華民国政府は日本と国交を断絶し、それ以来日本と台湾とのあいだには国交関係は存しない。

†外交使節と軍隊

大使、公使などの外交使節は国際関係の担い手として重要な役割を演じ、国際法上もふるくからその地位や役割が詳細に規定されてきた。今日では大統領、首相などが直接会する首脳外交が重要な意味をもつが、それでも日常的な国家間関係から一定の政治的重要性をもつ問題まで、外交交渉の多くは大使、公使、参事官といった外交使節団の構成員により遂行され、それらが国家の行為とされる。

こうした任務の遂行のため使節団の公館は不可侵とされ、通信の自由と保護、外交官の身体・住居・財産の不可侵、裁判権の原則的免除などがみとめられている。外交官が犯罪をおかしても接受国《せつじゅこく》は逮捕、訴追できず、国外退去をもとめうるだけである。これは領域主権の重大な制約となるが、国家機関には他国は支配権をおよぼしえないという国家平等原則と、犯罪捜査などを口実とする外交官の活動妨害を避けるという理由からみとめられてきたものである。

軍隊、軍艦、軍用航空機から個々の軍隊構成員にいたる国家機関は、海賊やハイジャッキングの防止、拿捕《だほ》など、公海、公空、国際領域で国際秩序の維持の役割をはたす。これらの軍事的国家機関は、他国領内にあるときも一般に領域主権から免除される。領海内の軍艦で犯罪がおこった場合、犯人を逮捕する権限をもつのは軍艦の旗国であり、領海国ではない。

外国に駐留する軍隊の法的地位は一般に駐留国と派遣国とのあいだの法的地位協定で定められ、公務執行中の行為については軍の派遣国が優先的裁判権をもつとされることが多い。NATOや日米安保条約にはこうした点を規定する付属協定(日米では在日米軍地位協定)がついている。ただ、駐留軍隊の構成員による殺人、強姦などの犯罪は、駐留国と派遣国の裁判権や捜査権の優先順位と範囲をめぐって紛争となりやすい。沖縄における米軍関係者の犯罪の捜査、逮捕、裁判をめぐる問題は戦後一貫して深刻な問題を提起し続けている。

Ⅱ 主権

1 主権と主権国家体制

†領域主権

国家は、さまざまな空間領域で一般に主権とよばれる権威・権力により人間の行動を規制し、国内社会と国際社会を秩序づける。他のいかなる暴力をもつ集団（歴史的には封建領主、今日では犯罪者・テロリスト集団など）にも優越して秩序を維持する主権は、国内的には至高かつ排他的な権力、対外的には他国からの独立という属性をもつ。主権行使の領域的・対人的・事項的限界を画定し、その抵触が生じた場合にその調整・解決基準と枠組みを提供することにより主権の衝突を回避、緩和、解決することは国際法の重要な役割である。

主権はその（国内的）至高性からしばしば「絶対」「不可侵」の権力と主張される。しかし、各国が絶対権力をもつのでは国際関係はなりたたず、国際社会の秩序だった運営も不可能となる。それゆえ、いかにある国（の指導者、国民）が「絶対」「不可侵」の主権を強く主張したとしても、国際社会でそうした主張が受け入れられることはない。同じように、主権は（国内的には）分割不可能な包括的・一体的観念と主張されることがあるが、実際にはさまざまな基準により分類され、分野毎の問題解決の枠組みとして機能する。こうした分類中代表的なものが①領域主権と対人主権という分類、②事物と人事の観念的規律（法の定立と適用）とその規律の強制的実現（法の執行）という分類である。

諸国家は、地球全域における人間活動を規制することにより国際社会という空間を総体として秩序づけている。その際、国家が領域内でもつ至高かつ排他的な指示・命令・処分の権能（国際法に反しないかぎり領域内のすべての人とものののありかたを決定し、それを実現する権力）が領域主権である。国際法で主権国家体制というときの主権国家とは基本的に領域主権により国内を支配する国家を意味する。それは、対立・衝突する主権の調整を対人主権に対する領域主権の優越性という基準におく、というのが主権国家体制のメカニズムだからである。

†国民国家と対人主権

もっとも、近現代の法と政治の正統性の観点からいえば、国家とはなによりも国民の生命、安全、財産を守り、その福利実現を目的とする人的共同体（国民国家）である。国家は、自国民が自国の領域主権がおよばない空間（公海、公空等）にいる場合にも、国籍を媒介として自国民のありかたを決定する権力（対人主権）によってこれを保護する。同時に国家は対人主権により自国民の行動を規制し、地球空間の秩序維持にあたる。

国外の自国民保護は、日常的には自国民が存在する国に駐在する領事による保護・援助というかたちをとるが、自国民の重大な権利侵害があると判断した場合、国家は外交保護権を行使することがある。また、自国民の行為規制による秩序維持は、刑法などの国内法の在外自国民への適用というかたちをとる。

しかし、自国民が他国の領域内にいる場合は、その国の意思に反して自国民を逮捕し、あるいは裁判判決を執行することは許されない。逮捕や判決の執行などの強制行為は領域国の強制機関に委ねるか、領域国の同意を得て執行するか、領域国の強制機関から引き渡しを受けるほかない。この主権の相互尊重（領域主権の対人主権への優越という調整原理をふくむ）こそ、主権国家体制の基本原理である。この原理は次のような論理をもって領域主権と対人主権の関係を調整してきた。

まず、国家が他国の排他的な領域主権をみとめ、自国民の運命も領域国に委ねるのは、領域国が領域主権を国際法にしたがって適正に行使することを前提とするからである。他国領域内では国家は主権を行使できないため、領域内の秩序維持は領域国の権利であるばかりでなく義務でもある。すなわち、国家は領域内のあらゆる者――警察など、領域国の機関はもとより、領域内の私人をふくむ――の活動により他国に損害を与えることを防止する義務を負う。

他方において、他国にいる者をふくめ、自国民を可能なかぎり保護するのは国民国家としての国家の重要な役割である。そこで国家は、他国にいる自国民の法益を国際法にしたがって保護するよう領域国にもとめる。領域国は、領域内の他国民の法益を国際法にしたがって保護しなければならず、国際法に違反して領域内の外国人の法益を侵害したときにはその外国人の国籍国から国家責任を追及されることがある。

なお、国際社会の共通利益や公共性により主権は一定の制約を受ける。それだけに、大国が自己の利益にもとづく政策を貫徹するときにも、それを国際社会全体の利益として正当化することが多い。他方、中小国は、自国の主権だけでなく、同じく国際公共性や共通利益の観念に訴えて大国による主権侵害に抵抗しようとする。国家の政府だけでなく、学者、ジャーナリスト、NGOなども国際公共性の視点から国家の恣意的な行動の是正をはかる。このようにイデオロギーとして利用される公共性の観念はフィクションであるが、多くの人の生活実感に訴え、支持を獲得できるなら軍事力に優るとも劣らない強い力となって国家——具体的には政府——の行動に影響を与えることができる。米国やソ連が軍事力からみればベトナム、アフガニスタンよりはるかに強大だったのに撤退せざるをえなかったのは、こうした力学の所以だった。

2　管轄権の衝突と調整

†主権と管轄権

国際法では主権のほかにしばしば管轄権ということばが使われる。「管轄（権）jurisdiction」と「主権 sovereignty」は語源的には異なる系譜に属するが、現行国際法では管轄権は一般に領域的・対人的・事項的な基準にしたがって限定的に観念された主権という意味で用いられる（このほかに裁判管轄権という用語も一般的である。第8章参照）。国際法による各国の主権の調整は、主権にかかわるいくつかの原則にもとづき限定的・機能的な管轄権を調整するかたちでおこなわれる。

まず、主権の作用としての法の定立と執行はそれぞれ立法管轄権、執行管轄権の行使として顕現する。立法は国家による権力作用だが、それ自体法規範を強制的に実現するものではない。ある国が領域外の人やものにも適用される法を定立し、法の規律をおよぼすこと――観念的な意味での適用――は、それ自体としては他国の領域主権を侵害するものではない。在外国民にも適用される国籍法や、公職選挙法などはその典型である。

各国は大別して刑事法、公法、民事法をもつが、近代ヨーロッパ主権国家体制の下で国内法の整備と国際的な主権の調整とは同時並行して制度的に整備されてきた。その際、民事法の調整は国際私法の役割だった。具体的には、各国の国際私法に関する法律、民事法、民事訴訟法などを根拠として、契約、婚姻、相続などが複数国の領域と複数国の国民にまたがる場合、いかなる法が適用され、いかなる国の裁判所が管轄権をもつかという問題は、国際私法が定める。つまり国際私法とは、諸国の国内法のうちもっとも適切な適用法を選択する法規範である。

刑事にかかわる主権の作用は、犯罪者の処罰という国家の強制権能が典型的に現れるが、ここでも欧州諸国は、国籍主義、保護主義、普遍主義など、領域以外の根拠にもとづく刑事法の立法と観念的適用を相互にみとめあってきた。これらの立法管轄にもとづく刑事法は、適用上相互に抵触するが、その場合適用に関する対立を調整し、原則の優先順位を定める明確な規則はなく、個々の関係国により条約や個別の合意にもとづく調整がおこなわれてきたにとどまる。他方で、法の強制的実現にかぎっては、原則として属地主義が優越することが問題なくみとめられてきた。

†管轄権を基礎づける諸原則

実行者の国籍のいかんにかかわりなく自国内でおこなわれた行為に対して自国の権能をおよぼすことは属地主義とよばれ、立法のみならず執行も基礎づける主権の核心である。属地主義にもとづく管轄権の行使は領域主権の発動であり、執行管轄については原則として他の主義にもとづく管轄権の行使に優越する。しかし、立法管轄の衝突については、常に属地主義にもとづく立法が国籍主義や保護主義にもとづく立法に優先して適用されるわけではない。

自国領域外であっても自国民の行為に国家の権限をおよぼすことは国籍主義（属人主

義）とよばれ、ひろく採用されてきた。日本の刑法第三条は属人主義にもとづいて日本国民が国外で犯した罪に刑法が適用される一定の罪（殺人、傷害など）を規定する。

もっとも、被害者の国籍を基準として被害者の国籍国に管轄をみとめる受動的属人（国籍）主義は、被害者の本国では公平な裁判が期待しにくいという理由から好ましくないとされてきた。ただ、拷問禁止条約など、一部の多国間条約は、属地主義、国籍主義に加えて一定程度受動的属人主義もみとめている。

国家の安全、存立にかかわる重要な国家法益を保護するため実行犯の国籍と実行地を問わず管轄権をみとめる考えは保護主義とよばれる。保護主義は、内乱罪や外患罪などの国家の基本的秩序への攻撃に対する立法管轄を基礎づけるものとして、諸国により採用され、相互にみとめられてきた。

国際社会のすべての国に共通する法益を守るため、実行犯の国籍と実行地を問わず、すべての国家に管轄権をみとめるのが普遍主義である。海賊は普遍主義にもとづいてどの国も公海上で拿捕し、自国で訴追しうる典型とされてきた。二〇世紀後半に航空機のハイジャッキングが多発するようになり、各国が共同で対処する必要性がたかまり、拷問についても人類共通の犯罪というとらえかたが強まった。このため、ハイジャッキングや拷問については、普遍主義の発想に立脚して、多国間条約で締約国にその禁圧を義務づけ、自国領域内または自国登録船舶・航空機内の犯罪行為、自国民の犯罪行為、自国民が被害者である場合など、締約国に広範な裁判権設定を義務づけている。さらに拷問禁止条約などは、締約国に領域内犯罪者を訴追しない場合、引き渡し請求国に引き渡すよう義務づけている。

†米国法の域外適用と国際法

戦後、自由競争経済を信奉する米国は、外国でおこなわれるカルテルなどの競争制限的な行為が自国内に効果をおよぼす場合には、自国の競争法を在外行為者に適用できるという効果理論にもとづいて国外企業の活動にも独禁法や輸出入管理法の規制をおよぼすようになった。米国は規制にしたがわない者の米国内の事業拠点やドル資産への不利益処分、国際逮捕状の発布請求など、域外適用を実効的に担保する政策をとることができるため、国際的に活動する多くの企業が米国法の域外適用により厳しく規制されることになった。また米国はキューバ自由・民主主義連帯法(ヘルムズ・バートン法)、イラン・リビア制裁法など、みずからの信ずる価値を普遍的価値として諸国にその価値を強制する立法をおこなってきた。

こうした米国法の域外適用に対しては、西欧諸国が自国の領域主権にもとづく規制を侵害する干渉であるとして強く反発し、深刻な国際問題を生んだ。しかし二〇世紀末頃から、西欧諸国、日本も、さらに二一世紀には中印など途上国の大国も効果理論にもとづいて自国法を域外適用するようになってきた。こうして今日では自国法の域外適用はみとめあいつつ、その衝突の際の優先順位や解決の場（フォーラム）をめぐる問題などがあらそわれている。

こうしたあらそいを解決するもっとも重要な規準は、①国内法の域外適用がその域外適用国との正当化できる実質的なつながりによって基礎づけられるものか、②その法の域外適用が国際社会の一般的利益の実現として諸国にみとめられる正統性を備えたものか否か、である。①についてはほぼあらそいはないが、②について米国は問題を国際的に解決することを嫌い、自国法により自国の裁判所で決着をつけようとする傾向が強い。

しかし、各国が自国法・自国の法廷での解決にこだわるのでは、国際関係の円滑な運用が阻害される。管轄権の域外適用は、国連安保理の拘束力をもつ決定の実施としておこなわれるときには領域国の管轄権にも優越する。勧告的効力をもつ国連決議の実施としておこなわれる場合でもその国際法的正統性は高く、領域国の管轄権に対抗しうる。

これに対して、キューバ民主主義法のように国連総会で毎年非難決議が採択されているような国内法の域外適用は、国際法上他国の管轄権に対抗できる正統性をもたない。このように、国内法の域外適用については、国際法を規準として国家間の立法管轄権の優先順位を判断しなければならない。米国のようにとかく自国法を世界中に適用してその執行を自明視する傾向が強い国には、諸国の政府、専門家、メディア、NGOなどが一致協力してこの理を説き続けることがもとめられる。

III　非国家主体

1　国際組織

国際組織（国際機構、国際機関。英語ではinternational organization）とは、諸国が共通の目的を達成するため国家間の合意（設立条約）によって創り出した組織で、常設の機関を備えてそれ自身の名において恒常的に活動するものをいう。

産業革命が本格化した一九世紀以来、貿易、投資、通信、運輸、犯罪などの国境を越える活動が激増した。当時のヨーロッパ諸国は主権意識が強かったが、通信、運輸、度量衡など、諸国が共通の制度に利益をもち、しかも国家主権への介入の程度が低い技術的問題については万国郵便連合、国際電気通信連合などの専門的な国際組織を設立してこうした活動の調整・運営にあたらせた。

第一次大戦で莫大な被害を被った諸国は、国家間の戦争を防止すべく国際連盟を設立したが、戦間期の国際経済の混乱、ドイツのベルサイユ条約への敵意、日本の中国侵出の野望などに翻弄された連盟は第二次大戦の勃発を阻止することができなかった。第一次大戦を上回る第二次大戦を戦い、疲弊し尽くした人類は一九四五年、国際平和の維持を中心に包括的な任務をもつ国際連合を設立した。

国連は国際法上一定の権利義務の主体とされ、国家や他の国際組織を訴えて権利の実現をはかることもできる。国連は、諸国が主張を交換し合い、国際法その他の価値により自国を正当化し、対立する国との合意を形成する場である。それは、総会決議、安保理決議、人権委員会決議などのかたちで国際法の認識根拠となる決議を生み、加盟国がこうした決議を受けて行動をとることにより、国際法実現の一翼を担うフォーラムである。

国連は国際社会を代表する機関であり、「国際社会」の名において行動する正統性をもつ。いかなる大国も企業もＮＧＯも国連に匹敵する国際的正統性をもたない。そのため、国連の決議と活動は国家にとって行動の正統性の重要な根拠となる。

国家やテロ集団などが武力行使や大規模な破壊行為により他の国や国際社会の一般利益を侵害したとき、国連はみずからの名において、あるいは加盟国に武力行使をみとめることにより、こうした違法行為に対処し、被害国・被害者の救済と国際法秩序の回復に努める。また国連は、総会決議により国際社会の共通了解を体現する規範を宣明し、その条約化への道筋をつける。さらに多国間条約作成のための国際会議を開催し、また国際法委員会で多国間条約の原案を作成する。

国連のもっとも重要な機関は、①全加盟国からなり、一般に国際社会をもっとも適切に代表する機関と考えられている総会と、②「国際の平和と安全の維持に関する主要な責任」を負う安全保障理事会である。安保理は武力の行使という、国家にとって死活的利益のかかわる問題で加盟国を法的に拘束する決定を採択する権限をもつ（第9章参照）。安保理は一五の理事国からなるが、そのうち米ロ英仏中の五カ国は常任理事国であり、非手続き事項（実質事項）の決議については常任理事国の全会一致が必要とされる。いわゆる拒否権である。

国連の事務総長は国連の行政職員の長であり、総会、安保理、経済社会理事会から委託される任務を遂行するほか、国際平和を脅かすと思われる事項に安保理の注意を喚起することができる。また、紛争当事国間の仲介・調停、人権保障、環境保護といった国際公共価値の実現のために諸国へ協力を要請するなど、国連の公共性と道義的権威にもとづく諸活動をおこなう。これらの活動のあるものは国際法の実現であり、あるものは国際公共価値実現に向けての国際法の改正の提案である。なお、国連には人権理事会や、人権、女性、先住民など、さまざまな問題に関する委員会があり、それらの諸機関も国際法の実現過程の一翼を担っているが、それらの問題は第二部の各章で取り上げる。

ユニセフ（国連児童基金）、国連環境計画（UNEP）など、主に総会が設立した諸機関、さらにユネスコ（国連教育科学文化機関）、ILO（国際労働機関）など、国連とは別個の国際組織（「専門機関」）も、広義の「国連ファミリー」の一員としてさまざまな問題にかかわっている。これらの諸組織・機関は、予算の不足、官僚主義、非効率など、国際組織に共通するさまざまな問題を抱えているが、人類の多数が直面する、しかし一国では対処できない経済、社会、文化にかかわる無数の問題に日々従事している。それらも、一見するとあまり目立たないかもしれないが、国際法にしたがって国際法の実現としておこなわれる大切な活動である。

2 企業、NGO、民族的少数者・先住民族と国際赤十字、女性、個人

現代の国際社会では、国際組織のほかにも、さまざまなアクター（国際法関与者）が国際法の定立、解釈、実施、規制対象などの面にかかわっている。

たとえば、地球経済と国際法については、企業ないし会社が国家や世界銀行、IMF、WTOなどの国際組織とともに、重要なアクターとして国際法にかかわっている。人権の分野では、アムネスティ・インターナショナル、ヒューマン・ライツ・ウォッチなどのN

GO、環境保護の分野でも、グリーンピースなどのNGOが国際法の制定からその実施までのさまざまな局面にかかわり、時として国家や国際組織に劣らない重要な役割を演ずる。これに加えて、ニューヨーク・タイムズ、CNN、アルジャジーラなどの有力メディアも国際法がかかわるあらゆる領域において国際世論を喚起し、安全保障、人権、経済、環境などの問題において、国際法の定立から実現にいたる過程で重大な役割を演じている。国際人道法における国際赤十字の重要な役割も見落とすことができない。

これらの多くのものは、国際法の主体としては、きわめて限定的な権利を享受し、義務を負っているにすぎず、多くは、国内法上の法人と位置づけられる。しかしその実質的な役割は二〇世紀後半から増大する一方であり、二一世紀にはそれはますます強まるだろう。

また、女性、個人、先住民族・民族的少数者なども、国際法のさまざまな局面にかかわるアクターとして登場する。

これらの多様なアクターを国際法主体というかたちで、もっぱら国際法上の権利と義務の観点からあつかうのはかならずしも適当でなく、むしろ「国際法関与者」として、それぞれの問題分野において、政府や国際組織の諸機関（国連の安保理など）などとともに、その実際にはたしている機能に着目して検討することが適当である。

これらのアクター（国際法関与者）については、具体的な問題をあつかう第4章以下のそれぞれの章で検討することにしよう。

第3章 国際法のありかた

I 国際法のありかた

1 国際法が問題となる場面

†国際法はどんなときに「問題」になるのか

国際法が問題とされ、論議され、実際にはたらく場面とはどんなものだろう？ たとえばA国の政府が国際法に違反する疑いの強い行動をとり、それに対してB国がA国の行為を自国の権利侵害だと主張するとき。A国の軍艦がB国の領海にB国の同意なく立ち入り航行する場合などである。ここでは国際法が、軍艦が他国領海に立ち入るときいかなる行為を軍艦の国籍国に義務づけているか、問題となる。両国政府が国際法を援用しながら主張をぶつけ合う場（forum）は多様だが、①AB両国政府間の外交交渉（Aは自己の行動を合法と主張し、Bは違法と主張する）、②国際組織における加盟国政府間の論争（Bやその友好国が国連の安保理などでAの行動を国際法違反と非難し、Aやその友好国はそうした国際法解釈をあらそう）などがその典型である。

他方、A国政府が、A国が当事国となっている人権条約や環境条約に違反して、自国内の個人が条約で守られている権利を侵害した疑いがあるときなども、国際法が国家にいかなる行為を義務づけているか、問題となる。これらの場合、A国政府の行為により被害を受けたと主張する個人が、専門家、メディア、NGO――A国内の専門家、メディア、NGOなどの場合もあれば、海外のメディア、NGOなどの場合もあるだろう――などの支援を受けてA国政府の行為を国際法違反と非難し、同政府が反論することになる。主たる論争の場はA国の裁判所、メディアなどだが、野党が関与すれば議会でもA国政府の行為の国際法適合性が問題となりうる。被害者が人権条約の監視機関（条約に付置される専門家の委員会）に通報すれば、そうした監視機関でも国際法の解釈が論じられることになる。

ここでまず問題となるのは、関係者は行為規範としての国際法をどのように認識し、指示内容を解釈するか、である。国際法はこうした意味確定を通じて国家行為の合法性、ひいては正統性を評価する（法の評価機能）。この評価主体はさまざまである。諸国の政府、国際組織（具体的には国連安保理など、国際組織の諸機関）、企業、NGO、メディア、宗教団体、先住民族、そして一般市民などだが、最終的にはこれらのすべてをふくむ「国際社会」が評価主体となる。

†多様な国際法解釈

これらの場合、B国の政府など、A国の行動に批判的なアクターはA国が国際法に違反していることをさまざまなかたちで論証しようとする。その際動員されるのは、①Aが当事国になっている条約、②指導的学説において「慣習国際法」など、国際法規範とされているもの、③ICJなどの国際裁判所の判決（および勧告的意見）、④国連の総会や安保理、主要な国際会議の決議、⑤多国間条約の履行・遵守確保機関（WTOのパネルや上級委員会、人権条約上の委員会や裁判所など）の判断・勧告・見解などである。これに対して、A国の政府やそれと歩調をともにする諸国の政府・メディア・NGOなどは、一般にB国のメディアや政府などが用いるのと同じ材料を用いながら、異なる解釈を駆使して反駁する。これらの材料は、問題となっている国際法を援用する当事者がその国際法規範を認識・解釈する根拠として用いられる。

これら各種の認識根拠のなかでももっとも重要なのは、A国が締約国になっている条約があればその条約である。ただ、条約も実はそれ自体が国際法ではない。条約の条文も、それを根拠として国際法を認識・解釈する手がかりである。条約の条文にも、拘束力をもつ規範もあればそうでない規定もある。こうした多様な材料を通じて認識・解釈された国際法が、Ａの行為の合法性ひいては正統性を評価する基準として機能する。

このように、国際法が現実に問題となるのは、ある国の国家機関が他者から国際法上違法と解釈されうる行為を選択し、その国際法規範が当事者間の論争の過程で援用されるときである。国際法は、①ある国家の行動を拘束し指示づける行為規範として国家機関の政策決定にかかわり、②その政策を正統化する根拠としてその国家機関によって援用され、③それを批判する根拠として他国の国家機関・国際組織・メディアなどによって援用されるのである（それが説得力をもつか否かは援用する者の論証の質に依存する）。

2 国際法はどのように認識・解釈されるのか

†実定法中心主義の限界

それでは、諸国の政府など多様なアクターは国際法をどのようにして認識・解釈するのだろうか？　これに関して二〇世紀の国際法学の主流は、国際法の認識根拠を「法源」ということばで表し、ＩＣＪ規程第三八条に列挙された条約、慣習などから説明してきた。

これは本来ICJが国家間の紛争を解決する際適用する規範（裁判規範）を、国際法が国家に義務づける行為規範と同一視するもので、理論的にさまざまな問題をふくんでいた。

これまで国際法学がそうしたアプローチをとっていたのは、英米の学者・実務家が国際法に対してもつ巨大な影響力によるものだった。国際法学は欧米先進国、とくに英米の国内（法）モデル思考にしたがってきたが、英米では法を裁判所が適用する裁判規範と同一視する傾向が強い。また、二〇世紀の国際法学は、条約であれ国際判例であれなんらかの実定国際法に自己の主張の根拠をもとめる実定法中心主義——法実証主義ともよばれる——が強く、ICJ規程という条約が裁判規範を明文で規定していることを大きなよりどころとしてきたためでもあった。

しかしながら、国家間紛争のうちICJで解決されるのは例外であり、多くは外交交渉で解決される。そもそもほとんどの国際法現象は裁判外の場で生じ、論じられ、処理される。二〇世紀の国際法学者・実務家はこうした現実を軽視しがちだった。彼（女）らは国際法を（先進国、とくに米英の）国内法に擬して考えるあまり、国際法の紛争解決規範としてのはたらきを過大評価し、国際法の他の重要な社会的機能——国家行為の正統化・正当化機能や国家間の意思伝達機能など——に十分な関心を払わなかったのである。

†裁判規範としての国際法

ただ、国際法の全体像を考えるうえで裁判規範としての国際法を検討することは無意味なわけではない。裁判規範としての国際法は、国際法の全体像をとらえるうえで以下のような手がかりを提供してくれる。第一に、国家を義務づける国際法（行為規範としての国際法）がすべて裁判規範になるわけではないが、裁判規範は一般に行為規範を前提とし、それをふくむ。したがって裁判規範は行為規範を認識する、すくなくとも部分的な認識根拠となる。実際、外交交渉や国際組織での議論でもＩＣＪ規程第三八条は言及されており、裁判規範を通した行為規範の認識という方法は一定の現実的根拠をもっている。

第二に、二〇世紀を通じてＩＣＪは紛争解決機関としてはマイナーな存在でしかなかったが、国際法の解釈に関しては公権的な解釈機関としての権威を確立した。ＩＣＪの判例は、一般に国際法の解釈としてもっとも権威あるものとされる。政府間交渉でも、国際組織における議論でも、メディアなどが政府を批判する場合にも、ＩＣＪの判決や勧告的意見がある場合には、それが国際法を解釈する重要な素材として用いられることが多いのである。

II　条約

1　条約の重要性

†枢要なとりきめの器としての条約

条約は、国家が相互に約束しあう手段として古くから用いられてきた合意の形式である。条約は、平等な主権国家が国際秩序を形成し維持する近代の主権国家体制のもとで、とりわけ重要な意義をもつ。三〇年戦争に終止符をうち、その後の欧州国際社会の秩序の大枠を規定した一六四八年のウェストファリア条約、第一次大戦に終止符をうったベルサイユ条約、第二次大戦後の国際社会の枠組みを規定した国連憲章など、諸国は国際社会の基本枠組みをとりきめる際、主要国を網羅する多国間条約をもちいる。こうした枢要なとりきめに条約以外の形式――たとえば主要国政府の共同声明――が用いられることは、まずありえない。

国連、世銀、ＩＭＦなど、国際社会で重要な役割をはたす国際組織も条約を基礎として運営される。国際人権規約や地球気候変動枠組条約などの多国間条約は、国際社会に関する諸国の共通了解、さらに諸国が実現すべき共通の価値理念を表明する。二国間でも、日米安保条約に示されるように、二国間関係の基本的なありかたを規定するのは条約である。

それゆえ、条約は国家にとって国際社会における行動の規範的正統性の源であり、諸国は自国の行動が条約に適合していることを主張し、自己の利益追求を条約により正当化する。諸国は条約を破るとき、種々の政治的コストを覚悟しなければならない。このため、各国政府は法解釈のテクニックや前提事実の操作などにより、条約違反という事態とそうした非難を避けるよう力を尽くす。

ただ、前述したように（第2章）、国際社会には多様な国家があり、なかには条約違反に対する国内からの批判・抵抗が十分はたらかず、国際社会からの批判・制裁にも耳をかたむけない政府・指導者も多数存在する。条約の履行をいかに確保するかは国際法にとって、主権国家体制そのものにとって、常に難問であり、国際社会は本章Ⅳ、第4章以下の各章でふれるさまざまな手立てを重ねてきている。

諸国間の合意のなかには、一九七二年の日中共同声明のように、重要な国家間の約束でありながら当事国が条約以外の国際規範形式を選択する場合もある。こうした例は、当事国の議会で承認を得にくいなど特別の理由によるものである。こうした事情がないかぎり、重要な国際的約束には条約が一般に用いられる。

他方、人々の日々の生活に直接かかわる無数の目に見えない条約もある。諸国間の貿易、金融、通信、運輸などを規律する二国間・多国間条約、行政府かぎりで日々締結される経済・文化・技術協力協定などである。こうした条約網がなければ現代人の日常生活は成り立たない。人々は日々消費する食料や燃料を確保することも海外旅行に行くこともできない。これらの国際業務を日々遂行するには多くの場合国際組織が必要であり、それを設立し維持するのも基本的に条約によらなければならない。

†多国間条約の重要性

二国間条約はふるくから存在したが、一九世紀以来多くの分野で多国間条約がつくられるようになった。一般法が慣習法などの不文法の場合解釈の幅が大きく、一義的な規則の確定が困難だが、多国間条約の場合多くの国が成文法の当事国となるため国家間の権利義務の一義的な確定が比較的容易である。また、多国間条約は国際社会の総意をあらわすものとして非当事国の加入を誘うことができるため、国際社会の統一性の確保に役立つ。さらに、多国間条約作成の過程で諸国の利益の共通性と対立点があきらかになり、対立点については時間をかけて将来解決しようという知恵がはたらく。

多国間条約にはこうした利点があるため、二〇世紀には多くの分野で不文法の成文法化

（＝多国間条約化）がすすめられた。これを国際法の法典化という。法典化には「慣習国際法」とされてきた不文法を条約化する狭義の法典化と、将来の一般国際法の確立を目的として、これまでかならずしも一般国際法といえなかった規則を条約化する漸進的発達がある。一九五八年に海洋を規律する四つの多国間条約が作られたが、このうち大陸棚条約が規定する条項は基本的に国際法の漸進的発達と考えられるものだった。

2　条約に関するルール

†条約に関する国際法

今日、諸国の政府は、通常、一九六九年に締結された「条約法条約」を手がかりとして条約にかかわるもろもろのルールを認識・解釈し、実行する。同条約には、国家間の文書による合意のみが条約と規定されており、また国際組織が当事者となる条約もカバーされていないが、実際には口頭の条約も国際組織と国家、国際組織間の条約も条約としてあつかわれるなど、一般国際法とのズレもみられる。しかし、同条約の規定が二一世紀の条約に関するもっとも重要な認識根拠であることはひろくみとめられている。

条約にはさまざまな名称がつけられてきた。日本語に訳す場合も、条約（英語では treaty、日米安保条約など）のほか、憲章（charter、国連憲章など）、規約（covenant、国際人権規約など）、規程（statute、ＩＣＪ規程など）、協定（agreement、沖縄返還協定など）、宣言（declaration、日ソ共同宣言など）など、さまざまな名称が用いられる。「憲章」や「規約」は重要な多国間条約に用いられることが多く、比較的軽い事柄をとりきめる条約には「協定」という名称を付すことが多いが、とくにそうした規則があるわけではない。「共同声明」（joint communiqué）は法的拘束力をもつ条約とされないことが多いが、一九五六年の日ソ共同宣言のように法的な拘束力を有する条約の場合もある。

条約は言語を異にする二国間で締結される場合、両国の言語をともに正文とすることが多い。たとえば日米安保条約は日英両語を正文とする。明文の規定を欠くときは、複数の言語で確定された条約は、それぞれの言語による条約文が等しく権威を有する。ただし、条約締結時の政治状況などにより、例外的に当事国以外の言語が正文とされることもある。日韓国交正常化を規定した日韓基本関係条約が日韓英を正文とし、解釈にちがいがあるときは英語の正文によるとしたのはその一例である。

†条約解釈の時点

法は解釈を通じてその意味が確定され、公権力によって実施される。憲法でも法律でも条約でもそれは変わらない。憲法九条の条文それ自体は法ではなく、憲法全体の趣旨をふまえてもっとも適切に解釈された九条の意味内容が法である。では、「もっとも適切な解釈」とはなにか？　これは憲法九条だけでなく、古来あらゆる法典、さらに宗教の教典の解釈をめぐってあらそわれてきた難問であり、本書ではとうてい論じきれない。ここでは条約の解釈に関するもっとも基本的な原則と、国際紛争の解決手段としての国際法を適用する際しばしば問題となる条約解釈の時点という論点についてのみ、簡単にふれる。

条約の解釈は、条約法条約にしたがって文脈および条約の趣旨と目的の両者に照らして与えられる「用語の通常の意味」を基本的な解釈基準としておこなう。この点について諸国間、国際法学者・実務家のあいだにあらそいはない。「文脈」とは、条約文、条約締結に関する全当事国の関係合意、条約締結に関してある当事国が作成した文書で他の当事国が関係文書としてみとめたものをすべてふくむ。

条約の解釈であらそいが生じやすいのは、「条約解釈の時点をいつにすべきか」という問題である。法は社会生活の基本枠組みを定める仕組みであり、現時点における人々の合理的な予測を尊重し、安定的な社会関係を維持しなければならない。過去に発生した事件は原則としてその時代の法にそくして判断されるべきである。さもないと人は、現時点で妥当する法を現時点の解釈にしたがって判断し、それをもとに自分の行動を決定するという法に準拠した行動がとれなくなる。それでは人々の法への信頼がゆらいでしまう。他方、法は正義を実現する役割を期待されている。法が一般人の素朴な正義感や規範意識とあまりに乖離した場合、法は人々から尊重されず、実効性を失ってしまう。このように、法の解釈にあたって行為時を基準とすべきか、その後の発展——とくに人権などにかかわる人々の規範意識の変化——を考慮に入れるべきかという問題は、安定した社会関係の維持と正義の実現という、法の二大目的の調整にかかわるむずかしい問題である。

現代の国際社会で有力になりつつあるのが「発展的解釈」である。これは、条約締結後の規範意識の変化にしたがって条約を解釈し、紛争が生じた時点における人々の規範意識を重視する立場である。欧州人権裁判所はこうした判決を下す傾向が強く、ＩＣＪの態度もそれに近い。

これに対して、日本の裁判所は行為時点を基準として条約を解釈する傾向が強く、その点が、発展的解釈をとる傾向が強い韓国とのあいだで大きな問題を生んでいる。とくに、条約締結時には個人の請求権を保障するとは考えられていなかった戦争法関係の条約など、戦争捕虜や元「慰安婦」などが補償を請求できる「個人請求権」の根拠と考えるべきかなど、戦争被害者の人権保障の分野において重大な論点となっている（第6章で再論する）。

†合意と留保

現行国際法上、「合意は拘束する」という原則は国際法のもっとも重要な原則のひとつであり、このことは条約法条約や国際裁判所の判決などでくりかえし確認されている。ただ多国間条約については、国家のなかには条約全体の趣旨・目的には同意するが、条約中の特定の条項には拘束されたくない、という国もある。二国間条約の場合はその条項について当事国が交渉すればよいが、多国間条約でそうした交渉をすべての国にみとめるのでは条約の成立が困難となる。

そこを解決する法技術が「留保」である。留保とは、条約の特定の規定の自国への適用上、法的効果を排除・変更することを意図する声明で、名称のいかんを問わない。このように留保は、諸国が特定の条項への同意を回避しつつ条約全体の当事国になることを可能にするものである。

国連海洋法条約などの多国間条約は留保禁止条項をもっている。しかし、国によっては、建前上は規定の枠内の特定の解釈をとりつつ、事実上は留保にあたる解釈宣言を付して条約規定の法的効果を変更・排除しようとする。たとえば米国は、一九六六年の自由権規約をはじめ人権条約を批准する際、多くの条項に「留保」「宣言」「了解」を付して、条約の国内適用を事実上不可能にしている。こうした米国の態度は、人権条約の効力を大幅に制限するものであり、実際は留保にあたると考えられる。このため、未成年者への死刑判決の禁止に対しては、西欧諸国を中心に、米国は自由権規約の趣旨と目的に反する留保をおこなっており許されない、という異議が申し立てられている。ムスリム諸国なども、たとえば女性差別撤廃条約の条項についてこうした違法な留保・解釈宣言をする国がすくなくない。

ただ、人権条約は、諸国内の個人の権利を保護するものであり、ある締約国が人権侵害的な効果をもつ留保をおこなっても、他の締約国は自国の利益が直接に害されることはない。そのため諸国は、人権条約の趣旨・目的に反する留保に対しても、そうした違法な留保を黙認してしまいがちである。こうした事態を改善するため、自由権規約委員会は同委員会が留保と自由権規約の趣旨・目的の両立性を判断すべきだという一般的意見No.24をあきらかにした。これに対して英仏などは、委員会にそうした権限はないとの反論をしている。自由権規約委員会の意見は人権規約の監視機関として高い正統性をもつが、当事国を法的拘束するものでなく、現状では強制力をもって諸国に留保の違法性を追及することはできない。

†強制による条約と強行規範

国際法上、条約が無効とされる場合がある。かつては、条約締結の際の国家代表に対する強制はその条約を無効とするが、国家自身への強制は無効としないとされていた。国家自体への強制を無効とすると、戦争終結のための平和条約が敗戦国への強制を必然的にふくむことから、平和条約が無効になってしまう。それは安定した国際関係を維持するうえでみとめがたいというのがその理由だった。

しかし、戦争の違法化や帝国主義列強が強制した不平等条約への非難の高まりを背景に、一九六九年の条約法条約は国連憲章に体現された国際法の諸原則に違反する武力による威嚇・武力行使の結果締結された条約を無効とした。ここで「国連憲章に体現された(embodied in)」国際法の諸原則とは、国連憲章よりも前に妥当していた原則と解釈できる。「embody」は、国連憲章で初めて規定されたのではなく、すでに存在していた原則を国連憲章が体現したという趣旨で採用されたからである。(1)

それゆえ、国連憲章以前に結ばれた条約が無効となることもありうる。この点について

(1) この条文を日本政府の訳が「体現する」でなく、「規定する」としているのは不適当である。

問題となるのは、一九一〇年に日本が韓国を植民地化した韓国併合条約の有効性である。同条約はあきらかに強制の要素をふくむ不正な条約であった。このことについては、日韓両政府間にも学説上も大きな見解のちがいはない。

しかし、一九一〇年当時の国際法が武力による威嚇を禁止していたとは言いがたい。そうした禁止規範は、戦間期、とくに一九二八年の不戦条約以降の国際法で確立されてきた原則だからである。それゆえ、同条約が不正な条約だったとしても、それが当時の国際法に反する無効な条約だったとすることは困難である（ただし、韓国併合条約締結の際、日本が当時の韓国の国家代表に強制を加えたのであれば、同条約はその時点から伝統的な無効原因をふくんでおり、無効ということになる）。なお、一九六五年の日韓正常化を達成した日韓基本条約は、この問題を同条約は「もはや無効である」として両国間の解釈の対立を棚上げしているが、日本の韓国植民地支配にかかわる問題がおきると「もはや無効」の解釈をめぐって論議が再発することもすくなくない。両国のメディアは世論を煽らず、両国の政府も極力冷静に交渉を進めて問題の解決にあたるほかない。

†「強行規範」

国際法の規則は、一般に当事者の合意により一般法の規範とは異なるとりきめができる任意規範とされてきた。たとえば、一般国際法上国家は公海では管轄権を行使できないが、二国間で環境保護などについて管轄権の行使を合意すればそのとりきめが優先して適用される。国連海洋法条約のような多国間条約の一部の当事国が、領海などについて自分たちだけに妥当する条約を締結すれば、それらの国々のあいだではその条約（特別法）の規定が一般法たる国連海洋法条約の規定に優先して適用される。

しかし戦後、国際社会にはジェノサイドや武力行使などを禁じる強行規範が存在し、それに反する条約は無効であるとの主張が強まり、そうした規定をもつ条約や国際組織の決議などもみられるようになった。強行規範の概念は国際人権法の領域でしばしば援用される。その際、強行規範はかならずしも特別国際法（二国間条約）を無効とする規範という意味ではなく、他のあらゆる規範に優越するオールマイティな規範として主張されることがすくなくない。ただ、そうした強行規範が諸国（民）によってひろくみとめられているか、疑問が多い。

法は、場合によっては社会に先行する理念にもとづいて主張され、社会を変えていく役割をはたすことができる。人種差別や女性差別を禁止する国際非差別法はそうした役割をはたしてきた。その意味で、ある規範観念を国際社会の現状に先だって強行規範と唱道することに実践的意義がないとはいえない。他方において、強行規範であれなんであれ、実効性を欠く法は法たりえない。法の実効性は、法の技術的精密性、公平性、制裁の組織化の程度、そして最終的には社会構成員の規範意識に依存する。

希望的観測にもとづく法観念の唱道は、人々に幻想をいだかせ、その幻想が破れたとき、法と法にかかわる者への信頼を失わせることになりかねない。国際法の強行規範の問題を考えるには、国際社会のきびしい現実をみすえた多面的な思考がもとめられるのである。

3　条約と国内法との関係

†国際法上の条約と各国の国内法上の条約

国際法上の条約と各国の国内法上の条約の概念が一致するとはかぎらない。各国の国内法でも条約の概念にはちがいがある。日本国憲法第七三条三号には、条約締結に国会の承認を必要とするとあるが、日本が締結する条約の九割以上は国会の承認を経ていない。これは、条約が①法律事項をふくむ、②財政事項をふくむ、③条約相手国との基本的な関係を定める政治的に重要な条約、のいずれにもあたらないときには国会承認を要しないという原則を国会がみとめてきたためである。どの国も経済・技術協力など国民生活に必要な日々の国際業務については、国会の承認を経ることなく大量の行政協定を結ぶことによって処理している。

重要な条約について、右の①・②・③にあたるか否かをめぐって解釈が対立することもある。たとえば、一九七二年の日中共同声明が国際法上の条約なのか、「政治的」約束にとどまるのかという問題ははげしく論議され、最終的には条約ではないとされた。合意当事者（日中双方）の意思を尊重する立場からすれば、日中両政府とも条約ではないとする立場に立ってきている以上、そうならざるをえない。

だが、規定内容と法的効果からみれば疑問がないわけではない。たとえば、日中共同声明第五項で中国は日本に対する戦争賠償を放棄している。共同声明が条約でないとすると、中国による賠償放棄は中国を法的に拘束するものではなく、中国が将来、第二次大戦による被害の賠償を日本に要求したとき、日本がそれを拒む法的根拠として共同声明を援用できないことになりかねない。日本の最高裁は、二〇〇七年四月の中国人強制連行・西松建設判決において、アクロバティックな論理でこの議論を封じ込めたが、あまりに無理な論理を重ねたもので、国際的に通用するのか、疑問である。

条約は、原則として署名・批准により成立する。批准とは歴史的には王の代理である外交使節が交わした合意を王の元にもちかえり、主権者たる王がそれを認証するという意味をもっていた。今日でも、批准を要する重要な条約の場合、交渉担当者が合意文書に署名し、署名各国が閣議決定などにより批准して成立する。また、外交の民主的統制の見地から、重要な条約の場合、批准のほかに議会の承認をもとめることが多い。日本でも条約の批准は内閣、承認は国会の権限である。

†国内法と国際法の相克

条約に各国の国内法上いかなる地位を与えるかは各国が定める。①英国のように条約それ自体は国内で効力をもたず、議会が条約と同一内容の国内法を別個に制定する国、②多くのヨーロッパ大陸諸国のように、議会が条約を法律の形式で承認して国内的効力を与える国、③日本のように公布により条約にそのまま国内法的効力をみとめる国、などがある。ただ、日本もとくに重要な条約の場合、国内で実施するための国内法を制定することが多い。

条約は、国家間関係において国家をまるごと拘束する。ところが、ほとんどの国は国内法上条約を憲法より下位においている。法律との関係でも、条約が法律より上位の国もあれば同等の国もある。たとえば、日本では、条約は法律より上位とされているが、憲法よりは一般に下位にあると解されている。米国では、条約は連邦法と同位の関係にあるとされている。

このため、日本の場合憲法に反する条約は実施できないし、米国にいたっては条約を批准しても条約に反する法律が作られると、条約は実施できなくなってしまう。さらに、米国のように連邦制をとっている国家の場合、憲法上の州の権限と条約の関係で問題が生じる。つまり、州の管轄事項について連邦政府が条約を締結した場合、州がその実施を拒むと条約が実施できないことになる。

しかしながら、国際社会における法秩序の観点からみた場合、条約を批准した国家が国内法上の理由で条約を破ることが許されるのでは、国際社会の存立自体があやうくなってしまう。もしも、ナチス・ドイツのように二一世紀の超大国米国や中国が、自国法が国際法に優位するといって行動したら、国際社会は「万人の万人に対する闘争」(ホッブズ『リヴァイアサン』)の状態におちいってしまうだろう。そうした事態はなんとしても避けなければならない。条約法条約二七条は、「当事国は、条約の不履行を正当化する根拠として自国の国内法を援用することができない」と明確に規定しており、同旨の国際組織の決議、国際判決、各国の声明も数多い。

†国際的「法の支配」か国内的「法の支配」か

各国の国内法秩序における国内法の優位と国際法秩序における国際法の優位という問題

は、民主主義、法の支配という、人々が自明視する二一世紀のもっとも根源的な価値の国内・国際両社会における相克として、時に解決不能と思われる問題を惹起《じやつき》する。人は、民主主義、法の支配といった場合、無意識のうちに国内のそれを考える。日本国民にとって憲法九条に反する条約を守らなければならないというのは、許しがたいことだろう。しかし、そうしたことは米国民にとっても韓国民にとっても同じことである。

韓国の憲法裁判所は、「慰安婦」問題は一九六五年の日韓請求権協定で解決されていないと解釈しており、韓国政府が日本政府と交渉しないのは憲法違反であるとしている。他方、日本の裁判所は、問題が日韓請求権協定で解決済みとの立場をとっている。両国の政府はそうした司法府の判断にしたがわなければならない。しかし、このように対立する両国の判決に拘束される両国政府が外交交渉で双方の司法判断と一致する合意に達するのは、象を針の穴に通すほど困難である(2)。

こうした国内法秩序における憲法優位と国際法秩序における国際法優位という規範の相克をめぐって、各国政府・裁判所、国際裁判所はさまざまな法技術を駆使してそれを克服する努力を重ねている。しかし、日本をふくめて各国の裁判所は一般に国内的な観点を優越させており、国際社会における国際法の優位が国際社会の法の支配を保障し、主権国家体制という現代の「世界のありかた」そのものを守る鍵であるということを十分に理解していないことが多い。今後法の支配と民主主義の意義がますます高まるとともに、この問題はさらに重要な問題として各国の政府と裁判所だけでなく、政治指導者、メディア、そして国民に重大な考慮をせまる問題となるだろう。

Ⅲ　不文国際法――慣習国際法と一般国際法

1　自然法と慣習国際法

†自然法から慣習国際法へ

法は社会構成員のすべてに適用される一般的なルールとして妥当する。国際社会の場合、すべての社会構成員に適用される一般的なルールとはどのようなものなのだろう？　国際社会の主要な構成員は主権国家だが、すべての国家を拘束する一般国際法はどのようなものと考えられ、諸国間で援用され、その規範内容が実現されてきたのだろうか。

（2）このほか日韓のあいだには、「慰安婦」問題をめぐる両国メディアの扇動的な報道によってささくれ立ってしまった両国民の感情的対立という、さらにやっかいな問題もある（大沼 二〇〇七a）。

一六世紀から一八世紀のヨーロッパに今日の国際法の原型となる一群の規範が生まれてきたとき、当時の学者・実務家や国家の政策担当者が国家間関係を規律するもっとも重要な一般法と考えていたのは「自然法」であった。当時ヨーロッパでは、自然法とは人間の本性にもとづく法と考えられていた。そのためそれは当然普遍的に妥当し、私人、王、封建領主、国家などありとあらゆる存在を拘束する一般法と考えられていたのである。

当時の自然法は、キリスト教倫理とローマ法にもとづく当時のヨーロッパ人の常識・社会通念にかなった共通の社会規範だった。諸国の政府は、指導的な学者が自然法と性格づけた規範を根拠に、他国にそれに合致した行動を要求した。その意味で自然法は学者の単なる主観的な理論ではなかった。それは、各国の政府が自他の行動の合法性と正統性を評価する規範であり、自国の行動を正当化し他国の行動を拘束しようとする際に援用するイデオロギーだったのである。

ところが一九世紀のヨーロッパでは社会の世俗化が進行し、これにともなって自然法の地位はあやういものとなってきた。自然法は主観的で恣意的なものという見方が有力となり、社会一般にもっとも重要な一般法という地位からすべりおちたのである。一九世紀における自然法の凋落は法(学)一般にみられた現象だが、国際法も例外でなかった。

自然法の権威が凋落するなかで、ヨーロッパ国際社会は諸国間関係を一般的に規律する法を失いかねない状況に追い込まれた。諸国の利害が激しく対立する国際社会には、すべての国が当事国となる条約は存在しない。そうした状況のなかで自然法が一般国際法でなくなると、一般国際法そのものが存在しないことになってしまうのである。

このため、「慣習法」、「国家の基本的権利・義務」、「文明国に共通の法観念」など、さまざまな不文法の観念が自然法にかわる一般法の観念として学者により唱道された。これらのなかで、「慣習国際法」が次第に一般国際法とみとめられるようになってきた。一九世紀後半から二〇世紀初頭にかけてのことである。二〇世紀を通じてもっとも権威ある教科書であり続けたラサ・オッペンハイムの『国際法』（一九〇五年）の「条約と慣習が国際法の排他的法源である」という言明は、二〇世紀国際法における慣習国際法の重要性を物語るものだった。

†慣習国際法のイデオロギー性

ここで注意すべきは、諸国間で「慣習国際法」とされてきたものが、欧米の指導的国際法学者がその要件としてあげるものを実は満たしておらず、一般に「慣習法」とされるものと大きく異なっていたという事実である。オッペンハイムに代表される二〇世紀の指導的国際法学者によれば、「慣習国際法」は国家の法的信念（あるいは確信）をともなう一般的慣行（軍や警察の行動など、諸国の行為――「国家実行 state practice」といわれる――の積み重ね）にもとづくとされてきた。この定義は二一世紀の今日もなお多くの国際法教科書に採用されている。

ただ、国家という抽象的存在の「信念」や「確信」を、多様な価値観をもつ諸国の政府や国際法学者・実務家に説得的に論証することは事実上不可能である。このため、外形的行為として比較的万人がみとめやすい「国家実行」からそうした国家の「信念」「確信」を推認するという手法がとられてきた。だがここにも難問が残る。そもそもいかなる具体的行為を「法的」信念をともなったものかを確実に推測するのが困難なことに加えて、論証は「一般的慣行」の要件で克服しがたい難問に直面するからである。

一般国際法が国際社会のすべての国に妥当する法である以上、その要件とされる一般的国家慣行なるものは、すべての国の国家実行にもとづくものでなければならない（条約は重要な法源だが一般国際法の法源たりえないとされてきたのは、いかに多くの国を包含する多国間条約でも、すべての国を当事国とする条約は存在しないからである）。しかし、軍や警察の行動など、個々の国の国家実行はあきらかでも、すべての国がそうした国家実行をとっていることは実際上論証できない。要件を国家の「普遍的」慣行でなく「一般的」慣行にしたところで、たとえば国際社会の九〇パーセント以上の国の国家実行を調査し、一般的慣行として定式化することは不可能である。

こうして、「慣習国際法」の基礎とされる「一般的国家慣行」なるものは、実際には国際社会で「これが一般的実行だ」という声が大きい有力国、つまり大国の国家実行を選び出し、それを一般的とみなすというテクニックにたよらざるをえない。実際、二〇世紀から今日にかけて「慣習国際法」とされてきた規則の圧倒的多数は、かぎられた欧米列強の慣行を基礎とし、それを欧米列強の学者・実務家が「これが慣習国際法だ」と「論証」してきたものだった。

たとえば海洋法上では一般には、慣習国際法では領海は三海里、それ以外は公海と考えられることが多かった。これは、英米という二大海上権力の慣行と主張を「慣習国際法」として主に英米の学者が定式化し、他の諸国は英米が有する圧倒的な海上権力という現実からこれに不承不承したがってきた、というのが実態である。他国が反対したくともその反対を英米に効果的にみとめさせることができず、事実上したがってしまっていることを「黙認」と構成し、それらの国々の同意があったものとみなすという法的なテクニックによって正当化してきたのである。(3)

また、二〇世紀を通して欧米先進国民は活発に海外投資を展開し、多くの弱小諸国に対する経済的利権をもち、それを実現してきた。エクソンやシェルに代表される石油資本、南アのダイアモンドや世界中の鉱物資源を経済的に支配する資本、中南米諸国の農産物について巨大な支配力をもつユナイテッド・フルーツなどがその代表である。国際投資に関する一九世紀後半から二〇世紀中葉までの国際法は、こうした欧米列強の国際的な経済的支配を正当化するイデオロギーとして機能してきたのである。

第二次大戦後、多くの非欧米諸国が脱植民地化によって独立を達成し、数の点では国際社会の多数派を占めるようになると、こうした国際法のありかたは重大な挑戦にさらされることとなった。これらの独立を達成した非欧米諸国は一致してこうした海洋法や国際投資法、また国際投資法の重要な一翼を担ってきた国家責任に関する国際法の諸規則に挑戦したのである。こうした挑戦は、さまざまな点で国際法の変化を生んだものの、基本的には欧米列強の利益を正当化する国際法という性格が大きく変わることはなかった。ただこの過程において、「慣習国際法＝一般国際法」とされてきた国際法の支配的学説はさまざまなかたちで挑戦を受け、現在も挑戦を受けている。

†「一般国際法＝慣習国際法」観の克服

一般国際法をめぐる理論状況は今日なお混乱した状況にある。二〇世紀を通して共有されていた「慣習国際法＝一般国際法」という定式はまだ多くの諸国政府や国際法学者・実務家を縛っている。主要な国際法教科書、各国の外務省の用語法もこの定式を前提としている。とはいえ、二〇世紀も後半になると、さすがにこうした同一視の問題性が疑問視されるようになった。

そもそも「慣習国際法」の問題とは、慣習を通して国際法の存在を認識することができるかという問題である。これに対して「一般国際法」の問題とは、国際法が国際社会のすべての国に適用されるのか（一般法）、それともその一部に適用されるのか（特別法）という問題である。両者は論理的に異なるカテゴリーであり、それを同一視することはできない。実際、慣習国際法にも、諸国一般に適用される一般慣習国際法とかぎられた国々にだけ適用される特別慣習国際法があることはひろくみとめられてきた。ラテンアメリカ諸国にのみ適用される慣習国際法は後者の典型例といわれる。

この観点からいえば、慣習の「一般性」がかぎられた欧米列強の国家実行と法的確信にもとづいていた慣習国際法は、欧米列強の特別慣習国際法であって、一般慣習国際法ではない。

（3）こうしたテクニックを英国のある国際法学者は「芸術 art」と称した。たしかにそれは欧米の洗練された法学の芸術性を示すものかもしれない。しかし、そうした「芸術」によってみずからの利益を侵害され、大国中心の制度への屈従を余儀なくされてきた弱小国の国民——人類の大多数を占める——からみたとき、その「芸術」がもつ醜悪さは耐えがたいものではなかろうか。

なかったはずである。にもかかわらず、二〇世紀までは欧米の圧倒的なハードパワーと、その国際法学・実務の巨大な影響力というソフトパワーにより、その点が曖昧にされてきた。二〇世紀の国際法学は、そうした「一般性」を「他の諸国の黙認」、はなはだしきは法の「芸術」などと称して正当化してきたのである。ただ、二〇世紀後半からこうした「論証」の問題性はすぐれた国際法学者の目にはあきらかになり、これを克服するさまざまな試みがなされている。

そうした試みのひとつは、慣行の一般性を論証することを諦め、慣習国際法という名で適用される規範の内容的な普遍的正統性から規範の「慣習国際法＝一般国際法」性を論証しようとするものである。これはとくにジェノサイドの禁止など、人間の普遍的感情を強く刺激する規範の普遍性（一般国際法性）を、名前は「慣習国際法」というかたちで弁証しようとするものである。もっとも、そうした内容的「普遍性」から諸国の慣行あるいは法的確信の一般性を「論証」しようとすることは一種の新たな「自然法」論であり、論者の主観的信念の産物という批判にさらされることになる。

そのため多くの国際法学者は、これまで実際は欧米列強のかぎられた慣行と、それらの諸国が有すると欧米の代表的国際法学者が説明してきた「法的信念」にかわって、より一般性の高い規範の形式を手がかりとして、なんとか一般国際法の一般性を論証しようとする。この手がかりの代表は、普遍性の高い（当事国が大多数の国家をふくむ）多国間条約と国連総会決議、そして重要な国際会議で採択された国際規範文書である。わたしもこの立場に立っている。

ただこの論証をおこなううえで「慣習国際法」概念にこだわることは理論的な混乱を増大させるもので、好ましくない。そこでわたしは端的に、「一般国際法の認識根拠」というかたちで多国間条約や国連総会などの決議のなかの重要性の高いものを選び出し、それをもとにして一般国際法の規範を論証しようとしてきた。以下ではこうした方法で議論を進める。

2　多国間条約、国連決議、国際会議の決議、国際司法裁判所の判決など

†多国間条約の重要性

諸国の政府や国際法学者は国際法の普遍的・一般的妥当性の議論をするとき、ほとんどが多国間条約の規定を根拠としてきた。たとえば、武力禁止原則が一般国際法の規範であることはまちがいないが、その際、ほとんどの国際法学者は国連憲章二条四項と一九二八年の不戦条約を典拠としてきた。人権、環境、経済など多くの問題についてこのことは妥

当する。

ただ、多くの国際法学者は多国間条約を一般国際法の認識根拠として正面からみとめることに消極的だった。多国間条約の場合、当事国でない国の存在があきらかである。そのように条約の規定に同意していない国がある以上、多国間条約の規定を一般法の根拠とすることには問題があると考えたためである。

しかしながら、国際社会・国内社会において、実際に種々の国際法関与者によって国際法が論じられる場合、一般国際法の一般的妥当性さらには普遍的妥当性の問題は、両者の主張の説得性の問題に還元される。ある国がごく小数の国しか非当事国が存在しない多国間条約――たとえば国連憲章――を根拠として自己の主張を一般国際法とし、他方がごく少数の欧米列強の国家実行と法的確信にもとづく伝統的な「一般国際法」の妥当を主張した場合、前者は容易に後者の主張の脆弱さに反論することができる。実際、国際法学者・実務家の圧倒的多数は、こうした双方当事者の論争の相対的な「論駁可能性」の基準によって対立する主張の是非を判定してきたのである。このことはＩＣＪをはじめとする国際裁判所でも変わらない。

このように、今日国際社会の圧倒的多数の国々が当事国となっている多国間条約は、その普遍的正統性の点において、ごく一部の欧米列強の国家実行と法的信念にもとづくにすぎなかった「慣習国際法」より、一般国際法の認識根拠としてははるかに重要な意味をもっている。こうした多国間条約には、先にあげた国連憲章のほか、気候変動に関する枠組条約、人権の分野における自由権規約、社会権規約、経済の分野におけるＷＴＯ協定、海洋法分野における国連海洋法条約など、一連の多国間条約がふくまれる。

†国連と国際会議の決議

国連総会決議や重要な国際会議で採択された決議のなかには、一般国際法の認識根拠となりうるものがみられる。たとえば国連は一九七〇年、「友好関係原則宣言」を国連総会決議としてコンセンサス（全会一致）で採択した。この宣言は、国連憲章の諸規定、とくに諸国にある行為を命じあるいは禁止する行為規範について、その規範内容を具体的に示したものである。

諸国政府や国際法学者・実務家は、友好関係原則宣言が国連憲章のもっとも権威ある解釈文書であり、国連憲章の規範は同宣言を手がかりとして解釈されるべきであるという点で一致している。さらに同宣言は、本来国連憲章が規定すべきであったにもかかわらず明文規定を置かなかったため解釈に疑問の余地があった規範についても、明文で規定することによりそうした疑問に答えている。不干渉原則はその代表である。

国連憲章は不干渉原則を加盟国に対する国連の干渉の禁止（二条七項）というかたちで規定している。他に不干渉原則に近いものは二条四項の武力行使禁止原則しかない。そのため、一般国際法上重要な規範である不干渉義務が国連憲章上いかなる地位を占めているのか、あきらかでなかった。友好関係原則宣言は不干渉原則が諸国間の義務であることを明文で規定し、さらにその内容を詳細かつ具体的に規定した。今日、諸国の政府や国際法学者は、不干渉原則について語る場合この友好関係原則宣言の規定をもっとも重要な根拠として利用している。

かつては国連総会決議は条約とちがって法的拘束力がないので国際法の認識根拠となりえないという主張が有力だった。この説によると、国連総会による諸国の行動（発言や投票）は、政治的行為であって法的行為ではない。諸国の政府代表は、国連総会決議が法的拘束力をもたないからこそ安心してそれに同意投票をおこなうのであり、法的拘束力をもつのであればその行動パターンは異なっているだろうというのである。

しかし、一般国際法と同視されてきた慣習国際法の構成要素である「国家実行」も政治的行為である。もうひとつの構成要素である「法的信念」については、実際に国家の「信念」を一義的に確定することはほとんど不可能である。このため、「国家実行」から「法的信念」を認識・解釈によって導き出すという操作がおこなわれてきた。つまり、伝統国際法においても、国際法学者や国際裁判所の認識・解釈作用がなければ政治的行為である「国家実行」から国際法規範を導き出すことはできなかったのである。

このように、国連総会決議が政治的行為であるということはなんら一般国際法の認識根拠たることをさまたげるものではない。また、国連総会決議はたしかに法的拘束力をもたないが、このことは実は条約という国際法形式についても同じことである。

しばしば誤解されるが、条約それ自体が法的拘束力をもつのではない。条約というのはひとつの「器」であり、そのなかには法的拘束力をもつ条文もあれば、もたない条文もある。前者は多くの場合、「shall」ということばをともない、後者は「should」「may」などのことばをともなう。このように国連総会決議も条約も国際法という規範を入れる器であって、それ自体が法ではない。したがって、国連総会決議や、同様に法的拘束力をもたない国際会議における決議を国際法の認識根拠とすることには、なんら問題はないのである。

友好関係原則宣言をはじめとするいくつかの国連総会決議のほか、世界の多くの国々が参加した国際会議で採択される決議も、一般国際法の認識根拠として重要な意味をもっている。一九七二年ストックホルムで開かれた人間環境会議で採択されたストックホルム宣言のいくつかの条項や、その二〇年後にリオデジャネイロで開かれた「環境と開発に関する国連会議」で採択されたリオ宣言、一九九三年にウィーンで開かれた国連人権会議で採択されたウィーン宣言など、重要な政治的意味をもつ宣言のいくつかの条項は、重要な一般国際法の認識根拠となりうる。

国連総会決議や重要な国際会議で採択された決議のなかには、さまざまなNGOや先住民族、民族的少数者などが決議の採択過程に参加しているものもすくなくない。かつて慣習国際法が一般国際法とされていた際には、その構成要素は「国家実行」と「法的信念」であり、それはいずれも「国家」の実行・信念とされていた。こうした「国家」にのみ法の根拠をもとめる見方は、二一世紀の国際社会・国内社会の現実に適合しない。国家以外の多様な主体が採択過程に参加し、その過程が「慣習国際法」よりもはるかに透明性の高い国際会議における重要な決議の採択は、国際法形成過程への非国家主体の参与という点からも二一世紀の一般国際法の認識根拠として重要な意味をもっているのである。

†国際司法裁判所の判決と「ソフトロー」

最後に、ICJなど国際社会における裁判所、裁判所に準ずる準司法的機関、人権条約などに付設されている各種の委員会などの機関の国際法認識と解釈は、わたしたちが国際法を認識・解釈するうえでどのような意味をもっているのだろうか。ICJなどの国際裁判所は基本的に紛争解決機関である。しかしながら、国際裁判所の多くは諸国に対する強制管轄権をもたず、判決を強制する権力を欠いている。対立する国家は、相互にＩＣＪで問題を解決すると合意しなければＩＣＪに紛争案件を付託できない。国際社会には、国内社会と異なり、判決を強制執行する一元的な公権力があるわけでもない。

このため、ＩＣＪをはじめとする国際裁判所の紛争解決能力はごくかぎられている。国際政治学者は国際紛争解決の諸メカニズムを検討するうえで、ＩＣＪなどの国際裁判所をほとんど無視してきた。これは、諸国間の紛争解決の実態からすれば無理からぬことだった。

しかしながら、国際裁判所には、紛争解決のほか、最終的に権威をもって国際法の解釈を確定するという、もうひとつの役割がある。これは国内裁判所も同じである。憲法や法律の解釈にあらそいがある場合、最終的に権威をもって解釈を確定する（「公権解釈」「有権解釈」といわれる）のは、その国の司法機関である。裁判所のあいだで解釈がわかれる場合――たとえば大阪高裁と東京高裁の憲法解釈が異なるとき――、最終審たる最高裁判所（憲法については、ドイツ、韓国などでは憲法裁判所）が解釈を確定する。国際社会でも、国際法の存在・不存在、解釈について諸国の政府や国際組織などにあらそいがある場合、ＩＣＪの解釈がもっとも権威あるものとしてこれを最終的に確定する。その意味でＩＣＪは、諸国政府や国際法学者・実務家、さらにはジャーナリスト、企業、ＮＧＯなどが国際法を認識するうえで、もっとも重要な国際法認識・解釈の手がかりを提供する。

こうした機能は、ＩＣＪにかぎらず、国際法のさまざまな分野に存在する裁判所や準司法機関にも一定程度備わっている。たとえば人権の分野では、ヨーロッパには欧州人権裁判所があり、米州には米州人権裁判所がある。これらの裁判所は、欧州人権条約や米州人権条約の規範の存在・不存在、解釈を確定するうえで重要な役割をはたしている。また、ＷＴＯの紛争解決機関である紛争解決パネルとその上級委員会は、ＷＴＯ加盟国の紛争についてそれを解決する権限をもっているが、そのパネル報告や上級委員会報告に示されたＷＴＯ法の解釈は、一般に権威ある解釈として諸国政府や国際法学者などに受け入れられている。

多くの人権条約には、条約の履行を確保するための委員会が置かれている。これらの委員会は、条約当事国の履行を監視するが、その際その人権条約の諸規定にかかわる解釈を打ち出している。こうした人権委員会の見解・報告などは、司法機関と異なり、一般には公権解釈とみとめられていない。

他方こうした人権委員会のなかには、ＩＣＪ判事に劣らないほど有能な国際法学者・実務家からなる委員会もある。そうした委員会が打ち出す人権条約の解釈は、国際法の異なる解釈が対立する当事者によって援用され、あらそわれる場合、重要な説得的権威をもっている。国内社会と異なり、統一的な公権力が存在せず、対立する争点が当事者間の論争過程での国際法解釈の説得力の程度によって左右されがちな国際社会にあっては、こうした相対的な国際法の認識・解釈の説得力の高さが国内社会以上に重大な意味をもっているのである。

なお国際法の認識について、「ソフトロー」という概念がしばしば用いられる。条約はハードローだが、国連総会決議はソフトローであるといったかたちで用いられることが多い。ソフトロー概念は、一見これまで述べてきたような国際法の認識にかかわる複雑な問題を簡便に説明できるようにも思われるが、そもそもソフトとハードの基準をめぐって一義的な解釈があるわけではない。漠然と法的拘束力を備えていないと考えられている雑多な国際規範文書——国連総会決議、国際会議の決議、法的拘束力をもたない二国間の共同声明など——をまとめて「ソフトロー」とよんでいるケースがほとんどである。ソフトロー概念を厳密な国際法認識の道具として使用することは困難であり、むしろ議論を混乱させることもすくなくない。

それよりも、現代世界で重要な役割を果たしている多様な国際規範文書の正統性、ひいてはそれに依拠する法的議論の説得力に応じて、「生きた国際法」の認識根拠を正面から論じていく方が、冒頭に述べたような国際法が実際にはたらく場面に適合している。

第4章　国際違法行為への対応

1　法の実効性を担保するメカニズム

†法違反への法秩序の反応

法秩序は「殺すなかれ」、「契約は遵守すべし」といった規範（行為規範）とその実効性を担保するメカニズムの総体である。立法者は法をつくる際、法の順守が社会の多数のかつ有力なメンバーの利益となるよう工夫をこらす。法の遵守が人々の利益だという外見を創り出すこと――ときにはそれは幻想だが――もそうした工夫のひとつである。

また、法の内容をできるだけ人々の規範意識（正義感）に合致させ、立法手続きの適正さを確保して、人々の遵法精神を喚起する。定立された法内容を広報や教育により受範者に注入して遵法精神を強化する。加えて、法違反に対する制裁や不利益を規定し、将来の法違反者に前もって警告を与えて威嚇することにより、法違反を防止しようとする。

しかし、法は規範であり、規範を守らない者はかならず存在する。人が法の義務づけにしたがわないとき、法秩序は義務違反への否定的反応により合法状態を回復し、法違反により法益（法が保護する利益）を侵害された被害者の救済をはかる。違法行為の結果――強制による契約や条約――を無効とするのもそうした法技術のひとつである。限定的だが、一定の自力救済もみとめる。国内法における正当防衛、国際法における自衛権がその典型である。

†二〇世紀前半までの国際法

ヨーロッパ国際法の場合、自力救済をひろくみとめる中世の法観念を引き継いでいたため、正しい根拠と手続きにもとづいておこなわれる戦争が法の実効性を担保する最大の手段だった。グロティウスに代表される「正戦論」はそれを理論化したものである。正戦論は単なる学説ではない。それは、ヨーロッパ諸国間で戦争や相手を威嚇する際に実際に援用される観念であり、イデオロギーだった。

一九世紀にヨーロッパで世俗化が進むと、自然法理論にもとづく正戦論は没落するが、戦争は依然として合法あるいは超法的行為として国際法上重要な位置を保ち続ける。一九世紀後半から二〇世紀初頭の国際法は平時国際法と戦時国際法という二元的構成をとった。平時国際法では、自衛、復仇、平時封鎖などの「戦争に至らない武力行使」が違法行為を阻止・是正する自力救済手段としてみとめられていた。また、この時代には、国家領域内の外国人の権利侵害を外国人の母国（国籍国）が自国の権利侵害とみなして領域国の責任を追及するという国際法理論と国家実行が生まれた。

こうした国際法を生んだのは、一九～二〇世紀に欧米先進諸国がラテンアメリカなど、欧米が「非文明国」とみなした経済的後進国におこなった投資と宣教活動だった。こうした活動のため一定の欧米人が「非文明国」に居住するようになったが、これらの国々は欧米諸国からみて個人の権利保護の面で著しく劣っていた。欧米諸国は欧米の権利保障の水準を「国際標準」「文明国標準」とよんで、それを「非文明国」に強制しようとした。これに反発する後者は、外国人にも自国民と同一の保護を与えれば国際法上の責任ははたされるとして欧米諸国と争った（「国内標準」主義）。このあらそいは二〇世紀半ばまで続く国際法の一大争点だった。

2　国家の違法行為と国家責任

†国際違法行為に対する国家責任条文案

戦後、国連は国際法委員会でこの外国人の権利侵害の問題を中心とする「国家責任法」

にかかわる諸問題に決着をつけようとした。しかし、今や国際社会の多数派となった途上国はソ連・東欧諸国とともに問題を「領域内の外国人の権利侵害に起因する国家責任」というかたちにかぎることに激しく抵抗した。武力行使や他国への干渉など、重大な違法行為があるのにそれらを国家責任法の対象にふくめないのは不当だというのがその主張だった。これは説得力ある議論であり、すでに西側先進国の国際法学者の一部もそうした見解をあきらかにしていた。

こうして、国際法委員会は国家によるすべての違法行為に対する国の責任をあつかうことになった。委員会は二〇〇一年に五九条からなる国際違法行為に対する国家責任条文案(「国家責任条文案」)を採択したが、それは条約として採択されることなく、「条文案」にとどまっている。それは、①この問題にかかわる諸国の対立が激しかった、②国際法が国家相互間の双務的な義務から国家が国際社会全体に対して負う国際公共的義務——侵略戦争、ジェノサイドの禁止など——もふくむようになってきたため、理論的にも体系化が困難だったからである。

ただ「国家責任条文案」は、国家責任の追及という国際違法行為への国際法秩序のかぎられた否定的反応をあつかうものではあるが、その前提として国際法上の違法行為にかかわる一般的規定をふくんでいる。その意味では、「条文案」は国際法上の違法行為一般を考えるうえで参考となる。以下では国際法上の違法行為にかかわる問題を、主に同条文案を手がかりに考えることにしよう。

†違法行為の主体

国家とは、人々が現実の諸々の現象から構成する社会的構成物であり、フィクション（創り物）である。条約締結であれ武力行使であれ、具体的な人間が国家機関として行動しないかぎり国家行為は存在しない。また、侵略などの作為だけが行為でなく、領域内の外国人の権利保護義務を怠るなどの不作為も行為である。

国家行為の多くは警察や軍をふくむ行政機関によって実施され、国際法違反行為も行政機関によるものが多い。だが、立法府、司法府の行為も国際違法行為たりうる。条約上国家にある立法が義務づけられているのに議会がその立法を怠るなら、それは立法府による国際法の義務違反である。裁判所が外国人の訴えを受けつけず、あるいは受理しても実際に審理をおこなわないなら、それは司法府による国際法上の違法行為である（「裁判拒否」といわれる）。

国家機関が内閣、首相のような上位機関か一兵卒のような下位機関か、中央政府か州などの地域統治団体かも、問題とならない。兵士が上官の命令に反して一般市民を殺害するなど上級機関の指示に反して行動することがあるが、こうした行為も国家行為という外見を有するかぎり国家行為とみなされる。

むろん私人の行為は国家行為でなく、国家機関の地位にある者も私人として行動しているときはその行為は国家に帰属しない。ただ私人の行為も、事実上国家の指示にもとづき、または国家の指揮命令の下に行動するときは国家行為とみなされる。私的団体が暴動などにより国際法上保護されるべき外国人の権利を侵害しているのに国家がそれを阻止する行動をとらないなど、国際法上の保護義務に反した場合も、国家の不作為として違法行為となる(1)。

†国際法違反の是正・救済のありかた——賠償、陳謝、「被害国」と「被害者」

国際法違反行為をおこなった国は、違法行為を止め、行為の結果生じた事態を元に戻し、被害者に損失を補償し、精神的な被害についてもこれを満足させるようにしなければなら

(1) イラン革命の際、パフレヴィー元皇帝を米国が受け入れたことに反発した学生たちが米国大使館を占拠し、大使館員を人質にした事件を審理した国際司法裁判所は一九八〇年の判決で、学生たちの行動をアヤトラ・ホメイニの声明があるまではイランの国家行為とみとめなかったが、イラン政府が大使館の保護を怠ったのは国際法違反であるとした。

ない。理論的には違法行為前の原状への回復が本則だが、実際には不可能なことが多い。このため、実際に国家間で問題となり国家の責任があらそわれるのは、金銭賠償と謝罪・陳謝など精神的満足にかかわるケースがほとんどである。

金銭賠償はもっとも一般的な方法だが、問題も多い。「国家」の賠償は、結局のところ租税などを通じて国民が負担する。違法行為を決断するのは国家の指導層なのに、その負担は国民全体におよぶことになる。戦争の賠償支払いはその典型である。ドイツ指導部が決断した第一次大戦の結果、ドイツはベルサイユ条約で莫大な賠償義務を負い、ドイツ国民は巨額の賠償支払いに苦しんだ。その結果、ベルサイユ体制に強い憎しみをいだき、その打破を主張するナチスを支持し、結局第二次大戦に突入した。国家賠償という名の国民への過大な負担が恐るべき結果を生むことを学んだ連合国は、第二次大戦に敗れた枢軸国に対してはニュルンベルク・東京で指導者を裁き、国民には過大な賠償を課さぬようにした。

同様の問題は、南アのアパルトヘイト政策（人種隔離政策）や北朝鮮の核ミサイル開発、大規模人権侵害をおこなう国への国連の経済制裁などにもみられる。その国の国民は国家指導者の政策で十分苦しめられているのに、制裁措置によりさらに苦しむことになるのである。経済制裁は国家指導者のような特権層でなく、貧しい大衆を直撃するからである。

こうした結果を避けるため、被制裁国国民の生存・健康の保持に必要な食料、医療品を禁輸対象から除外するなど、さまざまな工夫がとられている。

ただこうした手当だけでは、「国家」の違法行為と責任を問題とするアプローチが国際違法国の国民全体の責任追及となってしまうという根本的な問題を解決できない。国家の違法行為への否定的反応を「国家＝国民」に対してではなく、国家指導者に集中させるメカニズムが必要である（下記3の「国際違法行為責任者の個人責任の追及」参照）。

†被害者救済の不備

「国家責任の追及」にみられる国家中心主義的な現行国際法のもうひとつの大きな問題は、国際法上の違法行為による個人被害者の救済のありかたの不備である。国家責任法は「国家間法」としての国際法という観念に立脚しており、政府間で交渉され解決が合意されてきた。そこでは、個人の権利侵害は個人の属する国家の権利侵害と性格づけられてはじめて国際法の問題となる。つまり、個人の権利侵害は違法行為国または被害者の本国の国内法で救済されるべき問題であり、国際法を個人救済のために援用することが困難なのである。国際人権法は被害者が直接加害国（政府）の人権侵害を訴える手段を整備してきたが、国家中心主義に立脚してつくられた既存の条約に個人の被害者を救済する解釈を施すのには大きな限界がある。

こうして、人権侵害が国境・国籍を越えて問題となる場合、被害者は国際法と国内法の狭間に置かれ、その救済はきわめて困難となる。日本でも一九八〇年代から日本の違法な戦争や植民地支配に起因する被害への補償を要求する「戦後補償」裁判や運動が活発になったが、被害者たちはこうした壁に直面している。日本が第二次大戦で犯した違法行為と植民地支配にともなう個人の被害については、日本が中国、韓国などの被害国に経済協力をおこない、日本の違法行為と不当な行為から生じた被害国と被害国国民の損害に関する一切の請求権の問題が解決されたという国家間合意――サンフランシスコ平和条約（一九五一年）、日韓請求権協定（一九六五年）、日中共同声明（一九七二年）など――が締結されているからである。

伝統的な国際法と国内法のありかたを前提とするかぎり、被害者がどれだけ補償を受けるかは基本的に日本から経済援助――実態上は賠償・補償だが法的には経済協力という――を受け取った被害国の国内法上の問題ということになる。戦後補償裁判の原告側はこうした帰結を避けるためさまざまな努力を払っているが、裁判のほとんどが敗訴に終わっている。結局、問題の解決は関係国政府だけでなく、ＮＧＯ、メディアなどを巻き込んだ社会全体の努力にかかっているのである(2)。

3 国際公共義務の違反

†国際公共価値・利益とその侵害への対応

伝統的な国家間関係では、ある国が負う義務は相手国の権利と対応する（相互主義的な国家間関係）。たとえば大使館の主権免除にかかわる二国間の権利義務関係では、日本国内の米国大使館は日本の領域主権から免除され、日本はこれを履行する義務を負い、米国はそれに対応する権利をもつ。外交関係に関する条約には外交関係ウィーン条約（一九六一年採択）という多国間条約が一般法として存在するが、そこでの多国間関係も二国間関係の集まりと考えられている。

ところが二〇世紀に「平和」「人権」「環境」などの「普遍的」価値が主張され、これらの価値を国際社会の一般利益（公益）とする言説が支配的になった。こうした国際社会の公益の観念——人権の普遍性、対世的義務、国際公序と強行規範、国際犯罪など——は多

（2）この問題については多くの文献があるが、著者のものとして大沼（一九九二、二〇〇四、二〇〇七ａｂ、二〇一五）がある。

国間条約、国際判決、国連の決議などでくりかえしうたわれ、その侵害を国際社会全体の関心事項として防止すべきことが強調されている。それでは、こうした国際社会の公益侵害の行為に国際法はいかに対処しているのだろう？　また、対処すべきなのだろう？　これは現行国際法の解釈としても、あるべき国際法の制度構築という点からも、きわめて重要な問題である。

2であつかった国家責任法は、相互主義的な国家間関係を前提に考えられ実践されてきたものであり、国際社会の公益侵害への対応という問題は想定していなかったため、この問題を国家責任法の枠組みに位置づけるのは困難である。国際公共価値を侵害した国家への否定的反応は、ニュルンベルク・東京裁判、「国際違法行為によってもたらされた事態の不承認」、国連による「経済制裁」、「軍事的措置」、国際刑事裁判所（ICC）による重大犯罪の実行者の訴追などのかたちで示されてきた。また、国際社会の公共価値・利益を体現する多国間条約の実効性を高める工夫は環境・経済・人権などの分野の多国間条約でも、義務不履行国への否定的反応だけでなく、義務履行国への報償というかたちでも規定され、実施されている。

もっとも、こうした国連や多国間条約の規定・実践はかならずしも国際法上の合法・違法を判断基準としていない。それは、国際法の合法性は、国際社会において重要ではあるがひとつの価値にすぎず、多国間条約に国連などの国際レジームはそれぞれ異なる目的をもつためである。そうした目的は国際法上の合法性に重なることが多いものの、すべてがそうであるわけではない。そのため、これらの国際組織がとる措置を厳密な意味での国際違法行為に対する法的制裁と位置づけ、あるいは国連その他の国際レジームを過大評価して国際社会における正義の担い手とすることは、国際法の現実の姿を描き出すものではない。以下ではそうした観点から、国際公共価値の侵害とそれへの国際法秩序の反応の問題を考えてみよう。

†国連、経済・環境・人権などの多国間条約

今日「国際公共価値・利益」「(国際)共同体の(共通)利益」などさまざまなことばで表現されるもののなかで、もっとも古くからそうした位置づけを与えられてきたのは「(国際)平和」である。多くの思想家が平和を説き、国際・国内社会のさまざまな運動も平和を唱道したが、国際法上明確に平和を諸国全体の利害関心事項とし、平和の侵害への集団的な対応を制度化したのは、国際連盟規約が最初である。「集団安全保障」という思想・制度である。

集団安全保障については第9章で述べるが、ここでは「国際違法行為への国際法秩序の

否定的反応」との関連で注意すべき点をあげておこう。国連の「制裁（措置）」は、安保理が「平和に対する脅威、平和の破壊又は侵略行為」を認定したときに発動される（国連憲章三九条）。それはかならずしも「国際法上の違法行為」に対して発動されるものではないが、安保理は多くの場合そうした平和破壊・脅威国、侵略国の行為が国際法上違法であることを認定している。こうして、国連の「制裁（措置）」は、法的に厳密な意味での「国際違法行為に対する法的制裁」とはいえないものの、「国際違法行為への国際法秩序の否定的反応」のひとつと性格づけることができる。

同様のことは、国際法の実効性を高めるため合法的な行為に報償を与える手法——合法行為への国際法秩序の肯定的反応——にも妥当する。人権保障、環境保護などの分野では、国際法を遵守する意欲はそれなりにあっても、実際には多国間条約の義務を履行するためのインフラストラクチャーが欠けている国もすくなくない。法は受範者に不可能を強いるべきでなく、こういった国には国際組織や先進国が国際法遵守に必要な援助を与え、そうした国の国際法遵守を誘導し、確保する手法が望ましい。実際に人権、環境、経済の分野ではさまざまなかたちでこうした手法がとられている。

①環境保護条約で先進国と途上国の義務のレベルに差異をもたせ、さらに義務の遵守国と不遵守国への対応を差別化する、②ガット・WTOで途上国に特恵を与える、③国連ほ

かの国際組織や先進国が、途上国に実効的な人権保障を可能にする法制確立の支援を供与する、などがその具体的なかたちである。こうした制度は第6章と第7章で解説するが、これらの環境・経済・人権保障にかかわる国際法の実効性を高める手法もかならずしも「国際法上合法か否か」を基準としておらず、各分野にもっとも適した基準により目的を達成しようとしている。このことは、国連が平和破壊者などへの（軍事的・非軍事的）措置を国際法違反でなく、「平和の破壊」「平和への脅威」などの基準にもとづいてとっているのと軌を一にする。

†国際違法行為責任者の個人責任の追及――ニュルンベルク・東京裁判、国際刑事裁判所

旧来の国際法違反の是正のありかた――国家中心主義的な国家責任法に典型的にみられる「国家責任の追及＝違法国の国民の集団責任の追及」――を克服するひとつの手法は、国家の違法行為を決断し、それを命じて下級機関に違法行為を遂行させる国家の指導者と、違法行為の実行者の個人責任を追及することである。ニュルンベルク・東京裁判における独日指導者の刑事責任の追及と、戦争犯罪の実行者を裁いた戦犯裁判は――「勝者の裁き」という性格からその正統性には多々問題があるものの――、かろうじて「国際社会による国際公益侵害国の指導者・実行者の個人責任の追及」と性格づけることのできるもの

だった。

ニュルンベルク裁判の諸原則を国際法上の原則とみとめた国連は、旧ユーゴ紛争とルワンダ内戦で大規模な国際人道法違反行為を犯した実行者の刑事責任を問う法廷を設置し(各一九九三・一九九四年)、犯罪指導者と実行者の刑事責任を追及した。現行国際法の下でも、一九九八年に採択されたICC規程にもとづいて実際にICC(国際刑事裁判所)が、ジェノサイドをふくむ深刻な人権侵害に責任を負う者を訴追している。

ただ、ICCに訴追されたケースがアフリカに集中したため、アフリカ諸国が強く反発し、またICCに米中ロなどの大国や多くのアジア諸国が不参加で、裁判所の普遍性・権威に疑問が残るなど、西欧(とラテンアメリカ諸国)が主導して(かなりの無理を重ねて)創りあげたICC自体、多くの問題を抱えている。国際違法行為をおこなった国家指導者・実行者の責任を追及し、旧来の国家責任法が抱えていた国家中心主義に随伴する国民の集団責任の問責という結果を避ける道は、国家の違法行為指導者・実行者の刑事責任の追及にかぎられるわけではない。諸国によるそうした指導者・実行者の入国禁止、自国の航空機の利用禁止、自国内の資産の凍結などのかたちもあり、実際にそうした措置も国連などの国際組織のほか、一部の先進国の国内法によってもとられている(もっとも、これらの措置は将来こうした国家指導者や実行者が犯すかもしれない加害行為の防止のために取られることもあり、かならずしも彼〔女〕が犯した国際違法行為への否定的反応と性格づけることはできない）。

こうしたさまざまな手法を制度化し、ＩＣＣでは、アフリカ諸国や指導者・実行者の責任を追及される国の一部に残る反発を和らげて全地球的正統性の高い制度として定着させていくことが、諸国の政府のみならず、メディア、学者、ＮＧＯなどの今後の重要な課題だろう。

4　誰が違法と決めるのか

†「勝てば官軍」の国際社会？

国際法における合法・違法の問題を考えるうえでもっとも困難な問題は「誰が合法・違法と判断するのか」という問題である（これとともに「違法者に対していかなる実効的な是正措置をとれるか」という問題があるが、これは第5章以降の各章で議論する）。これは現行国際法の前身たるヨーロッパ国際法時代からの難問であり、グロティウスに代表される自然法論者は人間の本性にもとづく法の自明性という超越的観念に依拠して、この難問を回避した。一九世紀に欧州で社会の世俗化が進行すると、こうした超越的観念は科学的基礎を欠くと批判され、代わって条約、欧州（欧米）諸国間の国家慣行を重視する実定法中心の国際法学が隆興したが、それが依拠した条約や欧州（欧米）諸国間の国家慣行なるものもその実態は少数の列強の対立と政治的妥協の産物であり、全地球的正統性をもって国際法の合法・違法を決する基盤を欠いていた。

こうした「勝てば官軍」的な性格は二一世紀の国際社会にも色濃く残っている。米中ロなどの大国の行動と国際法との関係のみならず、イスラエルとパレスティナ、アラブ諸国との関係から「小国」同士の関係にさえ、こうした要素は存在する。一般の人々が憲法や法の支配に信頼をよせ、力ではなく法が支配していると信じている——あるいは信じようとしている——現代の国内社会にさえ、「力の支配」の要素は厳存する。日本では、国内法の合法・違法の問題は最終的には最高裁判所の公権判断により決せられるが、その最高裁判事の任命権は内閣にある。実際、日本の最高裁がほとんどの重要な事件で内閣寄りの判決を下してきたことはひろくみとめられている。日本はまだましな方で、強大な政党（たとえば中国の共産党）や行政権、軍部などが司法府の人事や判決を左右する国は約二〇〇ある国家のなかでむしろ多数を占めるといってよい。

国家と異なり、強制管轄権をもつ、世界的に権威ある終審裁判所をもたない国際社会では、この問題はより深刻である。二〇世紀から今日までの国際法学は欧米先進国、とくに英米の強い影響下にあった。国際法学者は自国、あるいはせいぜい自分がよく知っている国々の国内法をモデルとして国際法理論を構築する傾向が強い。これを「国際法学の国内モデル思考」とよぶことができる。このため、法の支配が比較的確立している欧米先進国、とくに司法権の権威が高い米英の裁判中心的な思考で国際法も考えやすい。現在の国際法自体、欧米列強が中心となって作り出した規範体系である。そのため国際社会を英米の裁判中心の法体系に倣って認識しがちである。

このような国際法学は国際社会の現実を厳しい目で観る国際政治・安全保障の専門家からは現実離れした学問とみられがちであり、それには一定の根拠がある。国際違法行為への国際法秩序の反応にかかわる支配的学説とそれにもとづく「国家責任条文案」もそうした問題性をふくんでいる。以下、そうした欧米国内モデル思考への批判もふくめて国際法の合法・違法の判断権者の問題について考えてみよう。

†誰が合法・違法を判断するのか?

国際社会でも国内社会でも、法の受範者の行為が違法か否かは行為時点で確定されるわけではない。違法行為者は一般に自己の行為が法に反することをみとめない。ただ、強制管轄権をもつ司法機関が機能している社会——先進国は一般にこの条件をみたしている——では、私人間の違法行為は、裁判所への訴えをちらつかせた「敗訴の威嚇」をふくむ交渉で解決されるか、実際の訴訟で解決される。犯罪行為については、警察、検察、裁判所の判断で、行為の違法性が非司法機関の暫定的判断から裁判所の公権的判断として確定される。

国際社会にはこうした条件が整っていない。ある国が違法行為を犯したとき、他国は「被害国」をふくめて自己の判断で行動し、双方の行為が司法機関における審理のないまま、二国間交渉や国連などで論議・評価され、ときに強制措置の対象とされる。こうした国際法の実現過程を純粋に国家間関係としてとらえるかぎり、形式平等、実質不平等という国際関係の根源的な問題性が顕在化することになる。

国家責任の典型例とされてきたのは、外国人の権利侵害に起因する領域国の責任の問題だった。A国内でB国の国民がAB両国間の関係を規律する国際法が保障する権利を侵害され、A国内で行政府からの保護にはじまり国内裁判所の判決を最終救済手段とする「国内救済」を受けることができなかった場合、B国は自国民を保護するため外交保護権を行使してA国の責任を追及し、A国に金銭賠償や陳謝を要求することができる。これが国家責任法の基本的なかたちである。

これに対しては、当初はラテンアメリカ諸国、後にはソ連・東欧諸国と多くの途上国から強い批判があった。それは、こうした事例の多くがA国は途上国、B国は欧米先進国というかたちで発生し、両者の力関係が解決に反映するという現実があったためである。国家責任法の一般法化という動きを支えたひとつの要因は、こうした国家の力がものを言う国際法への嫌悪だった。

しかし、国家責任法が一般法化されたからといって、力関係の反映という国際法の特質が消え去るわけではない。「国家間関係の一般法」として定式化されれば、力関係は国際法一般の特徴としてさらに顕在化することになる。国家間関係として観念され、構成される国際社会は現に力が優越する社会であり、国際法はいかに形式平等の建て前を強調しようとも、実質不平等という現実を反映せざるをえないからである。

問題の核心はここにある。国際法を国家間関係としてとらえるかぎり、その力関係は与件とされ、国際法は強者の法というイデオロギー性を露呈せざるをえない。しかし、二〇世紀後半から、国際・国内社会の双方で国際法関与者の著しい量的増大と質的変容がみられる。非国家主体の重要性の増大であり、それにともなう民際的・文際的視点の重要性の増大である。

ここで民際的視点とは、国境を越えるものごと、問題を国家間関係（たとえば「日本と中国」）の思考枠組みではなく、各国内の企業、メディア、NGOなど「民間」とされる主体もふくむ思考枠組みで認識・理解する視点である。また、文際的視点とは、同じように国境を越える現象を、近現代の思考様式にとらわれない、前近代の多様な文明圏に存在していた文化・文明の思考様式（儒教的発想とか仏教的思考など）をとり入れて認識・理解しようという視点である。

今日、国家の行動を制約し方向づけるのは、他の国家だけではない。NGO、メディア、宗教団体などの非国家主体が、国際組織、国際会議、国際メディアなどを舞台として国家行動の違法性に目を光らせる。こうした動きは二一世紀にますます強まるだろう。

ある国（A国）の行為によって自己の権利を侵害されたと判断する国家（B国）の政府は、外交交渉、国連総会、国連安保理、WTO、ICJ、国内裁判所など、さまざまな場（forum）でA国の行為の違法性を主張し、A国の政府はこれに反論するだろう。あるいは、A国の行為が国際社会全体に対するA国の義務違反であるとみなす国際組織の機関、NGO、諸国の政府などが、同じくさまざまなフォーラムでA国行為の違法性を主張し、A国からそれへの反論がなされる。さらに、A国政府が国際法上保障すべき自己の人権を侵害したと主張する個人の被害者や被害者を助けるNGOは、A国行為の違法性を国連や人権条約上の委員会、各種メディアで訴え、A国政府はそれに反論する。

こうした論争過程を経て、当該「違法行為国」（A国）が自己の行為の違法性をみとめることもある。A国が自己の行為の違法性を否認したまま、国連総会、安保理などでA国を非難する決議が採択されることもある。非難決議だけでなく、違法行為に対処する強制措置が決定され、実施されることもある。稀には紛争がＩＣＪや仲裁裁判所に付託され、これらの国際裁判所がＡ国の行為の違法性を認定し、原状回復や賠償を命ずる判決を下すこともある。

こうした多様な国際法の実現過程で登場する国家は、「国家間法としての国際法」とされてきた際、暗黙裏に想定されていた一枚岩の実体ではない。それは、政府、企業、ＮＧＯなど、さまざまな異質性をもち、国際法への対応も多様なさまざまな関与者をふくむ複合体である。二一世紀の国際法は、国家の行動を国際社会のみならず国内社会でも国家（被害国Ｂ）だけでなく、多様な非国家主体（企業、メディア、ＮＧＯなど）が制約し、方向づける複雑な構造と力関係に立脚する法として性格づけられるのである。

国際法の違法性にかかわる判断の恣意性は、「主権国家間の法としての国際法」の観点からはたしかに克服しがたい問題である。しかし、国際法が問題とされ、評価される場（フォーラム）が政府間の二国間交渉や国際会議における政府代表間の論争、国際裁判所といった「一枚岩の国家からなるフォーラム」から、議会、国内裁判所、国内・国際メディアへと広がり、国連、ＮＧＯ、宗教団体など多様な非国家主体が国際法関与者として諸国の国際法適合性に目を光らせるという二一世紀の構図は、もはや「主権国家間の法としての国際法」ではない姿をわたしたちに見せてくれる。国家間関係にのみ着目する「国際的視点」のみならず、非国家主体と多様な文化・文明間の関係に着目する民際的・文際的視点をも包含し、そうした重層的な視点から二一世紀の国際法の姿をとらえ、日々そうした多様な主体の視点から国際法を再構築していくアプローチが国家の違法行為の問題を考えるうえでももとめられるのである。

莫大な時間を要するとはいえ、それが国際社会の力関係を反映したイデオロギーとしての国際法をすこしでもましな方向に導いていく道である。国家といい、国家間関係といい、国際社会といっても、それらはすべて人々が社会的に構成した創り物であり、不変の与件ではない。国家、国家間関係、国際社会、国際法が人々のそのような社会的認識・構成物であるなら、それを変えていくのも人々の社会的な認識と構成の仕方なのである。

第二部　共存と協力の国際法

「光の教会」©安藤忠雄

第5章　領域と国籍

I　領域

1　国家の領域

†大地と海洋の法

人は一般に大地のうえにくらしている。ほとんどの人は大地を離れては生きていけない（「母なる大地」）。他方、人は古来海も漁業や交易に利用してきた。ただ、太古の人々の活動範囲はごくかぎられており、衣食住すべてが身近な共同体内でまかなわれていた。生産力が増大し交換経済が発達すると近隣の共同体との交易がおこなわれ、かぎられた資源をあらそう武力闘争も近隣集団とおこなわれるようになる。近代になると、漁獲・運輸・軍事技術の発展により遠隔地との交易が発達し、軍事力の展開も大西洋やインド洋をまたぐようになってきた。こしょう、貴金属、絹などが大陸間で交易され、人間活動は漁業、通商、運輸などさまざまな分野で大規模化した。

前近代の世界では海洋を舞台とする人間の活動を規制するルールは戦争にかかわるものが多かったが、近代になると平時の航行や漁業に関するルールがもとめられるようになった。二〇世紀には人類の活動範囲は空さらに宇宙に広がり、諸国民の航空・宇宙活動の利害を調整する必要が生じた。国際法はこうした必要に応えて人間の活動空間を法的に規律し、活動にともなう紛争を解決するメカニズムを生み出した。

今日、人間の活動がおよぶ空間は、国家領域（領土、領水〔内水と領海〕、領空）と非国家領域（公海、公空、国際領域、宇宙空間、南極）に大別される。国際法はこうした領域を国家主権の妥当範囲を定める第一次的な基準とし、人間活動がおよぶ全空間を秩序づける。国家主権の妥当範囲の確定は、国家間の紛争を回避し国際協力を達成して、世界のあらゆる人間活動を秩序づける基礎となる。このように、国家主権の領域的妥当範囲を確定し、領域の性質に応じた国家権能のありかたを定めることは、国家間関係を規律し運営していく国際法の根本的な役割である。

†国家領域

国家領域とは、領域を自由に使用し処分する権能と領域内で排他的な支配をおこなう権能をふくむ国家主権（領域主権）が発現する場所的範囲をさす。現代社会ではこうした主権の発現範囲は一部の例外を除いて明確に画定されており、わたしたちの生活はそれを自明の前提として営まれている。だが、このように国家領域が明確に画定されるようになったのは、たかだか数世紀、近代以降のことである。

対内的に支配・服従関係、対外的に同様の共同体と実力抗争能力をもつ広義の国家は、歴史上ほとんどの期間明確な国境線をもたなかった。多くの文明圏で国家領域は国王や皇帝に従属する地方支配者の支配下にある人々の居住・活動領域の総体から成り立っていた。明確な国境をもつ国家の一様な領域支配は存在せず、統治の領域的範囲は属人的な支配服従関係（封建的な主従関係など）の結果として画定された。地方支配者の王や皇帝への服従関係が変われば国家領域もそれに応じて変化した。こうした属人的支配はかならずしも他の権力を排除しない。同一領域内に他の支配者の権力が併存する「国家」が共存していたのである。

ヨーロッパでは絶対主義の頃から絶対主義君主は正確な地図（この時代にようやく現れた）

にもとづく国境線を画定し、封建領主などの中間権力の力を削いで支配を全領域におよぼそうとした。しかし、絶対主義国家は領域内に最後まで貴族、都市住民、農民など法的・社会的地位の異なる者をふくんでおり、そうした地位は一定の権力によって裏づけられていたため、一様な領域主権を確立することはできなかった。絶対主義を理論的に克服して近代国家の法的・政治的基礎を確立したホッブス、ロック、ルソーなどの社会契約論も、国家を人的共同体と想定する理論枠組みに立脚しており、領域性を取り込んだ国家論をもたなかった。

2　二一世紀の領域規制原理

†領域主権国家と領域の画定

一八〜一九世紀の欧州では市民革命を経て国民国家が確立し、資本主義的な国民経済の浸透や統一的な国家語政策などにより、国家領域内の身分的・文化的・言語的異質性は次第に克服されていった。封建領主や貴族などの既得権は次第に削減され、一様な国家権力が全領域におよぶ領域国家化が進行した。領海の制度もこの時期に確立した。こうして国家の領域性の観念が確立し、主権のおよぶ国家領域とそれ以外の非国家領域との二元論が支配的になった。二〇世紀初頭には、国家は領域、人民、政府からなるというゲオルク・イェリネクの国家三要素説が一般に受け入れられ、国際法もこうした国家論を取り入れた。国際関係にあっては国家承認の制度（第2章I－1参照）も確立した。

国境を画定する方法は多様である。領土が隣接する国のあいだでは河川や山脈などの自然の境界が長年の慣行から国境とされることが多い。ピレネー山脈はフランスとスペインの国境、アルプス山脈はスイス、フランス、オーストリアとイタリアの国境をなしている。ただ、河川や山のどの線を国境とするかは基本的に隣接国間の合意によるほかない。合意がないときは河川について中間線の尊重といった抽象的な解釈や推定のルールがあるだけで、領域画定に関する具体的な国際法のルールは乏しい。領土に関する国際法には海洋についての国連海洋法条約にあたる多数国間条約が存在せず、「慣習国際法」とよばれる不文の国際法のルールがあるだけで、それだけに関係国間の規範文書・慣行に依拠せざるをえないのである。

領海の境界については、諸国が国内法上一定の領海を設定し、隣接国をはじめ漁業・安全保障・国際航行などの利害関係をもつ国がそれに同意――黙示の同意をふくむ――した場合、それが領海として確定されるのが一般的である。しかし、関係国の不作為が黙示の同意を意味するかどうかは紛争の種になりやすい。領域紛争は多くの場合外交交渉とそれにもとづく条約によって解決されるが、領域画定の条約は当事国間の力関係を反映することが多く、力関係が変化すると新たな紛争が生じることも多い。

†領域紛争解決の国際法

こうした領域紛争を解決する国際法の枠組みとして、国際法の教科書は、領域権原という概念をあげてきた。「権原」とは法的な正当化根拠であり、領域権原とはある国が問題となっている領域を支配・領有する国際法上の根拠を意味する。具体的には、先占《せんせん》、時効、併合、割譲、添付などが権原としてあげられる。しかし一般の国際法の教科書にあげられているこれらの「権原」が、実際に領域に関する国家間紛争の解決に用いられることはほとんどない。

欧米諸国が領域国家化した時代は、欧米列強による世界的規模の植民地化、征服戦争、家産国家による領地の割譲がおこなわれ、そうした現実が国際法上認容されていた時代だった。欧州列強はこうした植民地化や欧州内の領土獲得に際して、欧州諸国民が「発見」した土地の「先占」、「国家」の体裁を整えていた政治体の「併合」、その国の支配者から支配・領有権を譲り受ける「割譲」など、さまざまな正当化根拠を用いた。「権原」概念は、オッペンハイムに代表される二〇世紀の欧米の支配的国際法学者がこうした正当化根拠を総称したものだった。

このように先占、併合は植民地主義・帝国主義のイデオロギーという性格を色濃く帯びており、今日の国際法上適用の余地はない。時効、割譲、添付といった概念も、国内法の私法上の不動産取得の権原概念を国際法にそのまま取り込んだものであり、これまた現行国際法上適用の余地に乏しい。わたし自身はこのような理由から自分の国際法教科書ではこれらの「権原」概念を用いずに領域紛争にかかわる問題を論じている（Onuma 2017 ch 5）。

こうして、領域紛争にかかわる現行国際法の規制原理は、関係国間の合意に加えて、「領域主権の継続的・平穏な発現」を紛争領域に見いだそうと努め、この両者を基礎に総合的に紛争領域の帰属を決するというものである。この「領域主権の継続的・平穏な発現」という概念は、一九二八年にパルマス島というフィリピン諸島の島の帰属をめぐる米国・オランダ間の紛争を解決した仲裁裁判官マックス・フーバーが定式化したもので、領土紛争を解決する国際法の理論枠組みとして今日まで国際裁判所や諸国政府がもっとも重視しているものである。この概念の具体的内容や日本の領土問題については第8章Ⅲ（国家間の紛争解決と国際法）で説明することにして、本章では次に海洋にかかわる国際法のルールを簡単にみておくことにしよう。

3 海洋法

†海洋法の歴史

一九世紀末に欧州国際法が世界化するまで、世界には共通の海洋法秩序は存在しなかった。その時々に一定海域の制海権を握ったものがそこでの利益配分を主導し、その海域の規範秩序を保っていた。一五世紀初頭に中国の明朝が派遣した鄭和の大艦隊はアフリカ沿岸にまで到達して各地の支配者に朝貢をもとめたが、強大な中国の王朝といえども地球的規模の海洋秩序を樹立し、維持することはできなかった。中国の支配は華夷思想の下で象徴的な「朝貢」による「天下」の観念的支配にとどまっていたのである。

一五世紀後半から欧州諸国は欧州外の地域に積極的に侵出し、ムスリムなどが各地に保持していた海上交易網を利用・簒奪しつつ、一定の海上覇権を確立していった。その過程でスペインとポルトガルは海洋をふくむ地球の分割を主張したが、それは実効性をともなわない観念的主張にすぎなかった。

一七世紀、オランダとポルトガルの勢力あらそいのなかでグロティウスは公海自由論を主張した。自国周辺の海域をどの程度自国の排他的支配下に置くか——逆にいえば、どの程度ひろい海域を自国の漁業や海軍の自由な活動範囲とするか——は、欧州諸国内でもまた諸国間でも利害が錯綜する複雑な問題だったが、一九世紀に世界的規模の海上覇権を確立した英国は――二〇世紀にそれを引き継いだ米国も――基本的に公海自由論を主張した。そのため二〇世紀前半には、「狭い領海」と「広い公海」という海洋法観が相対的に有力なイデオロギーとして機能していた。

戦後、巨大化した諸国の海洋資源開発能力は漁業資源の濫獲や海洋環境破壊など多くの問題をひきおこした。また、科学技術の進歩とその経済的利用可能性の向上により、深海に向かって急傾斜となる深さまでの大陸棚や公海水域の下にある深海底などで、石油をふくむ新たな資源開発の可能性が高まった。さらに、海軍・海運力の弱い途上国が国際社会で圧倒的多数を占めるようになり、「狭い領海と広い公海」への異議申し立てが強まった。広い公海における強大な海軍の「自由な」活動と大規模な遠洋漁業団による「自由な」漁業活動は、沿岸国への軍事的脅威、漁業資源の濫獲として強い批判を受けるようになったのである。

これらの事情を背景に沿岸国利益の増大をもとめる声が強まり、既存の海洋法は著しく不安定化した。こうした不安定化要因には、①海洋の軍事的利用を死活的利益と考える米ソなどの軍事大国、その同盟諸国とそれ以外の国々との対立、②途上国内でも広大な沿岸をもつ国々とそれ以外の国々との利害の相違、③先進国内でも海軍や漁業産業と、大陸棚、深海底の開発事業から巨額の利益を確保しようとする開発資本との利害のちがいなど、多様なものがあり、新たな海洋法秩序の創出は困難をきわめた。一九八二年、諸国は無数の個別問題を一括取引（パッケージディール）というかたちで解決し、国連海洋法条約という新たな海洋法秩序の柱となる多国間条約を採択した。

国連海洋法条約は、諸国の複雑な利害対立を一括取引という妥協によりなんとか克服したものだけに、多くの補完・修正すべき点をふくんでいる。そのため同条約成立後も、諸国は二国間条約、地域条約、一般的な多国間条約により同条約の規定を修正・補完して多様な諸問題に対応している。とはいえ、国連海洋法条約は海洋法の全領域の問題を規律し、その規定の多くは海洋にかかわる一般国際法を体現したものと考えられている。以下、いくつかの具体的問題について同条約の規定を手がかりに二一世紀の海洋法を概観してみよう。

†領海（領水）——領域主権とその制約

領海——一般に「領海」とよばれる海域は国際法上狭義の領海と「内水」(1)をふくみ、両者を合わせて「領水」という——とは、国家の主権がおよぶ沿岸水域をいう。領海におよぶ主権が国際法上の制約を受ける程度と領海の幅については、国家の安全保障や漁業利益などの点から諸国さらに各国国内の利害が錯綜し、しばしば国際紛争の種となってきた。国連海洋法条約は、領海の具体的内容は定義せず、領海幅員も基線から一二海里以内で各国が定める権利を有するとした。[2]

領海に適用される沿岸国の主権を制約する国際法上の代表的制度は「無害通航権」である。無害通航権とは、沿岸国の平和、秩序と安全を害しないで船舶を継続的に狭義の領海を通航させる船舶国籍国の権利であり、ほぼ一九世紀以来慣習国際法としてひろくみとめられてきた。沿岸国は、原則として無害通航中の外国船舶に逮捕、捜査などの刑事裁判権を行使してはならず、民事裁判権を行使するため船舶を停止させ、航路を変更させることも許されない。

この「無害通航」に軍艦の通航がふくまれるか否かは長いあいだあらそわれてきた。国連海洋法条約は、武力の威嚇、武力の行使、兵器を用いる訓練・演習、軍事機器の発着または積み込みなどを無害とみなされない行為として列挙し、潜水艦の浮上航行を義務づけ、さらに領海通航に関する沿岸国の法令を遵守しない軍艦に対して沿岸国が退去を要求する権利を規定した。

軍艦の無害通航については、多くの国が沿岸国に安全保障上の法令制定権をみとめる——それにより軍艦の通航を規制できる——ようもとめたが、米ソなどの海軍国がこれに強く反対した。このため、国連海洋法条約は明文規定をおいておらず、フィンランド、スウェーデン、イランなどは、外国軍艦の領海内通航に対して事前許可などの国内法上の規制をおこなう旨の解釈宣言をしている。日本は非核三原則を守るため、常時核装備している軍艦の領海通航は無害とみなさず、許可しない権利を留保している。

国連海洋法条約で沿岸国が一二海里までの領海をもつことができるようになったため、マラッカ海峡など、これまで公海だった主要海峡が領海化しかねない状況となった。これは、こうした戦略的海峡をふくむ世界中の海域での軍艦の行動の自由を死活的利益とみなす米ソや、これらの主要海峡を通って大量の石油等の資源を輸入する他の海洋大国にとって受け入れがたいものだった。このためこれらの諸国は、無害通航権よりも規制のすくない、通行国の利益を尊重した通航権をみとめるよう強く主張した。途上国は他の分野での利益確保を代償にこれを受け入れ（一括取引の一環）、国際海峡の「通過通航権」という制度が成立した。

(1) 内水とは国内の河川、湖、運河、港、基線（注2）の陸地側の水域を指し、とくに条約上の制限がないかぎり領域国の主権がそのまま適用される。ただし、内水内でも、船舶は船舶内の秩序維持に関するかぎり国籍国の管轄権に服し、領域国は管轄権を行使できないという慣行が一般的である。
(2) 基線とは、領海、大陸棚、排他的経済水域など、国家権能行使の距離が問題となるあらゆる制度の幅の基準となる線で、原則として沿岸国公認の大縮尺海図記載の低潮時の線をいう（五条）。

日本は、宗谷海峡など五海峡を「特定海域」に指定し、その五海峡では領海幅を三海里にとどめている。これらの海峡の領海を一二海里とすれば他国の通過通航権をみとめなければならず、核装備艦も日本の領海内を自由に航行できることになり、非核三原則が維持できなくなってしまう。このように日本は、国連海洋法条約上の通過通航権をみとめることによりはたさなければならない義務と非核三原則を両立させるため、あえて五つの国際海峡では領海幅を三海里にとどめているのである。

†公海における秩序維持――旗国主義とその限界

領海、群島水域(3)、排他的経済水域（EEZ）以外の広大な海域――地球面積の四六パーセントを占める――は公海である。公海に対してはどの国も領域主権を主張してはならず（八九条）、どの国も自由に利用することができる（八七条）。

それでは公海における秩序は誰が、どのように維持するのだろうか。これについては欧州国際法の世界化以来、公海を航行する船舶の国籍国――船舶が国籍国の国旗を掲げることから「旗国《きこく》」とよばれる――が管轄権を行使し、諸国はそれをみとめあうことによって秩序を維持してきた。具体的には、軍艦や公船だけでなく私船も公海秩序維持の一環を担い、船舶内の秩序維持、および、漁獲、他の船舶への犯罪や他の船舶との衝突事故、海洋汚染など、船舶が外部に対して一定の効果をおよぼすあらゆる行為について船舶の国籍国が管轄権をおよぼして海洋空間の秩序を維持する。

このように船舶は海洋秩序の担い手であるから、旗国とその船舶とのあいだには「真正な結合」がなければならない（九一条）。しかし、船舶の国籍付与条件は国によって大きく異なり、リベリア、パナマなど、一部の途上国は、登録税も安く、船員の雇用、安全基準などに関する法令の規制も緩やかなため、多くの船主は船舶をこれらの国の国籍としている（「便宜置籍船」）。便宜置籍は旗国主義による海洋法秩序を空洞化させるものであり、諸国は空洞化した旗国主義を補完するためさまざまな形態の管轄権行使を制度化している。

すでに便宜置籍船の問題がおこる以前から、広大な公海の秩序維持に旗国主義だけでは不十分なことはあきらかだった。海上で略奪行為に従事する海賊は古くから人類共通の敵とされ、国際法上あらゆる国の軍艦、公船に海賊禁圧のため他国籍の船舶をふくむすべての私船を臨検、拿捕し、自国の国内法にもとづいて裁き、処罰する権利がみとめられていた。一九世紀以来、奴隷貿易についても多くの国が条約で相互に臨検する権利をみとめる

（3）群島水域とは、一国の島嶼群とそれを連結する水域がひとつの地理的、経済的および政治的単位を構成しているか、または歴史的にそのような単位と認識されている場合に、その島嶼群の外側の諸点を結ぶ群島基線の内部水域を指す（四七条）。

ようになり、今日では環境の保護や麻薬取引の防止などについても旗国以外の国による取り締まりをみとめあっている。また沿岸国は、外国船舶が自国の法令に違反したと信ずるに足る十分な理由があるときはその船舶を追跡し、公海上でも拿捕して自国で裁判にかけることができる。

†大陸棚、排他的経済水域、深海底――科学技術の発達、資本主義と海洋法秩序

戦後、科学技術の発達とともに諸国とくに先進国の資源開発能力が高まり、米国を中心とする大企業は領海外の海洋資源開発に向かった。他方、伝統的な「公海の自由」の下でみとめられてきた広大な公海における海軍・海運・漁業活動は、海洋大国の利益に奉仕するものであり、多くの国々が不満を募らせていた。一九四五年、米国が大陸棚の（石油）資源開発と領海外の漁業資源の保存を目的とするトルーマン宣言を発すると、多くの途上国はこれを沿岸国の主権・管轄権拡大の絶好の機会ととらえて、「漁業水域」、「経済水域」、「先祖伝来の海」など、さまざまな名目で公海の囲い込みをはかった。

一九五八年、諸国は大陸棚条約を締結して大陸棚を多国間条約上の制度としてみとめた。ＩＣＪは、一九六九年の北海大陸棚事件判決で同条約一～三条――大陸棚制度の根幹を定める規定で、留保が許されない――を慣習国際法の一般規則の反映・結晶化とみとめた。

国連海洋法条約も大陸棚条約を一部修正しつつ、大陸棚制度を踏襲した。今日、諸国は大陸棚制度を同条約の規定に則して運用しているが、その実態は大陸棚をもつ沿岸国の利益に仕えるイデオロギーという色彩を強く帯びている。

具体的には、沿岸国は大陸棚の探査、天然資源の開発のための主権的権利をもつ（七七条）。この権利は他国の同種の活動を一方的に排除できるという意味で排他的であり、「管轄権」より強い意味で用いられている。ただし、大陸棚制度は上部水域・空域の法的地位に影響をおよぼさない。国連海洋法条約は排他的経済水域の制度を設けたので、大陸棚の上部水域は一般に二〇〇海里までは排他的経済水域、それを越える部分は公海となる。(4)

戦後、海洋生物資源の保護が国際社会の重大関心事となり、一九四六年の国際捕鯨条約以来、魚種別・地域別の資源保護を目的とする多数の多国間・二国間条約が結ばれた。これらは、基本的に総漁獲量を定めその範囲内で自由競争を許すものだったが、濫獲の歯止めとならなかった。このため、沿岸国は伝統的権益や資源保護を名目として、広大な領海・漁業水域・保存水域を設定するようになった。一九五二年に韓国が設定し、その域内で漁業に従事する日本漁船を多数拿捕して日韓の紛争の原因となった李承晩ラインはその

(4) 大陸棚を二〇〇海里を越えて延伸する場合には、大陸棚限界委員会の勧告を受けて沿岸国がその限界を確定する。

ひとつである。

長い沿岸をもつ多くの途上国は独立達成後、南北格差の是正、経済的社会正義などの正当化根拠を掲げて資源保存、科学調査、海洋汚染規制などの規制権限をふくむ「排他的経済水域」や「先祖伝来の海」を主張するようになった。長い沿岸をもつ米ソなどの先進国も、海軍の行動の自由さえ確保されるならこうした水域を一定の管轄下に置くことは自国の利益にかなうものであり、これに同調した。こうして国連海洋法条約では、全海洋の約三六パーセントを占める広大な海域が「排他的経済水域」(EEZ)という、公海でも領海でもない第三の法的地位に置かれることになった。

EEZは、沿岸国が宣言により設定する、基線から二〇〇海里以内の、海底をふくむ水域である。沿岸国は、①天然資源の探査、開発、保存、管理のための主権的権利、②海洋の科学的調査や海洋環境保護に関する管轄権、③国連海洋法条約に定める他の権利という三種の権能をもつ。沿岸国は、生物資源の漁獲可能量を一方的に決定できるが、同時に生物資源維持のための保存・管理措置をとる義務を負う(六一条)。EEZで漁獲をおこなう沿岸国以外の国の国民は、保存措置や入漁料などに関して沿岸国が定める法令を遵守しなければならない。EEZは公海でも領海でもない国連海洋法条約上の「特別の法制度」(五五条)水域だが、そこでの沿岸国の漁業に関する権利は広範であり、沿岸国の利益保護の色彩が強い。しかも、ＥＥＺの生物資源に関する沿岸国の主権的権利に関する紛争は国連海洋法条約の予定する紛争の強制裁判管轄を免れる（二九七条）。ＥＥＺが資源の適正な開発と保護のため望ましい制度か否か、現状ではきわめて疑問といわざるをえない。

二〇世紀後半、海底開発技術の発達と共にそれまで本格的な人間活動の対象となっていなかった公海下部の海底の開発可能性が高まり、諸国はその法的地位を確定する必要に迫られた。国連海洋法条約は、一九七〇年の国連総会決議「深海底原則宣言」を受けて、深海底を「人類の共同遺産」（政府訳は共同「財産」だが、「遺産」の方が適訳である）とした（一三六条）。同条約上の深海底制度は、①諸国の主権、主権的権利の主張と行使、専有を禁止し、②資源に対するすべての権利は人類全体に帰属し、③深海底活動は人類全体の利益のためにおこなわれ、④もっぱら平和的目的のためにすべての国に開放され、⑤開発は国際社会の代表機関である「国際海底機構」の実施機関たる事業体、開発能力をもつ国家や企業が並行しておこなうという、きわめて理想主義的な制度だった。

しかし、すでに米国系企業が巨額の投資をおこない、そうした制度では将来の利潤が保障されないと考えた米国は国連海洋法条約への署名を拒否し、他の先進諸国も同条約の深海底制度下での開発には消極的だった。その後、深海底制度実施協定により深海底制度は修正されたが、米国はこれにも参加せず、また深海底開発が商業ベースに乗る時期が二一世紀前半にずれ込んだため、深海底を開発する誘因は消滅してしまった。深海底制度をめぐる混乱と諸国の迷走は、①人類の科学技術の発展、②開発の現実化に必須の資本主義の論理、③国際社会における理念の力と限界など、国際法にかかわるさまざまな要因の絡み合いを象徴的に示すものといえるだろう。

Ⅱ　国民国家と国籍

1　国民と国籍

†国民と国籍の歴史

人はさまざまな集団の一員として性格づけられる。本書を読んでいるあなたは、東京に住む私立大学三年生の二〇歳の男性で、サッカークラブの一員かもしれない。北海道の本屋の店員で、四五歳の在日韓国人の女性かもしれない。大阪の六〇歳の主婦で、国際法大好きという変わった人（わたしにとってはありがたい人！）かもしれない。

人が日本国民であるということは、そうしたさまざまな集団への帰属のひとつである。ただ、今日国家の一員であることはその人の人生のうえできわめて重要な意味をもつ（あなたはたまたま平和な日本に生まれ育ったかもしれないが、もし内戦中のアフリカの一国に生まれていたら、あなたの人生はまるでちがっていただろう)。現代の国家は一般に暴力の唯一の正統な独占者と考えられ、そう行動しており、「生殺与奪の権」をもっている。国家の諸制度は経済・社会・文化生活のあらゆる面に入り込み、人の生きかたを規定している。

前近代の社会ではそうではなかった。前近代の世界では、人は生まれながら貴族・武士、商人、農民、奴隷などの身分に縛りつけられていた。人が日本、ローマ帝国などの一員であったとしても、その地位は今日のように国民としての権利と義務をともなうものでなかった。国でなく、どのような身分に属するかが、人の法的・社会的地位を決め、一生を送るうえで決定的な意味をもっていたのである。

近代主権国家体制はこうした現実を激変させた。欧州の絶対主義国家は教会、封建領主など聖俗双方の権力との抗争に勝利を収め、共通の「国語」政策などの教育政策をはじめ国家を単位とする政策を推し進めた。科学技術の発達と経済の発展により人の生活空間は国家領域に広がり、国家全域におよぶメディア(新聞、雑誌)の発達により国民的な一体感がはぐくまれていった。フランス革命を境に欧州諸国は徐々に傭兵制から国民軍体制に移行し、国籍に関する制度を整備していった。農民、軍人、神父などは、権利義務の差異をともなう「身分」から同一の権利義務をもつ国民のなかの「職業」へと徐々に転化していった。

†国民国家、社会契約、国籍

欧州に生まれた近代国家は領域内で一様な支配を貫徹する領域主権国家であり、自国内では外国人も主権に服させ、強制的に主権を実現する。これは近代国家が前近代「国家」との対比においてもつ一大特質である。しかし、国家は常に人的共同体であったし、現在もまた将来もそうあり続ける。人的共同体でない国家というのは概念矛盾である。本来暴力装置をふくむ国家機構を意味する「state」（イタリア語の「stato」に由来する）も、人的共同体としての「nation」（「natio」に由来する）を前提とする概念である。

近現代の政治・法理論上、国家とは国民の意思にもとづき国民の生命、安全、財産を保障するための存在（法人）である。(5) 現代世界における国籍の重要性はここにある。国籍は個人の国家への法的帰属を示す制度であり、国民は国外でも国民であり続ける。国家は国民の所在を問わずその生命、安全、財産を守る義務を負い、国籍を通して対人主権によりその行動を規制する。

諸国は、自己の歴史・民族観、産業政策、安全保障観などにもとづき、自国民の国籍を自由に定めるというあつかいを相互にみとめあってきた。このことはその自明性のゆえに国際法上定式化されることもなかったが、一九二三年に常設国際司法裁判所（ＰＣＩＪ）

がテュニス・モロッコ国籍法事件判決で「国籍は国家の国内管轄事項に属する」と定式化し、一九三〇年の「国籍法の抵触に関連するある種の問題に関する条約」もそれを確認した（一条）。これは国際法の基本原則である。

ただ、「国籍が国家の国内管轄に属する」という場合、そこでは国家が国籍より先に存在することが想定されている。しかし、国家自身国民なしには存在できないはずである。それでは、国家を構成する原初的国民はどのようにして確定されるのだろう？

この問いへの答えは、近代国家を理論的に基礎づけた社会契約説からは、自然状態から脱却するため社会契約を締結して国家を設立した個人の集団が国民であるというかたちで与えられる。しかし、個人は生まれた時にすでにいずれかの国の国民とされている。個々人が自由意思にもとづいて自己の国家を選び取るという社会契約説は、国民の大多数を占める出生による国籍取得者にとって「ゼロ歳の出生児の自由意思による選択」（?!）というフィクションでしかない。諸国は国内法上国民の国籍離脱権をみとめることによりこの不都合を法的には是正しているが、「そう言われてもなあ」というのが一般市民の感覚だろう。

（5）世界に二〇〇余り存在する国家のなかにはこれと異なる国家観に立脚する国家もあるが、それでも国家が神や王や天の意思にもとづき、王や皇帝や党のために存在するという国家観を掲げる国はない。

しかし、上記のフィクションを人々はそれほど不自然に感じない。なぜだろう？それは、人はほとんどが生まれた国で育ち、その過程でその国への自然な帰属感をはぐくんでいくからである。国家内出生を国籍取得の要件とする（出）生地主義の場合、このことはあきらかである。国民からの出生を国籍取得の要件とする血統主義の国でも、圧倒的多数の人は親の国籍国で生まれ、その国で育つ。こうしてどの国でも、大多数の人は親の国籍国で日々の生活を営み、その社会化の過程で国籍国への自然な帰属意識をもつようになる。このように、多くの人が生まれた国で育ち、社会化の過程で国家への帰属意識をはぐくむという現実が、社会契約説の不自然さを治癒してきたのである。

2 国際法と国籍法

†国籍法

国籍は国家の国内管轄事項ゆえ、各国が憲法や国籍法などで自由に定めることができる。そのため、国籍の具体的ルールは多様だが、諸国の国籍法制は国籍取得のありかたを基準としていくつかの型に大別することができる。

国籍の取得は出生による生来取得と後天的取得に大別される。生来取得は出生児の親の国籍を基準とする血統主義と出生地を基準とする生地主義に大別される。血統主義は独仏、日韓など、欧州大陸とアジアに多く、生地主義は米国、ブラジルなど、移民を受け入れてきたアメリカ大陸の諸国に多い。血統主義の国は、かつては父系血統主義――こどもは父親の国籍を取得し、母親の国籍は取得しない――をとっていたが、二〇世紀後半の性差別撤廃の流れのなかで多くの国が両系血統主義――父母のいずれかが自国民であればその国籍を取得する――を採用するようになった。日本もそうである。

もっとも、生地主義、血統主義のいずれを原則とするにせよ、ほとんどの国は他方を補完的に採用している。無国籍者はどの国の保護も受けられず生活のあらゆる面で不利なため、これを防止するためである。日本は比較的厳格な(両系)血統主義をとっている。そのため、親のいずれかが日本国民でないかぎり、祖父母、曾祖父母の代から日本社会の住民であっても生来の日本国籍を取得しない。たとえば、在日韓国・朝鮮人の多くは日本生まれで、日本語を母語とする日本社会の住民なのに日本国民ではなく、参政権など国民の権利をもたない。これは世界に例を見ない異様なありかたであり、是正すべきものである(大沼 一九九三)。

国籍取得には、ある国の国民または無国籍者が別の国の国籍を取得する後天的取得もある。帰化がその代表である。世界人権宣言はすべての者は国籍をもつ権利を有すると規定するが（一五条）、同宣言は国際法上拘束力をもつ条約でなく、個人が国家に自己に国籍を付与するよう請求する権利は国際法上みとめられていない。世界の多くの国々も帰化をみとめるか否かは国家の裁量としているのが現状である。(6)

†国際法による国籍の制約と調整

国籍が国内管轄事項であるということは、各国が恣意的に国籍を定めてよいということではない。一九三〇年の国籍法抵触条約は、「何人が自国民であるかを自国の法令にもとづいて定めることは、各国の権能に属する。この法令は、国際条約、国際慣習および国籍に関して一般的にみとめられた法の原則と一致するかぎり、他の国により承認される」と定める（一条）。ＩＣＪも、一九五五年のグアテマラに本拠を置きながらリヒテンシュタインに帰化したノッテボームに対するリヒテンシュタインの国籍付与がグアテマラに対する外交保護権の国籍要件を充足するかが問われた事件の判決で、国籍付与が国際的対抗力をもつか否かを決定するのは国際法だと強調した。

ただ、国籍は国家の構成員を定めるものゆえ国家のアイデンティティにふかくかかわっており、その国の宗教、安全保障、民族観、人口・産業・労働政策などの問題と複雑に絡み合っている。諸国はこうした問題に外から干渉されるのを嫌うため、国籍に関する国際法の具体的規範性は微弱である。

国籍については、単一国籍、国籍非強制など、さまざまな「原則」が語られてきたが、その多くは近現代の法・政治理論上望ましい国籍のありかたを定式化したものにとどまる。それらの「原則」は、かならずしも「国籍＝国内管轄事項」という基本原則を制約し、それに反する国籍を国際法上違法とするものではなかった。二〇世紀後半になり、国際人権法が諸国の国籍法制に実質的な制約を加えるようになったが、それでも国籍による国民と外国人の差別への制約は、性・人種差別への制約よりはるかに微弱である（第6章参照）。

†「国民対外国人」という発想の問題性

国籍が欧州諸国ほかの国々で制度化された一九世紀は、国家の最高性・一体性が強調された時代だった。そこでは人と国家の関係を国民と外国人とに峻別し、権利義務関係を

（6）日本では、米国などにおける「市民権の取得」は「市民権」という「国籍より進んだ」権利取得のありかたというイメージでとらえられているが、これには問題がある。「市民権」の原語は包括的な法的地位を意味する「citizenship」であり、これを市民「権」と訳すこと自体、問題である。また、米国をふくむ英米法系の諸国では国籍・市民権は封建時代の忠誠観念に由来する国家に対する「忠誠」を核としており、米国の「市民権」が「国籍」より「進んだ」「リベラルな」ものというイメージは、その点からも問題がある。

「国民対外国人」という二元的枠組みの下に包括的に処理する国籍観念が支配的だった。それによれば、国籍とは「人と国家の法的な絆」であり、国家は国民に属人的管轄権をおよぼし、外交的保護を与える。出入国管理上、国民は自国に自由に入国・居住できるが、外国人はできない。徴兵制をもつ国では兵役を国民の義務とする国が多かった。社会保障や大規模不動産所有を自国民にかぎる国もあった。諸国はこのように国民と外国人を峻別し、それを相互にみとめあってきたのである。

しかし、国家中心主義が隆盛をきわめた一九世紀から二〇世紀前半でさえ、人の権利義務関係がすべて国籍によって規定されていたわけではない。実際には、国籍を基準とする人の権利義務関係の確定は、伝統的な身分制度の強固さ、種々の伝統、人口・産業・労働政策、国家安全保障への考慮などから、国・政府により時代により、さまざまだった。

たとえば、諸国の出入国管理には国籍のほか人種などの基準も用いられ、植民地人は植民地支配国の国籍をもつ場合でも植民地支配国への入国を許されないことも多かった。参政権は、多くの国で二〇世紀前半までは性、人種、財産、階級などにより社会的特権者にかぎられていた。外国人に身分関係の準拠法として彼（女）の本国法を適用する場合、その本国が現実にそうした適用法をもっていれば私人の法関係を規律するのに十分だから本国法は未承認国のものでもよいというあつかいも多かった。

今日では、国籍による人の権利義務関係の確定の非包括性――国籍の権利義務確定機能を問題領域毎に確定する必要があるという意味で「国籍の機能的アプローチ」といわれる――はさらにあきらかである。これは次のような現実と支配的思潮によるものである。

第一に、途上国から先進国への大規模な人口移動が続いており、そうした移民・難民の主な定住先は西欧諸国だった。西欧諸国は人権保障を重視しており、「外国人だから」という理由で移民・難民の権利を低水準にとどめおくことは国内・国際政治上困難だった。第二に、国籍は会社などの法人や船舶、航空機などの国家帰属を示すうえでも用いられてきたが、企業活動の国際化、便宜置籍船の増大などにともなって国籍による形式的・包括的な権利義務関係の確定の不都合があきらかになってきた。第三に、第一の要因をさらに支えるものとして、二〇世紀後半における国家の意義の低下と国際人権保障の劇的な展開がある（第6章参照）。外国人であることを理由にその権利を恣意的に制限できる時代は過去のものとなったのである。

†日本の状況

日本はこうした変化への対応に大きくおくれをとっている。

日本の外国人人口は着実に増加しており、本書執筆時点の二〇一八年には全人口の二パーセント以上、約二五〇万を占めている。また日本では少子化傾向が続いており、国の財政の健全化、社会保障の確保、崩壊しつつある地方の再生などの観点から外国からの移民の受け入れは不可避となっている。にもかかわらず、「日本は日本人の国だ」という単一民族神話が社会を支配してきたため、社会の多民族化という枢要な課題がひたすら先送りされてきた。

問題は二つある。

第一は、政府が旧植民地であった朝鮮、台湾の出身者とその子孫が保持していた日本国籍を一律に喪失させるかたちで敗戦と植民地の独立にともなう国籍問題を「解決」してしまったことである。

第二次大戦後、英仏の植民地支配下にあった人々やドイツのオーストリア併合でドイツ国民とされたオーストリア人は、民族自決と人権の尊重という戦後の潮流のなかで多かれ少なかれ国籍選択の自由をみとめられた。しかしながら、日本政府はそうした世界の趨勢に背を背け、法務省（当時は法務府）民事局長通達という違憲の疑いが強い措置――国籍は憲法で法律事項とされており（憲法一〇条）、行政府の通達で決めることは許されない――で韓国・朝鮮人・台湾人の日本国籍を剝奪するという「解決」を選択したのである（大沼 二〇〇四）。

問題をさらに悪化させたのは、そうした政府の措置を最高裁、さらに（日本に劣らぬ韓民族・朝鮮民族の単一民族神話が根強い）韓国・北朝鮮両政府、在日韓国・朝鮮人の民族団体や知識人がみとめてしまったことである。この問題の不当性があきらかにされたのは、一九七〇年代に在日韓国・朝鮮人のなかでも少数派だった一部の人が「日本国籍確認訴訟」というかたちで訴訟を提起し、これまた韓国で少数派に属するソウル大のペ・ジェ・シク教授が日本政府の措置を国際法上問題があると主張してからである。著者もまた、一九七九〜八〇年に民事局長通達の違憲性を論証する詳細な論文を公にし（大沼 一九七九〜八〇）、二〇一八年に国際司法裁判所判事となった岩澤雄司教授も同旨の主張をあきらかにしたが（岩澤 一九八五）、単一民族神話に凝り固まった日本の政府と司法府が態度を変えることはなかった。

第二は、一九八〇年代からあきらかになりだした途上国から先進国への人口の流入という時代の趨勢に日本社会が対応できなかったことである。この時期までには西欧諸国は多くの移住労働者を受け入れており、本格的な多民族社会への道を歩みはじめていた。日本の財界や政府・知識人の一部にも「開国派」の声が高まり、単一民族神話に固執する「鎖国派」との論争も華々しくおこなわれた（大沼 一九八八、一九九三）。

しかし、前者は在日韓国・朝鮮人問題に示される日本社会の閉鎖体質に目を背けた単純かつ楽観的な移民受け入れ論を主張するにとどまった。他方後者は、日本社会の少子高齢化や途上国から先進国への人口の流入、それを前提とする「多民族社会」国家の国造りという日本が直面する課題に目を背けて単一民族神話にしがみつくという非現実的な対応に終始した（大沼 一九八八）。政府といえば、「非移民国家」日本という空疎な名目を守るため、途上国からの移住希望者を「実習研修生」など、実態と異なる一時居住許可者のカテゴリーに押し込むことにより、日本社会の多民族化という困難な課題に立ち向かうことをひたすら先送りしてきた。

将来、多民族化することが避けられない日本社会のありかたを真剣に考えることは、今日、もはや目を背けることが許されない喫緊の課題である。その際もっとも重要なことは、諸国の経験とみずからの経験を自覚的に学び直し、日本社会にもっとも適合的な多民族社会のありかたを、政府だけでなく全国民レベルで構想することである。

諸外国の経験という意味では、伝統的には日本同様、「世界に冠たるドイツ」「世界文明の中心フランス」といった強固な閉鎖体質、自国民中心主義を保持してきた西欧諸国の多民族社会化の経験を、さまざまな失敗をふくめて学ぶことは、むろん重要である。だがほかにも、一九六〇年代まで「白豪主義」を掲げていたオーストリアの多民族社会化、日本以上に強固な単一民族神話が支配していた韓国の新たな移民政策なども、参照すべき例となるだろう。

日本自身の経験という意味では、「在日韓国・朝鮮人問題」とは実は日本における民族的少数者の社会的統合の問題だったことを自覚すべきである。政府も国民も、また在日韓国・朝鮮人も、そうした自覚なしに問題を「戦後処理」として「解決」してきてしまった。その結果、在日韓国・朝鮮人問題は、両系血統主義の国籍法と在日韓国・朝鮮人の日本人との婚姻の増加による彼（女）らの子供の日本国籍取得というかたちで、日本社会の強固な単一民族神話を残存させたまま解消しつつある。

一億以上の人口に対して約六〇万人にとどまった在日韓国・朝鮮人の場合はそのような「自然な」同化が「うまく機能した」かもしれない。しかし、数百万単位の異民族移住者を受け入れる二一世紀の日本の社会的統合がそうした安易なかたちで実現できるはずがない。一九六〇年代以降の西欧諸国の経験を観察するだけでも、社会の多民族化とは、すさまじい排外意識の高まり、民族・宗教的偏見の増大、社会の亀裂の増大、都市や郊外のスラム化など、さまざまな負の側面をふくむ痛苦のプロセスなのである。

しかし、社会の多民族化が不可避であるなら、わたしたちはなんとかこれをやり遂げ、それにともなう痛苦の減少と果実——日本経済の再活性化、地方の再生、異文化から得られる多様な価値の享受など、さまざまなものがある——の極大化をはかるべきである（大

沼 一九八八、一九九三)。柔軟な国籍法による異民族の社会的統合の促進はそうしたひとつの対応策である。

現在の日本は、両親のどちらかが日本国民ならこどもも日本国民となる両系血統主義をとっている。これを親が外国人であってもこどもには生来の日本国籍を付与する「二世代出生主義」に変えることは、十分検討されてよい。そのような国籍法制は、日本社会に定着した人々に国民としての権利と義務を与え、国民的統合を促進する機能を営むからである。

また、日本の制度・法令には、本来日本社会の構成員、つまり「住民」に享有資格をみとめるべきなのに、単一民族神話の強さから「日本人」・「日本国民」を資格者としているものも多い。こうした法令の「日本人」・「国民」規定を「住民」と読み替えて解釈することも民族的少数者の社会統合を促進する。在日韓国・朝鮮人を中心とする定住外国人の人権保障をもとめる市民運動は一九七〇年代以降こうした読み替えと立法による改善をもとめ、それはある程度実現した(大沼 二〇〇四)。こうした経験を生かし、さらにその方向に加速化することもまた、日本の多民族社会化に役立つだろう。

†法人の国籍

人は宗教、経済、教育など多様な活動に従事する際、そのための組織をつくり運営することによりその目的を実現していく。その際、そうした組織を個人に擬して「法人」とし、個人に適用される制度を適用・準用してその運営に役立てる。また、船舶、航空機など、国家領域外で活動するものにも国籍、登録などの制度を通じて特定の国家への帰属を定め、その国の管轄権の対象として行動を規制して公海、公空、宇宙空間などの秩序を維持する。このように、企業などの法人や船舶なども国籍をもつが、その国籍はそうした法人などにとって、その機能をはたすための道具という色彩が強い。

法人などの国籍も各国の国内管轄事項であり、諸国は自由に自国法人、外国法人の要件を定めることができる。「設立準拠法」（会社設立を基礎づける法）を基準として法人の国籍を定め、自国法を設立根拠法とする法人を自国法人、外国法を設立根拠法とする法人を外国法人とする例が多い。日本も、日本法にもとづいて設立された法人は、資本や経営陣が実質的に外国の支配下にあるものでも、日本法人としてあつかっている。多くの通商条約、投資保護条約、租税条約も、設立準拠法を基準として法人の国籍を定めている。

しかし、企業活動の国際化にともない、法人の活動を設立準拠法にもとづく国籍にしたがって保護・規制することの不都合、限界もあきらかになってきた。こうして、法人の具体的権利義務関係も、問題を規律する法令の目的・趣旨により、国籍と異なる要因――たとえば企業の本拠や実質的支配関係――に着目して確定する余地がある。これらの問題は国際法と経済の関係をあつかう第7章で検討する。

3　外国人の地位と外交保護

一九世紀から二〇世紀初頭にかけて制度的確立をみた国際法は国家間法という色彩が強く、個人の権利義務が国際法上の問題となることはほとんどなかった。ただ、近代国家の基本的任務は国民の生命、安全、財産の保護であり、それは国民が国外にいても変わらない。国際法の確立に大きな影響をおよぼした欧米列強は資本主義国であり、キリスト教が支配的な宗教の国々でもある。これらの諸国民は海外で活発な経済・布教活動に従事しており、そうした活動を保護することは欧米列強にとって重要な任務だった。

一九世紀的な国家観からは国内の外国人の処遇は領域国の自由裁量に委ねられるはずだが、列強にとってはそうした帰結は在外自国民の活動の保護に反することになる。そのため列強はラテンアメリカ、アジアなどの諸国と積極的に通商（航海）条約を締結し、条約上自国民の保護を領域国にみとめさせた。また、通商条約を結ばない諸国との関係でも、列強は、国家は国際法上「文明国の標準」（ないし「国際標準」）に合致した外国人処遇の義務を負うと主張して、そうした基準に反して外国人に被害を与えた国は外国人の本国の権利を侵害したとみなして領域国に介入する政策をとった。「在外自国民の保護」を根拠とする外交的保護権の行使、海軍による威嚇行動（「砲艦外交」）などの帝国主義的政策である。

第二次大戦後、こうした国際法の外国人法は三つの点から変容を迫られることになった。第一に、戦争違法化が徹底され、「在外自国民の保護」を根拠とする武力の行使、武力による威嚇は明確に禁じられた（第8章Ⅰ参照）。「在外自国民の保護」のため国籍国が行使できる手段は外交保護権の行使にかぎられるようになったのである。

第二に、戦後の国際人権法の急速な展開と発展は、「国家の外交的保護権により守られる私人の権利」という外国人法のありかたに影響を与えている。自国を離れて経済・布教活動に従事する（主に先進国）国民にとって、国籍国の外交保護権は、私人の権利侵害に対する実効的救済を受けることが困難な在留国で自己の利益を守る最後の手段という性格をもっていた。実際、国籍国が外交保護権を行使するには、被害を受けたと主張する私人が在留国で司法的解決などの国内救済手段を尽くすことが要件とされていた。さらに、外国人の母国（国籍国）が実際に外交保護権を行使するのはあくまでその国の利害計算にもとづいてであり、在外自国民から要請があっても、国籍国が外交上の考慮から保護権を行使しないことも多かった。

戦後、国際人権法の進展にともなってこうした外交保護権の国家裁量性を制約し、私人の権利保障機能を強化しようという動きが進んでいる。いくつかの西欧諸国は、外国政府から被害を受けた自国民が政府に対して外交保護権の行使を請求する権利を国内法上みとめている。ICJも、在留国が外国人の領事機関に通報することなく死刑を執行しようとした複数の事件で、自国の領事から通報を受ける権利を私人の権利としてみとめる傾向を示している。とはいえ、外交保護の問題が国際裁判であつかわれる事例は例外的であり、多くは外交交渉で処理されている。外交保護が国家の権利であって私人が国家に保護を請求する権利でないという性質は基本的に変わっていないのである。

第三に、外国人の法的地位の問題は、主に途上国で経済活動に従事する先進国企業（法人）の権益保護を国際法上いかに位置づけるべきかをめぐってあらそわれてきた。この問題は、一九五〇〜八〇年代の先進国と途上国の激しい対立を経て、九〇年代以降基本的に先進国の主張に即した条約が結ばれ、紛争が解決されるかたちで収束していった。この問題については第7章Ⅲで考えることにしよう。

第6章　人権

I　人権の歴史

1　人権の普遍性と歴史性

†人権は普遍的か

「人権」は一九七〇年代以来、世界でもっとも論議されてきた観念のひとつである。そうした状況はこれからもしばらく続くだろう。「人権」はしばしば他の価値や利益を無効化する「聖なることば」として機能する。敵対する者に「人権侵害」というレッテルを貼ることはきわめて有効な攻撃手段である。このように、人権の意義は普遍的にみとめられ、時代精神を体現しているかにみえる。

しかし、こうした見方は日本をふくむ先進国のものである。目を中国やアフリカ、イスラーム圏に転ずるなら、そこにはややちがった光景がみられる。こうした国々でも正面から人権を否定することは政府にとってもメディアにとってもタブーではある。だがそこでは、さまざまなかたちで人権の普遍的価値を否認する動きはごく普通のことである。欧米の人権外交やメディア、NGOによる途上国の人権侵害批判を欧米の独善、傲慢、偽善とみなすのは途上国の抑圧的な政府にかぎられない。多くの国でそうした声は民衆のものでもある。

欧米の普遍主義的人権観を批判するこれらの主張は、各国・各民族・文明圏の文化、文明、宗教の意義を強調し、人権の近代欧米的歴史性を強調する。人権の普遍性を想定して世界中の国々に広めようという考えは誤りであり、人権は各国の文化・文明・宗教的伝統と特質にしたがって独自に選択するやりかたで実現すべきものである。こうした主張は二一世紀の中国の超大国化とともに目立ってきたが、すでに一九九〇年代にシンガポールのリー・クアンユー首相や一部のアジア諸国の指導者によって展開されていた。

「人権の特殊性・相対性」の主張は、それまでナイーブに人権の普遍性を信奉していた欧米の政府関係者や知識人に大きな衝撃を与えた。一九七一年に『正義論』を著して現代における倫理・政治・法理論上巨大な影響力を誇っていたジョン・ロールズもこの論争に影響を受け、一九九九年の『万民の法』で『正義論』の立場を大幅に変更させた。

「人権の特殊性・相対性」論は現実政治にも大きな影響をおよぼした。一九九三年に国連が主催したウィーン人権会議では、当初は欧米の主張する普遍主義的人権観が採択される見通しだったが、シンガポール、中国など多数のアジア諸国はそれに強く反対した。アジア諸国はウィーン会議の準備会合で人権の歴史性・相対性をふくむ「バンコク人権宣言」を採択し、本会議でも欧米の普遍主義的人権観に徹底的に抵抗した(1)。

「人権の特殊性・相対性」説は理論としては欠陥が多く、シンガポールや中国の自由権抑圧体制を正当化するイデオロギーという色彩を帯びていた。しかし、それまでナイーブに人権の普遍性を信じていた欧米の知識人やメディアにとって、経済的に繁栄し、犯罪もすくなく、社会規律が保たれている「優等生」の国シンガポールの傑出した指導者であるリー・クアンユーを中心に人権の相対性が主張されたことの衝撃は大きかった。こうしたなかで論議され、一九九三年に採択されたウィーン人権宣言は、相対主義的人権観も一定程度取り込みつつ、全体としては人権の普遍性をうたいあげるという、価値観・人権観が大きく異なる諸国が合意できる人権観を体現したものとなった。

(1) 日本政府は欧米先進国や韓国と歩調を合わせて普遍主義的人権観を主張した。また、アジアの主要人権NGOもアジア諸国政府の立場を批判し、普遍主義的人権観に立脚したNGOバンコク宣言を採択した。

†人権の歴史性

「人権の普遍性・特殊性」を考えるには、一般に「普遍的」とされている他の観念、宗教、信条体系と比べてみるのが便宜である。仏教、キリスト教、イスラームなど、今日世界中に信者がおり、普遍宗教とよばれる宗教も、元来はインド、パレスティナ、アラビア半島などの地に生まれ、誕生した地の特定の歴史的性格を帯びた教えだった。それが世界中に広まる過程でさまざまな地域と時代の特性に順応して多様化し、普遍化したのである。

人権についても同じである。人権は近代ヨーロッパにおいて主権国家の確立とともに生まれ、制度化された。前近代のヨーロッパでは教会、封建領主、都市のギルド（職人組合）などの中間団体が一定の権力を保持しており、そのメンバーに権力をおよぼすと同時に、外部権力によるメンバーの権利侵害に対して保護者としてふるまった。しかし、主権国家の確立過程でこれらの中間団体は国家にその権力を奪われ、中間団体からその権利を保護されていた者は「裸の個人」として主権国家という巨大な権力と対峙することになった。

こうした帰結は私人の権利保護を伝統的に重視してきたヨーロッパの指導層にとって受け入れがたいものであり、これを回避する途として生み出されたのが人権だった。欧州諸国は主権国家の基本的枠組みを定める法である憲法に人権保障規定をおいて「裸の個人」を主権国家の強大な権力から保護しようとしたのである。

このように人権とは、近代ヨーロッパに主権国家体制が確立しつつある時期に私人の権利保護という伝統をもつヨーロッパで生まれ、制度化されたものであり、その（近代ヨーロッパ出自という）歴史性はあきらかである。実際、こうした歴史性もあって、人権保障では「権力からの自由」、すなわち宗教の自由や思想良心の自由などの自由権を中心とする発想が圧倒的に有力だった。「欧州の暴政からの解放・自由」という建国神話をもつ米国では、今日なお極端な自由権中心主義が社会を覆っている（米国における銃規制の困難さの思想的背景はここにある）。

しかし、インドに生まれた仏教からまったく教義と実践を異にする大乗仏教が生まれ、それも仏教として流布しているように、あらゆる思想・観念は普遍化の過程で変容し、多様化する。また、以上に述べた欧州の人権の誕生と制度化はあくまで一国内のものにすぎない。主権国家体制は徐々に国家間の不干渉を原則化して主権国家間の法という性質を強化させていくが、それでも外国にいる自国民や自国の宗教的多数派と同一の宗派の在外少数者の保護は欧州諸国にとって重大な関心事だった。そのため、欧州諸国は各国が憲法上の人権保障を制度化しつつ、同時に領域内の宗教的少数者を保護する条約を締結し、一九世紀には第5章Ⅱ（国籍）でふれた外国人法を制度化して在外の自国民や宗教的少数者を保護する体制を整えたのである。

しかしこれらの動きに人権それ自体を重要な価値として国際的に保障するという発想は希薄だった。欧州諸国のこうした政策は、他国の国民や国内の民族的・宗教的少数者の権利侵害を防止することによって在留外国人の本国や宗教的少数者と同一の宗派が多数を占める国との関係が悪化するのを防ぐことであった。また欧米列強は、「信教の自由」「亡命者の保護」「奴隷の禁止」などの美しい理念を掲げて中南米諸国やアジア・アフリカ諸国に外交保護権を行使したが、これはしばしば自国の経済的・外交的権益を追求する政策を正当化するイデオロギーだった。

†「遥かなる」人種平等の理想

第二次大戦前の「人権保障」の実態は、一九一九年に第一次大戦の講和条約（国際連盟規約をふくむ）を定めたベルサイユ講和会議で日本政府が連盟規約に規定するよう提案した「人種平等条項」の運命に象徴的にしめされている。当時の欧米では「黄色人種」の国・日本が日露戦争で大国ロシアを破り、中国人や日本人が米国などで移民労働者として白人労働者の職を奪っているというイメージもあって、日本や中国の台頭を警戒する「黄禍論」が盛んだった。米国では「排日移民法」が制定され、日本の移民労働者は悲惨な境遇にあえいでいた。日清・日露戦争、第一次大戦と引き続く戦争に勝利をおさめ、今や「五大国」の一員として国際社会に臨もうとしている新興「大国」日本の指導層、国民にとって、「黄色人種」だからといって中国や朝鮮のような「非文明国」と同じあつかいを受けるのは我慢ならないことだった。

こうした在野の「対外硬派」とそれを支持する大衆の声に押されて、日本政府は連盟規約に「人種平等」条項を規定させ、それを梃子《てこ》に米国などの日本人移民労働者の待遇改善をはかろうとした。この日本提案に対して、強い人種差別意識をもつ南ア、オーストラリアなどの政府は強硬に反対した。米国のウィルソン大統領は当初かならずしも日本提案に反対ではなかったが、南ア、オーストラリアなどは日本提案を受け入れるならベルサイユ条約の批准拒否を米国議会にはたらきかける、とウィルソンを恫喝した。

日本の人種平等条項提案は、日本政府が条文の表現に譲歩を重ねたこともあって講和会議で多数の支持を得ていたが、米国議会における条約の批准を至上命題としていたウィルソンは南ア、オーストラリアなどの恫喝に屈して議長として日本提案を拒否した。日本政府は、国内の対外硬派とそれを支持する世論へのポーズとして人種平等提案を主張していたものの、実際に重視していたのは第一次大戦の結果確保しようとしていた山東半島の利権だった。結局、日本政府は人種平等という「名」を捨てて山東の利権という「実」をとり、人種平等条項は実現することなく終わった。

人種平等提案をめぐるこのドラマは、第二次大戦前の人権への諸国の態度をさまざまなかたちで象徴的に示している。まず、人種平等条項を提案した日本の思いは、今や一等国となった日本の移民が中国人移民などと一緒くたにされて排斥されるのは許せない、という感情だった。日本はたしかに人種平等という美しい理想を高らかにうたった。しかしその日本は、「華人」「朝鮮人」「南洋の土人」を蔑視し、一九一〇年に植民地化した朝鮮の独立運動を弾圧し、中国に屈辱的な対華二一箇条要求をのませ、中国・朝鮮人から深い恨みをもって敵視される植民地帝国だった。実際、本来なら日本の人種平等条項提案に強い賛同があってしかるべき中国で日本の人種平等条項提案への支持・賛同の声が盛り上がることはなかった。

人種平等提案を突きつけられた英米に代表される欧米列強は、国内的には人権保障を掲げ、人種差別も建前上あってはならぬものだった。しかし、なかには声高に「黄禍論」を唱える指導者をもち、南アの人種隔離政策、オーストラリアの白豪主義、カリフォルニア州などの排外的な移民法を「身内」に抱え、その指導者・国民も多かれ少なかれ人種・民族・性差別感を抱いていた。

こうして、ベルサイユ講和会議における日本の人種平等提案は、肝心の提案者・日本の姿勢からしても、それを突きつけられた欧米の主要国の平等観からしても、「遥かなる」理想にとどまらざるをえなかった。人種平等が国際法上諸国の義務とされ、諸国民の意識にも人種・民族・性にかかわる平等観が根づくのは第二次大戦後まで待たなければならなかったのである。

戦間期には、宗教的・言語的・民族的少数者の保護を規定する条約も一部の東欧諸国間で締結された。しかしこうした条約も、少数者保護という人権の理念からつくられたとは言い難い。これらの条約は、ある国が宗教的・言語的・民族的少数者を虐待した結果その少数者と宗教・言語・民族的に同一の集団が多数を占める国家との関係が悪化して、国家間紛争に発展するのを防止するという、国家間の友好関係の維持の観点からつくられたものだった。

このように、戦前の世界における人権の地位はきわめて低いものだった。一七七六年の米国独立宣言や一七八九年のフランス人権宣言が人権を高らかにうたったものの、米国内の黒人差別はすさまじいものがあり、仏国内のユダヤ人、女性、無産者の地位も劣悪なものだった。人権が他のもろもろの価値に優越する至高の価値とみなされ、「人権侵害」というレッテル貼りが敵対者を政治的・社会的に抹殺するほどの力をもつ状況は戦後、それもわずか数十年のことなのである。

2 国連体制下の国際人権保障

†世界人権宣言

第二次大戦後、人権はその地位を劇的に高めた。欧米諸国における人種・性差別撤廃運動の高まり、南アのアパルトヘイト体制への途上国・社会主義国の粘り強い批判、政治・法・哲学、社会学など、学問・思想分野における人権理論の急速な進展、人権運動を広範に流布し人権状況の改善に消極的な経済界・政府・司法府などを批判して人権を重視する世論を育てたメディアの活動などが、こうした人権の至高価値化、人権の主流化ともいうべき現象をもたらした要因である。

国連もこうした動きに押されて徐々に人権保障システムを整え、人権の至高価値化と国際政治の人権化に大きな役割をはたした。とはいえ、政府間の組織である国連は発足時には人権の意義をさほど重視していなかった。米国はじめ大国の政府は自国内の人権問題に干渉されるのを嫌い、国連憲章に人権保障規定をおくことに消極的で、人権に関する規定は、キューバなど中小国の政府と欧米のNGOが強く主張して国連憲章中にようやく挿入されたのである。その規定も、大国の抵抗から、人権保障は国連の直接の目的でなく、「人権および基本的自由を尊重するように助長奨励することについて、国際協力を達成すること」が目的とされているにすぎない（国連憲章一条三項）。

こうして人権保障を具体的に条文として規定して加盟国にその遵守をもとめることは国連発足時から大きな課題だったが、資本主義国と社会主義国、先進国と途上国、キリスト教、イスラーム、仏教、ヒンドゥー教など、宗教的背景を異にする諸国のあいだで隔たりが大きく、具体的な人権保障規定を多国間条約として採択するには時間がかかると危惧された。このため国連はまず一九四八年に各国を法的には拘束せず勧告的効力をもつにとどまる世界人権宣言を総会決議として採択した。宣言は、①すべての人間の生来の自由と、尊厳と権利とにおける平等（一条）、②人種、皮膚の色、性、言語、宗教、政治上その他の意見、国民的もしくは社会的出身、財産、門地その他の地位の事由による差別の禁止（二条）、③生命、自由、身体の安全への権利（三条）、④奴隷、苦役、拷問、残虐・非人道的・屈辱的な取りあつかいと刑罰の禁止（四条、五条）など、三〇の条文からなる。

世界人権宣言は、文際的正統性を確保すべくさまざまな文明圏を代表する指導者、思想家からなる起草委員会によって起草された。しかし、実際には四六条の原案をつくったカナダのジョン・ハンフリー（法学者）、それを現在の三〇条にまとめたフランスのルネ・カサン（ノーベル平和賞受賞者）、委員長のエレノア・ローズヴェルト（米国大統領フランクリン・ローズヴェルト夫人、人権運動家）など、欧米の委員が指導的役割をはたした。その規定の多くは欧米に根強い自由権中心主義を反映して、自由権である。

世界人権宣言は米国で独特の変容を遂げた。国際的には「人権の守護者」というイメージが強い米国は、実は国際人権規約を一九九二年まで批准せず（社会権規約は二〇一八年現在も批准しておらず、将来批准する見込みもない）、批准に際しても事実上国内的効力を否定するかたちで批准した。そのため、米国では人権侵害の被害者が自由権規約を裁判で援用することができず、米国の憲法・国際法学者、弁護士は世界人権宣言を慣習国際法と性格づけて被害者の人権侵害を裁判所で争った。この理論は米国の国際法学がもつ世界的な影響力から次第に一般化し、今日では奴隷、拷問の禁止など、すくなくとも世界人権宣言の一部の規定は慣習国際法化しているという説が有力である。

世界人権宣言が慣習国際法化しているか否かはとくに国際法が裁判規範として機能するか否かという意味で重要だが、世界人権宣言の意義はそうした国際法の技術的な面にかぎられるものではない。国際法をふくむ国際規範文書の重要な役割のひとつは、多様で異質な諸国がかろうじてみとめる国際社会の数すくない共通の価値を公に宣明し、人々の心に規範意識として定着させ、利害と価値観を異にする諸国の行動を共通の目的に収斂させるのを助けることにある。世界人権宣言は、人権という諸国の包括的合意が困難な問題に関する国際社会の共通了解を体現し、国際人権文書の代表としてさまざまなかたちで引用、参照され、諸国の憲法の人権規定にも大きな影響を与えてきた。世界人権宣言は、人権思想の世界的普及と定着、人権に関する諸国民の規範意識の向上という点において巨大な役割を演じてきたのである。

†国際人権規約――経済・社会・文化的権利（社会権）を中心に

国連は一九四八年の世界人権宣言採択後、条約として法的拘束力をもつ国際人権規約の制定に向かった。しかし、この間中国が社会主義化し、脱植民地化も進んで、西欧や米国と人権観を共有しない国々が増加した。国際人権規約はこうした趨勢のなかで、社会主義諸国やアジア・アフリカ諸国の意見をかなり反映したかたちで一九六六年に採択された。①「人民の自決権」（社会権規約、自由権規約の共通第一条）、②天然資源に対する人民の処分権（社会権規約一条二項）、③戦争宣伝・差別唱道の禁止（自由権規約二〇条）の規定、④逆に、世界人権宣言には規定された財産権保障が規定されなかった、などは、こうした社会主義圏、アジア・アフリカ諸国の発言権の増大を物語る。

これは欧米先進国、とくに米国にとって不満の残るものだった。米国は一九九二年に至るまで自由権規約を批准せず、社会権規約はいまだに批准していない。しかし、国際社会全体の観点からみれば、アジア・アフリカの人々の多くが代表されない状態でつくられた世界人権宣言よりは、二〇一八年の本書執筆時点で約一五〇カ国が当事国となっている国際人権規約の方が正統性は高いともいえる。他方において、国際人権規約の採択当時はまだまだ欧米中心的な人権観が支配的であり、国際人権規約でも自由権中心主義はあきらかである。自由権規約の条文は法規範性が明確なかたちで規定されているのに対し、社会権規約の多くはその法規範性に疑問が残るかたちで規定されているのである。

　社会権規約では、締約国は規約上の権利の完全な実現を漸進的に達成するため行動をとることを義務づけられるにとどまる（二条一項）。自由権規約のような、領域内にあり管轄下にあるすべての個人の権利の尊重と確保は義務とされていない。しかも途上国の場合、経済的権利を外国人に保障する程度を自由に定めることがみとめられている（二条三項）。履行確保も、締約国の報告義務とそれへの国連諸機関の対応といった間接的措置にとどまっている。こうした社会権規約の規範性の弱さは、一九六六年の国際人権規約制定当時、経済的・社会的権利は抽象的権利ないしプログラム規定であって厳密な意味での権利でないという発想がまだまだ強かったことを如実に物語る。

　また社会権規約は、社会保障にかかわる権利（九条）、相当の生活水準と飢餓からの自由

（一一条）、健康を享受する権利（一二条）、教育への権利（一三条）などを定めるが（以下、「社会権」と略称）、こうした権利の実現が国家の豊かさと政府の政策にかかっていることは否定できない。そのため、社会権規約は国家の政策的裁量を法として枠づけることができないという解釈が強かった。しかし、一九八五年につくられた社会権規約委員会は、政府代表からなる委員会と異なり個人資格の専門家からなるという強みを活かして活発な活動を展開し、社会権の重要性をひろく訴えた。理論的にも社会権と自由権の相互依存性と不可分性、基本的・中核的権利としての生存権などの主張が広範な支持を得るようになった。

国内裁判所における裁判規範としての社会権規約の重要性も徐々に高まっている。社会権は条文上その「漸進的達成」が義務とされているにすぎないため（二条一項）行政府の裁量の幅が大きく、被害者が国内裁判所で行政府による社会権侵害を主張しても裁判所はそれを社会権規約違反と認定することはできないというのが六六年の規約採択時来の解釈だった。日本ではいまだにこうした解釈が支配的である。

しかし、右に述べた社会権規約委員会の活発な活動以来、世界の有力な学説はそうした単純で機械的な解釈を克服し、もっときめ細かい解釈をとるようになっている。これによれば、①社会権を無差別に保障すること（無差別適用の原則）は、政府の裁量の余地のない直接的・即時的義務であり[2]、②社会権規約が保障する権利にも国家の自由権規約上の義務と同じ消極的・直接的義務がふくまれており[3]、そうした義務は厳格な司法審査に服するのである。

さらに、社会権の重要性を主張するのは社会主義諸国と途上国、自由権を重視するのは西側先進諸国というのが二〇世紀末までの人権に関する国際的論争の構図だったが、実際には経済社会的な基礎が脆弱な途上国は自由権以上に社会権を保障するのが困難である。社会権の保障状況は、個人の権利享有状況を厳密に評価するのが困難だとしても、一人あたりの国民所得、一国内貧富の格差、平均余命などにより、権利の享有状況を間接的に評価することは数量的に可能である。そうした間接的評価を手掛かりとする社会権状況改善のための途上国援助は、宗教や文化などと直接衝突する可能性の高い自由権より先進国にとっても実施できる余地が大きい。このように、社会権を実現するには途上国における社会権保障状況の改善をそれらの国々への援助・協力の増大と結びつけて考えることが必要なのである[4]。

†国際人権規約――市民的・政治的権利（自由権）を中心に

自由権規約は、締約国の領域内にあり、かつ、その管轄下にあるすべての個人に対して規約上の権利を尊重し確保する義務をすべての締約国に課している（一条一項）。また、社会権規約のような途上国の義務緩和規定もない。自由権規約は、伝統的な自由権中心主義を反映して、生命に対する権利から少数者の保護にいたるまで、社会権規約よりはるかに多くの実体的権利を保障し、締約国にその遵守を義務づけている。

自由権規約委員会を通じての国際的履行確保措置も整備され、選択議定書による個人通報の途もある。自由権規約は、①委員会への報告制度を通じて、②国内裁判所の裁判規範として、③人権NGOやメディアによって援用される正当化規範として、締約国の政策におよぼす影響は着実に増加している。日本でも、国際人権法に冷淡な裁判所はなかなかその積極的適用をみとめないものの、人権訴訟や人権にかかわる論議、運動で自由権規約は

(2) 社会権規約は、「この規約の締約国は、この規約に規定する権利が人種、皮膚の色、性、言語、宗教、政治的意見その他の意見、国民的若しくは社会的出身、財産、出生又は他の地位によるいかなる差別もなしに行使されることを保障することを約束する」と規定する（二条二項）。

(3) たとえば社会権規約は、「自己およびその家族のための相当な食糧、衣類および住居を内容とする相当な生活水準についての並びに生活条件の不断の改善についてのすべての者の権利を認める」と規定するが（一一条一項）、本条に規定された居住権を保障するうえで国家が立ち退き強制を控える義務は司法審査に服する直接的な義務である。また、生存権を中心とする中核的義務は人間の生存にとって不可欠のものであり、そのかぎりで司法審査に服する。

(4) ただこの点については、中ロなどの途上国援助政策と中ロなどの諸国自身の人権状況の改善という巨大な歴史的課題が残されている。本件についてはⅢ－3であつかう。

しばしば引用・援用され、社会的重要性を高めてきている。

他方、途上国を中心に、表現の自由の制限、拷問、裁判なしの拘禁や処刑など、さまざまな自由権規約違反の事態が見られる。また、ムスリム諸国や東アジア諸国を中心とする途上国の多くは、自由権を重視する欧米のアプローチに強い批判をもっている。自由権中心主義批判を口実とする自由権侵害を途上国に許さないためにも、社会権と自由権の均衡のとれた取りあつかいが、国際人権法の制定にも、解釈にも、実施にももとめられる。

✝ウィーン宣言

国連が一九九三年にウィーンで開催した世界人権会議において採択された宣言は一七一カ国のコンセンサスによるものであり、そこには二〇世紀末の地球社会に妥当するもっとも正統性の高い人権観が表明されている。国際的によく読まれる国際人権法の教科書、専門書はその多くが欧米の学者の手になるものであり、それらはもっぱら一九四八年の世界人権宣言と一九六六年の国際人権規約に焦点をあて、ウィーン宣言を軽視する傾向が強い。しかしこれはウィーン宣言がもつ国際人権保障史上の枢要な意義を過小評価するものであり、あやまりである。こうした大きな意義をもつウィーン宣言が示す人権観は次のようなものである。

第一に、人権の普遍性と生来性が再確認され、人権の普遍性は疑問の余地がないものとされた。また、国家的・地域的特殊性や歴史的・文化的・宗教的背景の重要性は考慮すべきだが、すべての人権の保護と促進は普遍的義務であるとしている。ここで重要なのは、宣言が各国、各地域の人権観の違いはみとめつつ、最終的にはすべての人権の保護と促進は普遍的義務であるというかたちで人権の普遍性を宣明していることである。そこには、欧米文明・近代文明以外の多様な文化・文明を尊重しつつ、なおかつ人権の普遍性にコミットする文際的普遍性への指向性が提示されている。

第二に、すべての人権は不可分かつ相互に依存し相互に関連しあうものとされた。この考えかたは社会権を重視する途上国側が六〇年代から主張してきたものだが、八〇年代になると先進国側がそれを逆手にとって社会権の実現に自由権を犠牲にしてはならないという趣旨で主張するようになった。こうして人権の不可分性と相互依存性は、両者が共有しうる観念として宣言に規定された。

第三に、女性の人権の保障が国際共同体の優先目標とされた。こうした女性の人権の重視は、政府間会議として開かれたウィーン会議と同時進行して開催されていたNGOグループからの強いはたらきかけによるものだった。そして第四に、発展の権利が普遍的で不可譲の権利として再確認された。「発展の権利」は自由権、社会権という第一世代、第二世代に次ぐ第三世代の権利として主に途上国が主張してきたものだが、自由権中心主義に固執する米国の強い反対によりその国際法上の地位が不確定なものだった。しかし、ウィーン宣言では米国もようやく発展の権利を容認する態度に転じたのである。

ウィーン宣言の採択に至る過程では、政府のみならずさまざまなNGOや諸国のオピニオン・リーダーが参加して激しい議論をくりひろげた。こうした民際的・文際的対立を克服してコンセンサスが導かれたという事実は、宣言に格別の重要性を付加するものである。二一世紀のすべての人権にかかわる言説は、二〇世紀末の国際社会の共通の人権観を宣明したウィーン宣言を出発点としなければならない。このようにウィーン宣言は、一九四八年の世界人権宣言、一九六六年の国際人権規約とならぶ、否、文際的正統性という観点からはそれ以上の意義をもつきわめて重要な人権宣言なのである。

†国連の人権保障システム

人権は、さまざまな人権条約や人権宣言を採択するだけで保障されるものではない。そうした条約や宣言に規定された人権保障を各国が実際に実施するようにうながし、促進する国際的な仕組みが必要である。そうした国際的な仕組みの代表が国連の人権保障システムである。人権問題をあつかう権限をもつ国連の主要な機関としては、総会、経済社会理事会（経社理）、人権理事会、人権高等弁務官事務所がある。

国連は一九六七年に決議一二三五を、一九七〇年に決議一五〇三を経社理で採択することによって人権を保護する実際の活動に乗り出した。一二三五手続きは人権理事会の前身である人権委員会が加盟国の大規模な人権侵害を公開審査する制度、一五〇三手続きは重大で継続的な人権侵害の事態を個人やNGOの通報にもとづいて非公開で審査する制度である。両手続きとも、専門家やNGOの提供する情報、知見に多くをよっており、人権侵害の実情がメディアを通じてひろく報道されることで人権侵害の是正につながることもある。他方、政府代表からなるため各国政府の意向に縛られやすい国連では、人権問題が露骨に政治利用されることも多い。このため、八〇年代以降は国別でなく分野別にどの国であろうと人権侵害を審査するテーマ別審査方式が重要な役割をはたすようになっている。

二〇〇六年に設置された人権理事会は、すべての人権の促進および保護を強化するため、普遍性、公平性、客観性および非選別性の諸原則ならびに建設的な対話を指針として任務を遂行する。ここでもっとも特徴的な監視メカニズムは普遍的定期審査である。この手続きの下で、すべての国連加盟国の人権状況が平等に、国連憲章、世界人権宣言、人権条約などにもとづき定期的（当初は四年ごと）に審査されている。審査にあたっては、ジェンダーの観点が十分に取り込まれ、NGOをふくむ利害関係者の参加も確保されている。

普遍的定期審査に対しては、一部の途上国にみられる重大な人権問題と先進国の比較的軽微な人権問題が一律にあつかわれており、それは「平等な」審査とはいえないという批判がある。しかし、これまで、先進国は途上国への偏見、差別意識をもってもっぱら途上国の人権問題だけをとりあげているという途上国側の反発、被害者意識にはすさまじいものがあった。普遍的定期審査がそうした途上国の反発をやわらげているのであれば、人権の専門家からは批判の強いこの制度も、長期的にはそれなりに評価されることになるかもしれない。

3　地域人権保障

†ヨーロッパ――先進地域の意義と問題

人権保障は、経済水準や政治システム、宗教、文化などが似通った国々からなる地域的な枠組みでも推進されてきている。その代表格はヨーロッパであり、西欧諸国は一九五〇年以来、欧州評議会のもとに欧州人権条約、それを補完する一連の議定書、さらに履行確保の仕組みを拡充してきた。特筆すべきは人権裁判所の存在である。各国を法的に拘束する権能をもつこの裁判所は、「人権の母国・先進国」を自負する英仏をふくむ欧州諸国の国内法令に次々に欧州人権規約違反という判決を下して人権侵害の被害者を救済し、各国の人権状況の改善に大きな役割をはたした。とくに法令制定後の時代の発展に応じてその法令の人権条約適合性を審査する「発展的解釈」の手法は国際人権法のありかたに大きな影響を与えた。

もっとも、冷戦終結後、条約の適用範囲がロシア・東欧に拡大されるようになると、判決の履行が滞る事態も生じている。高度の人権保障を達成するには社会に構造的に組みこまれた暴力の克服がもとめられるが、ロシア・東欧諸国の多くにはそうした条件が欠けているのである。欧州も米国ほどではないにせよ、やはり自由権中心の発想が強く、経済・社会・教育の政策が社会権の保障と結びついて考えられているとはいいがたい。ロシア・東欧をふくめた地域全体の人権水準を向上させていくには構造的暴力の克服に直接的につながる社会権の保障水準の向上に努めていかなければならないだろう。

また、欧州の先進性を自負する欧州の法学者・実務家は、ヨーロッパをモデルとして他国もそれに倣うべきだと考えがちである。しかし、欧州の例をさまざまな条件の異なる他の地域にあてはめることには慎重でなければならない。地域人権保障はそれぞれの地域の実情をふまえておこなわれるべきものであり、欧州の先進性はかならずしも欧州の模範性を意味するものではないからである。

†米州――「米国」という例外者

米州諸国は、米州機構のもとに地域人権保障の仕組みを制度化してきた。一九四八年に米州人権宣言が採択され六〇年には米州人権委員会が発足し、六九年には米州人権条約もつくられた。七八年には米州人権裁判所も設置されたが、その役割は二〇世紀を通じてかぎられたものにとどまった。独裁政権下にあったラテン・アメリカ諸国における人権侵害の救済にまがりなりにも一定の役割をはたしたのは、むしろ米州人権委員会だった。

このように、米州は地域人権保障という点では欧州に次ぐ成果をあげてきたが、ここでも伝統的な自由権の発想は根強いものがある。ラテン・アメリカに濫発するテロリズムや内戦を生むのは社会に構造化された社会権侵害だが、それへの関心はけっして十分なものではなかった。なお、米国は米州人権裁判所に裁判官を送りこんできたが、米州人権条約の締約国ではなく米国の人権侵害が裁判所で裁かれることはない。第三者から見れば奇妙な光景だが、裁判所の管轄権が米国にはおよばないからである。米州における米国の特異で特権的な地位を如実に物語るものである。

†アフリカ――バンジュル憲章と人権保障の停滞

アフリカにはバンジュル憲章という独自の人権条約がある。[5] 憲章は「人および人民の権利」という構成をとり、個人の義務についても多くの規定をもち、法律による一般的制限を多くの条項でみとめ、さらに、植民地主義に対する闘いと家族・共同体への義務を尊重している。他の地域とはきわだって異なるこうした特徴は、アフリカの人々、すくなくともその政府の人権観を映し出す一方、国家や共同体の利益などを口実に個人の自由の抑圧を正当化しかねない危険性をもつ。

憲章の実施を監視する機関として人権委員会が設置され、二〇〇四年には人権裁判所もつくられた。同裁判所は〇八年にアフリカ司法・人権裁判所に改組されることになったが、その基盤は脆弱であり、人権保障の砦としての実効性には大きな疑問符がつくものである。

†アジア——地域人権保障への遠い道

アジアでは一九六〇年代以降、地域人権条約や人権機構の必要性が知識人や人権活動家を中心にしばしば説かれながら、未だ実現していない。アジア諸国の「人権帝国主義」へ

(5) 正式名称は「人および人民の権利に関するアフリカ憲章」。一九八〇年にガンビアの首都バンジュルで開かれたアフリカ統一機構(OAU)閣僚会議で大枠が決定したため、一般にバンジュル憲章とよばれる。

の反発、各国の経済水準の巨大な格差、政治体制、宗教、文化の異質性などが地域人権保障のメカニズムを創り出すうえでの障害となっている。これに加えて、アジアでは長いあいだ唯一の人権先進国だった日本が他のアジア諸国に対してかつての侵略戦争の戦争責任を十分はたしていないという負い目があり、「アジアの人権保障機構の創設」という大義が他の国々からそうした大義名分を口実とする「大東亜共栄圏」再興の試みと受けとられることを恐れて地域人権保障の創設に主導的な役割をはたそうとしなかったこともその一因だった（大沼 二〇〇七b、二〇一五）。

近年は国際人権法の国内実施を監視する国家人権委員会をもつ国が増えているものの、その活動実態はさまざまである。また、二〇〇七年のアセアン（東南アジア諸国連合）憲章にもとづいて〇九年にアセアン政府間人権委員会が設置されているが、加盟国における人権侵害を監視・調査する権限はもっていない。

Ⅱ　国際非差別法と少数者保護の展開

1　非差別への道

†人種と性における非差別

（現世における）平等は人権保障の重要な一環として近代ヨーロッパで制度化された。しかし戦前の平等は、非「白人」、女性、無産者、植民地支配下の人々、非キリスト教徒などを排除した差別的平等にとどまっていた。近代ヨーロッパにおけるユダヤ人迫害は凄惨なものがあり、米国南部では一九五〇年まで黒人へのリンチが黙認されていた。

二〇世紀後半、状況は大きく変化した。社会主義思想が勢いを増したことから女性と無産者の地位が向上した。第二次大戦中のホロコーストの衝撃と戦後の脱植民地化により、人種差別撤廃への大きなうねりも生じた。なかでも国際的な広がりを見せた反アパルトヘイト運動と米国での公民権運動・女性解放運動が世界におよぼした影響には巨大なものがあった。こうして、人種と性の二分野を中心に、国際法と国内法とが相互に補完しあう包括的法分野として国際非差別法が生じてきた。

国際非差別法は、世界人権宣言、社会権規約、自由権規約の平等・非差別規範を一般的原則ととらえ、多様な分野における差別撤廃条約、地域人権条約における平等・非差別規範、国連総会や大規模国際会議の決議、国際人権機関の判決や勧告、各国の国内法・国内裁判所の判決など、多様な規範とその実現過程からなる。それはたんなる形式的な平等、同一処遇ではなく、本来ちがいのある多様な人々への実質的平等の実現をもとめるものである。国際非差別法は、数ある国際法の分野のなかでも戦後もっとも顕著な発展を示した分野のひとつといえるだろう。

†人種の平等

第二次大戦直後のナチスの人種主義への強い非難は一九四八年ジェノサイド条約の採択をもたらしたが、五〇年代後半から欧州で再び反ユダヤ主義の傾向が生じた。南アと南ローデシアは露骨な人種差別政策を続けており、米国やオーストラリアなどでも人種差別が強固に残存していた。近代文明をもたらしたヨーロッパとそれを引き継ぎ二〇世紀文明として全面開花させた米国はいずれも白人種の国々であり、「暗黒大陸」アフリカの住民を代表とする「有色人種」は劣った存在であるという一九世紀以来の偏見は根強く残っていた。「有色人種」とされた非欧米の人々でさえ、欧米の圧倒的な「知の力」によりそうした偏見を共有しており、それは一朝一夕に消え去るものではなかった。

こうした事態を受けて、国連総会は一九六三年に人種差別撤廃宣言を採択し、その二年後に人種差別撤廃条約を賛成一〇六、反対〇、棄権一で採択した。この条約は、締約国に国家みずからの差別を禁じるだけでない。条約は、民間人のものをふくむ社会的な差別を除去するため国家にそうした政策をとる積極的義務を課し、人種差別の扇動を法律上処罰さるべき犯罪として禁止することを義務づけている（四条）。また、条約上の義務の実効的な履行確保をはかるため締約国による実施状況を監視する人種差別撤廃委員会を設けている。こうして、人種差別の禁止については日本が一九一九年に国際連盟規約に人種平等条項の挿入を提案して以来約一世紀を経て長足の進歩を遂げたのである。ベルサイユ講和会議に出向いた日本の先人たちは、こうした変化を見てどういった感想をもらすだろう？聞いてみたいものである。

ただ、人種差別の流布や扇動の禁止・処罰立法の義務は、表現の自由との関係で大きな問題をふくんでいる。「表現の自由絶対主義」ともいうべき傾向をもつ米国はこの点を留保して条約を批准した。日本は米国ほど極端な表現の自由絶対主義ではないが、それでも憲法の保障する表現の自由を重視して四条に留保を付して批准した。二一世紀にはいって「ヘイトスピーチ」が社会問題となるとともに、こうした法政策を改めるべきではないかという疑問が提起されている。実際、ドイツ、フランス、英国などはそうした行為を禁止・処罰する国内法を制定し、留保を付さずに条約を批准して条約上の義務を履行している。

†性の平等

性にもとづく差別は古くから普遍的に存在してきた。現在でも根強い性差別の社会慣行が残っている。しかし戦後多くの国で職業をもつ女性が飛躍的に増大し、女性の経済的自立が確保されたことにより女性の地位はすくなからず向上した。人権に関する宣言や条約は常に性を差別禁止事由にあげるようになり、一九六七年には女性差別撤廃宣言、一九七九年には女性差別撤廃条約(6)が国連総会で採択されるにいたった。

条約は、前文で伝統的な性別役割分担論を否定し締約国に差別禁止を義務づけるばかりでなく、差別的な社会慣行を是正する積極的措置も義務づけるもので、女性差別撤廃の記念碑的国際文書となった。条約の履行確保措置は当初締約国による報告制度だけだったが、九三年のウィーン宣言における女性の権利の重視を受けて、九九年には条約の選択議定書がつくられた。議定書の締約国は、自国の管轄下にある個人が条約の設置する女性差別撤廃委員会に人権侵害を通報した場合、委員会の検討に服することになった。

女性に対する差別を包括的かつ普遍的に禁止する条約の画期的な意義にもかかわらず、ムスリム諸国や保守的な宗教勢力は条約の適用と委員会の活動に強い抵抗を示している。もっとも、対立の構図は「進歩的な人権支持派」対「保守的で権威主義的なムスリム諸国政府」におさまるものではない。性の平等をもとめる運動自身、欧米の女性エリート中心のものだったことへの批判の高まりはフェミニスト研究・運動への非欧米的な視点の導入をもたらした。こうして、女性の地位の向上は、これに対する非欧米的な途上国の視点をも組み入れ、社会・経済的な条件をふまえて推進していくべきだという考えかたが広がっている。

「女性の人権」は、男性中心的な発想にもとづいてできあがっている現在の制度を女性の発想と経験を組み入れて再検討する礎となっている。日本でも二〇世紀後半からこうした現存制度の再検討は、さまざまな抵抗にあいつつも、徐々に進んでいる。今日ではさらに、欧米・非欧米の分断、人種、宗教、国政、文化、障害などの問題を「女性の人権」という視点から包括的に考慮する視座の重要性が強調されるようになっている。

（6）政府訳では「女子に対するあらゆる形態の差別の撤廃に関する条約」。

2 民族差別の禁止と少数者の保護

†人権の国家性による制約

国籍、言語、宗教、民族にかかわる差別の禁止、さらに民族的・言語的・宗教的少数者の保護の領域でも非差別と少数者保護の法規範が育ってきている。

国籍による差別禁止は、人種、性に比べて法規範の生成は遅かった。人権が国民を享有主体とすることは国民国家体制の下で自明視され、社会主義諸国は個人の権利を「公民の権利」と規定していた。戦後ようやく、強度のナショナリズムへの反省から人間一般の権利保障の動きが高まり、国連憲章や人権についての条約や宣言は、「すべて人は」「何人も」という表現を多用するようになった。しかしそうしたなかでも、国籍にもとづく差別は禁止さるべき事由として明示されていない。人権条約の解釈でも国籍にもとづく区別は許されるという解釈が一九八〇年代まで支配的だった。

国籍による差別を支えてきた理由には、途上国の事情もあった。途上国は長いあいだ先進国の企業による自国経済の支配に苦しんできたため、外国人の財産権保障につながる規定を条約に設けることやそうした結果を許す解釈には強い警戒心があった。また、先進国も途上国も、主権国家として出入国管理における国家の裁量の維持には一貫して重大な関心をもっている。このように国際社会は主権をもつ国民国家の並存を基本構造としており、国民と外国人のあいだに権利保障の差があることは当然とされやすいのである。

一九五〇年、ヨーロッパ人権条約は締約国に「その管轄の下にあるすべての者」に対する人権保障を義務づけ、六〇年代以降には自由権規約二条など、それに倣う用語法が一般化した。社会権規約や人種差別撤廃条約のように、自国民と外国人を区別してよい場合は明文の規定をおき、それ以外の場合は外国人にも人権の享有をみとめる解釈が徐々に一般化した。権利救済方式もすこしずつ国家性の制約を薄めてきた。すなわち、人権侵害の被害者だけでなく、人権条約加盟国一般、被害者以外の個人や集団（NGO）も条約上の委員会や国際的な人権裁判所に救済の申し立てができるようになった[7]。

いくつかの先進的な国々も、人種差別を撤廃するため、「隠れた人種差別」、「偽装された人種差別」としての国籍による差別を禁止する政策をとっている。英国は人種関係法の制定・改正の過程で非差別事由として国籍を明記するようになり、フランスも一九七二年

（7）伝統的な「外国人の権利侵害に対する外交的保護」の制度が、被害者の権利侵害に対して外交保護権を行使できるのは被害者の国籍国にかぎられるという国家性の制約を帯びているのとは対照的である。これは、人権保障は国際社会の共通利益であり、その侵害は被害者自身とその国籍国にとどまらず、国際社会全体の共通利益の侵害であり、第三者、第三国もその是正に利益をもつという人権の共通利益・公共価値性によるものである。

人種差別禁止法で国籍による差別を禁止するかたちで法を運用している。それでは日本はこの点どういった状況にあるのだろう?

†日本の状況

日本でも、一九七〇年代以来、在日韓国・朝鮮人差別を中心とする外国人の権利制限とそれを支えてきた単一民族神話への批判が高まり、定住外国人の権利状況の改善が少しずつ進んできた(大沼 一九九三)。その過程で国際人権法は大きな役割をはたした。日本は七九年に国際人権規約を批准し、八一年には難民条約に加入した。この結果、これらの条約に反する国内法を改正するかその運用を改める必要に迫られ、八〇年代にはそうした改正が次々におこなわれた。

法的・社会的地位の改善を要求する主体の側も、人権条約の委員会への政府報告や国連の人権委員会の一五〇三手続き、テーマ別手続きを積極的に活用した。人権NGOは国際人権規約などの国際人権法を国内裁判所で積極的に援用した。日本の裁判所は国際法とくに国際人権法の理解が十分でなく、また一般的に強い司法消極主義をとっているため、国際人権保障に反する国内法を国際人権法違反とする判決が下されるケースはまれである。

しかし、外国人差別の問題が訴訟の対象になることにより、外国人差別を容認する判決を下す裁判所と一般人の正義感とのずれがメディアを通してあきらかになり、そうした判決の基礎となった法令や法の運用への世論の批判が高まり、その結果立法あるいは法の運用をつかさどる行政による改善がもたらされることはすくなくない。裁判をきっかけとして法の改正や運用の改善に国際人権法が取り込まれれば、それは国際人権法の実現である。このように、法の実現を司法府による実現だけでなく、立法、行政をふくむ社会全体の観点からとらえるなら、日本でも国際人権法がさまざまなかたちで実現されていることがよくわかる。そしてこのことはけっして日本の特有の現象ではなく、世界中のどの国にもみられる普遍的な現象なのである。

Ⅲ　多様な世界の人権

1　国際人権保障の国内的実施

伝統的な国家間条約の場合、国家が負う義務は一般に双務的であり、条約の当事国は他方当事国が条約義務の履行を怠るときさまざまな圧力をかけて履行を迫る。だが、国家が国際社会全体に義務を負う国際人権法の場合、そうした国家間の相互主義的な関係は存しない。実際、人権条約の当事国が他の当事国の人権保障義務の履行に関心をもつことは、国家間関係が敵対的で相手国の人権侵害を非難することにより国際政治上有利な地位を占めようという場合を除けば、政府間外交の世界では一般に期待できない(8)。つまり、国際法の実効性を担保するメカニズムとされてきた相互主義は、人権条約ではほとんど機能しないのである。

そこで、相互主義とは異なる人権保障の国際的監視と実現のメカニズムが重要な意味をもつことになる。国際人権法の履行確保は、締約国による報告、他の締約国による通報、被害者やNGOなどからの通報、国際機関自身の主導という四つの仕組みを通じてはたらく。こうした手続きの組み合わせによって国家による人権侵害を是正し、被害者の救済をはかるというのが国際人権法の履行確保メカニズムなのである。

これまで、国際人権法、法の実現の最も有効なメカニズムは、裁判と考えられてきた。そのため立法府による国内法の制定や行政府によるその適用、ましてやNGOやメディア、学者や市民運動家が世論にはたらきかけ、世論の圧力によって立法府や行政府、さらに民間の人権侵害を是正するというプロセスには国際人権法に関する国内裁判所の判例分析に比べて十分な関心が向けられてこなかった。だが、こうした裁判中心主義には大きな問題がある。

第一に、裁判であらそわれる人権侵害の事例は、司法システムが比較的よく機能している先進国でもごく一部にすぎない。第二に、裁判メカニズムは、人権侵害が生じてからの事後的対応にとどまる。第三に、世界の大多数の国では、先進国とくに英米に比べると裁判所の地位がはるかに低い。途上国では強大な軍部や行政府が裁判所の判決を無視することはごく一般的である。第四に、人権の実現はかならずしも人権条約の規定の文字どおりの遵守を意味するわけではない。人権条約が規定する人権は、社会権がそうであるように、社会過程のなかでゆっくりと実現されていくものもある。

このように国際人権法は包括的な社会過程のなかで実現されるものであり、その実態を理解するには、裁判所の独立と機能、政治権力と司法府との力関係、国際人権法が実現さるべき国の宗教・文化、NGO・専門家・メディアの影響力といった諸要因の検討が欠かせない。こうした要因は社会によって異なり、国際人権を実現するのにどのメカニズムが有効なのかはそれぞれの社会によって異なる。「法は裁判を通して実現される」という単純な裁判中心主義的な考えかたでは、二〇〇を超える国々のさまざまな国内的実現のありかたを理解することはできないのである。

(8) 自由権規約などには、締約国による人権侵害を他の締約国が通報し、それをきっかけに条約上の履行確保機関が友好的解決などの人権の履行確保措置を達成する制度(国家通報制度)があるが、ほとんど利用されていない。

2　外部からの強制による人権保障

†「人権外交」の誕生と展開

一九六〇年代までは人権問題は国内管轄事項であると一般に考えられていた。そのため、ある国の人権問題を他国がとりあげて批判し圧力をかけることは不干渉原則に抵触する可能性が強かった。また、そうした政策は外交政策としても賢明でないという考えが強かった。

こうした伝統的な見方に対して、米国のカーター政権は一九七〇年代後半、「人権外交」を外交のひとつの柱にすえて、ソ連政府の人権弾圧を公然と非難するようになった。また、親米的だがＮＧＯやメディアからは人権弾圧を指弾されていた政権も批判し、人権状況の改善に向けて圧力をかけるようになった。

カーター政権の「人権外交」は直接的な人権状況の改善という面ではかならずしも成果を生まなかった。しかし、人権の保障こそが国家にとって重要であり、反共や軍事戦略上の重要性といった考慮も大規模で深刻な人権侵害を容認する根拠になりえないという観念を世界に広め、長期的には「人権の主流化」「国際政治の人権化」という巨大な歴史的流れを生みだした。

人権外交は、一九七〇年代にはその独善性や拙劣さなどを批判されつつも、八〇年代以降は次第に支持者を増やし、西欧諸国でもおこなわれるようになった。日本も一九九二年にODA（政府開発援助）の供与対象の選定にあたって、被供与国の人権保障状況に留意するという原則をふくむODA四原則を決定し、それ以後途上国への援助供与に際して人権状況を審査するようになった。

他方、二一世紀には日本をはるかに上回る「経済大国」となった中国は、自身の人権保障水準が低いこともあり、被供与国に対してそうした要求をしない。これは援助を受ける側からすれば「おいしい話」であり、中国のそうした援助はアフリカの独裁国・人権侵害国に歓迎され、激増している。中国に対してこうした援助政策を変えるよう説得していくことは、国連、欧米先進国、日本などにとって二一世紀の重要な課題である。

†「人権の強制」の問題性

途上国の「人権外交」への反発にも理由がないわけではない。米国や英独仏日などによっておこなわれる「人権外交」には、被援助国が「人権」に名を借りた大国の専横と感じるものが多い。その結果、「人権外交」はそうでなくても根強い途上国の反欧米感情を増大させ、その国の人権保障政策の改善にとって逆効果となることもすくなくない。また、欧米諸国の政府や知識人、NGOのなかには、人権の普及、普遍化に熱意をもつあまり、一九世紀から二〇世紀初頭の帝国主義的な「文明化の使命」感を想起させるような傲慢さをもつ者もないではない。

そもそも、「外部からの強制による人権保障の実現」という考え自体、おかしなものである。「人権」と「強制」とは正反対のものであり、矛盾をふくんでいるからである。社会に人権を定着させ、人権水準を向上させる王道は、経済・社会政策により人々の経済水準を向上させ、(9) これに加えて人権についての研修や教育、知識の普及などにより市民の規範意識を高め、それに支えられた具体的な人権保障制度を社会のすみずみまでいきわたらせるところにある。外部からの圧力による人権保障は目前に迫った政治犯の処刑の阻止など時に目に見える成果を上げるケースはあるにしても、長続きしない。人権外交に代表される「外部からの強制による人権保障」はあくまでも次善の策であることを忘れてはならない。

3 国際政治の人権化とそれへの反動

すでに述べたように、二一世紀の「援助超大国」となりつつある中国(および、中国よりはるかに援助額はすくないが中国と同様の政策をとるロシアほかの「援助大国」）の経済援助は、途上国における人権保障状況の改善という面において深刻な問題を提起している。みずからが深刻な人権侵害国家である中ロなどは、援助を受ける側の人権侵害を問題とすることなく、多くのアフリカ諸国など、人権抑圧的な独裁政権に多額の援助を供与する。後者は、被援助国の人権状況を問題視する西側先進国より当然こうした中ロ型の「寛大な」援助を好む。その結果、途上国の人権状況が改善しないまま人権抑圧政権が支配する途上国に巨額の援助が流れ込むという現実が強化されつつある。

これを変えていくには「援助大国」中ロ自身が人権を尊重する国に生まれ変わることを期待しなければならない。しかし、現在「人権先進国」とされる欧米諸国がそうしたレベルに到達するには近代西欧における人権の誕生以来、数世紀を要したのである。中ロなどの「人権後進国」が欧米や日本並みの人権先進国に生まれ変わるには同じくらいの時間がかかるかもしれない。全世界的規模の人権状況の改善というのはそのくらいわたしたちに忍耐を強いる課題なのである。

（9）この点は人権保障水準の高度化の必要条件ではあるが、十分条件ではない。日本の一人当たり国民所得の一・五倍の経済水準を誇るシンガポールや急速に経済水準を高めつつある中国人権保障の現状はこのことを裏書きしている。

問題はそれにとどまらない。二〇世紀後半から二一世紀の「人権の主流化」「国際政治の人権化」をもたらしたのは西側先進国、なかんずく西欧諸国だった。西欧の政治家と知識人は強い使命感をもって自国内だけでなく世界中で人権の普及と改善に尽力してきた。しかしその姿勢は途上国国民の人権感覚はもちろん、西欧自身の民衆の感覚からさえかけ離れたエリートの理想主義という色彩を帯びていた（大沼 二〇〇八）。二一世紀になり、この乖離はリベラルで寛大な移民政策への一般民衆や一部の政治家・知識人による反発というかたちで顕在化した。正確な予測はできないが、おそらくこの反動の時代はしばらく続くのではなかろうか。

このことはもうひとつの「人権大国」米国のありかたを見てもあきらかなように思われる。二〇一六年、米国民はドナルド・トランプという露骨な差別主義・排外主義者を大統領に選んだ。トランプ大統領は就任以来次々に反人権主義的な政策を実施している。米国民が次の大統領にトランプほど極端な反人権主義者を選ぶことはあるいはないかもしれない。しかしながら中国に優位する超大国の座を脅かされ「覇権交代」の恐怖から強い被害者意識に陥っている米国民が選ぶ指導者は、多かれ少なかれこれまで米国が主導してきた人権の普及・尊重をひとつの柱とするリベラルな多国間主義から後退し、米国自身の利益を追求する政策をとることになるだろう。

このように中ロ・西欧・米国のいずれをとってみても今後しばらくは人権にとって「冬の時代」が続くだろうことは覚悟しておかなければならない。しかしこのことはなんらわたしたちに絶望を強いるものではない。近代ヨーロッパに人権が生まれたあと、その歩みはけっして平坦なものではなかった。強大で保守的なカトリックの教会や強固に根づいた反ユダヤ主義、その他もろもろの抵抗勢力との戦いは、一歩前進すれば半歩あるいは二歩も後退し、その後三歩前進するというような過程が続いたのである。二〇世紀にも最悪の反人権運動であるナチス・ドイツのホロコースト、スターリン体制下のすさまじい反人権政策、毛沢東指導のもとでおこなわれた大躍進運動や文化大革命、ポル・ポト政権やルワンダにおけるジェノサイドなど、さまざまな反動の動きのなかで人権はなんとか二一世紀の今日のレベルにまでたどりついたのである。「冬の時代」は一〇年、二〇年続こうがわたしたちはそれにひるんではならない。

世界第三の経済大国であり高い人権水準をもち、他国にも法制の支援、人権教育などのかたちで人権の普及につとめてきた日本は、今後とも諸国の同様な精神をもつ指導者や市民とともに自信をもってそうした政策を推し進めるべきである。いつまでも続く闇というものはないのだから。

第7章 経済と環境の国際法

I 経済の歴史と国際法

1 第二次大戦前の国際経済と法

†経済をめぐる世界史の潮流

歴史を通じて世界経済の発展を主導してきたのは、資本主義というシステムを生み出しそれを全面開花させた欧米諸国である。今日そうしたイメージを抱いている人が圧倒的多数を占めるだろう。しかしそれは歴史上のごく短い期間を切り取ったものにすぎない。

近代以前の長い期間経済的繁栄を謳歌していたのはヨーロッパというよりむしろイスラームや中国などの文明圏だった。ムスリム王朝はユーラシア大陸の東西をつなぐ位置を支配し、その地の利を活かして商人たちが活発な交易活動をくりひろげた結果、莫大な富を手にすることになった。それをも上回る繁栄ぶりを見せたのが中国であり、すでに南宋時代（一一二七〜一二七九年）には近代資本主義に類似した高度な経済システムが現れたともいわれている。清朝が英国に敗北したアヘン戦争の一八四〇年の時点においてすら、中国は世界全体の製造物生産額のうち三三パーセントを占めており、英国はわずか四パーセントだったといわれる。

　このように歴史を長い目で眺めれば、中国が二一世紀における最大の経済大国になったとしても——多くの専門家はそうなると予測している——、それは歴史の常態への回帰としてとらえるべきものとなる。もちろん、そうした変化が実際におこるかどうか、あるいはおこったとしてそれが国際法にどのような影響をもたらすのか、予測することは困難である。しかし、大切なのは、近代西洋の覇権下に構築された国際法の行く末を考えるうえで、こうした長い歴史的視野に立つことがもとめられるということである。本章であつかう現代の国際経済法を学ぶ際にも、そうした長期的視点が必要である。

†近代資本主義と国際法の結びつき

　近代の主権国家体制の世界化は、資本主義的市場経済が世界各地に拡大していく過程と表裏一体をなしていた。資本主義経済の担い手である企業は、一方で国家の規制を嫌い、みずからの力で国境を越える経済活動を展開しつつ、他方で国家によるさまざまな保護をもとめた。国家は、通商航海条約の締結や外国人財産保護制度の創設、そして植民地支配の正当化といった国際法上の手段を通じてこうした企業の要請に応え、欧米中心の資本主義的市場経済の世界的確立に大きな役割をはたした。外（国）人法、外交保護権、国家責任法などは、こうした役割をはたす代表的な国際法の観念であり制度であった。

幕末の日本が国際法とかかわりをもつようになったのも、こうした資本主義経済の世界的膨張に端を発している。「黒船」の威嚇によって欧米列強は日本に開国を迫り、日本にとって不平等な関税規定と領事裁判権規定をもつ通商航海条約をなかば強制的に締結させた。こうして欧米中心の国際社会に組み入れられた明治期の日本にとって、「条約改正」、つまり関税自主権の回復と領事裁判権の撤廃こそが最初の外交的課題となった。この事実は、国際法が欧米列強の通商上の利益獲得の手段という性格をもっていたことを如実に物語る。

日本は、日清・日露戦争に勝利を収めて条約改正に成功し、第二次大戦の敗戦という挫折を味わいつつ、戦後国際経済秩序のなかで驚異的な経済発展を遂げた。中国、シンガポール、韓国、インドなども、個々には異なる歴史をたどりつつ、現在では国際経済体制の重要な担い手となっている。このことは、資本主義的市場経済が、宗教、文化、言語、人種、政治制度などのちがいを問わない文際的開放性をもっている証左といえるかもしれない。しかし、世界にはいまだ資本主義的市場経済に適応できず、先進国との巨大な経済格差にあえいでいる国も多数残されている。それを無視して楽観的な評価を下すことはできないだろう。

大英帝国が中心となって一九世紀中葉に築きあげた第二次大戦前の自由貿易秩序は、比較的短期間で終焉を迎えた。これは、第一次大戦後英国に代わって米国が世界一の経済大国になったにもかかわらず、孤立主義・保護主義的政策を強行したためだった。たとえば一九世紀後半から二〇世紀前半には、米国を中心として通商航海条約の最恵国待遇条項にも相互主義などさまざまな条件をつけることが一般化した。こうした保護主義的傾向は、一九二九年の世界恐慌、その後の為替戦争、閉鎖的なブロック経済の対立を経てますます強まり、最終的には第二次大戦を引きおこす一因となったのである。

2 ブレトンウッズ＝ガット体制

こうした戦前の経緯を教訓として、米国を中心とする旧連合国は戦後の国際経済システムの構築にあたり、通貨や貿易の安定をはかるための多国間条約網をつくりあげた。一九四四年に開催された連合国通貨金融会議（開催地名からブレトンウッズ会議とよばれる）において、連合諸国は米国主導の下、国際通貨基金（IMF）の設立を決定する。IMFは、国際的な通貨・為替の調整を主たる任務とし、国際収支の失調に陥った加盟国に一時的な資金利用をみとめてその回復を助けることを二次的な任務とする国際組織である（IMF協定一条）。

また、戦後の国際経済を考えるうえで焦眉の課題は、第二次大戦で疲弊した欧州とアジアの経済の復興だった。米国はこの任務を担う国際復興開発銀行（世界銀行、略称「世銀」）の設立を連合諸国に提案し、これも決定された。戦後経済の復興を担うことができるのは米国だけであり、世銀のありかたは米国の意向を強く反映したものとなった。世銀もIMFも、国際組織とはいいながら、出資額、幹部構成、思考・行動様式などの点で事実上米国の機関という色彩を色濃く帯びていたし、現在もそれは変わっていない。

国際通商の分野の制度はブレトンウッズの二つの組織よりやや遅れ、一九四七年に発足した。米国政府は当初、自由貿易の世界的実現をはかる国際貿易機構（ITO）を構想したが、国内権益保護の観点にとらわれていた米国議会はこれに反対し、他の国にも抵抗があった。結局ITOは実現せず、ITOの枠内で交渉が進んでいた関税貿易一般協定（GATT）のみが成立した。GATT、これを実施する暫定協定と加入協定、その他こうした条約を補完する諸々の協定とそれらの一切の実施メカニズムをふくむ総体が、一般にガットとよばれるものである。

ガットは、多角的関税交渉を通じて諸国の関税引き下げをおこなう点では多大の成果を収めた。他方、物品の取引中心の経済からサービス、知的財産権関係中心の経済へという、七〇年代以後の国際経済活動の変化に対応することができなかった。米国はこうしたガットのありかたに不満を強め、サービス貿易の自由化や知的財産権の保護に関する新しい規律を設けるようもとめるとともに、一方的な貿易制裁の発動を可能にする一九七四年通商法を国内法として制定し、それを脅しとして貿易相手国に対し譲歩を迫るようになった。このような状況を受け、ガットでは一九八六年からウルグアイ・ラウンドとよばれる交渉が開始され、八年におよぶ困難な交渉を経て、一九九五年に世界貿易機関（WTO）が設立された。

Ⅱ　国際通商と国際法

1　ガットからWTOへ

二一世紀の通商に関する国際法としてもっとも重要な地位を占めるのは、WTO設立協定、および同協定の不可分の一部をなす分野別の多角的貿易協定である。WTOには現在、世界の約四分の三の国が加盟している。そのため現代の国際通商体制は一般にWTO体制とよばれる。

WTO体制は、戦後半世紀にわたって国際通商を枠づけ規律してきたガットの後継体制であり、自由、無差別、多角的な通商体制の確立という基本目的をガットから引き継いでいる。くわえて、旧来のガットという条約それ自体が、WTO体制の不可分の一部をなすものとしてとりこまれている。したがって、一九四七年のガット上の規範は、ガット時代の解釈、運用慣行などで具体化された内容もふくめ、WTO法でも維持されている。

他方、ガットからWTO体制への転換により大きく変わった点もすくなくない。まず、物品の貿易を主たる規律対象としていたガットに加えて、WTO体制は、サービス貿易や知的財産権などの新たな分野、さらに農業や繊維など、ガットでは別あつかいとされていた分野をふくむ、多様な通商分野を規律対象とすることになった。こうしてWTO体制は、国際通商に関してガット体制よりはるかに包括的な規律分野をふくむものとなっている。

紛争解決手続きが格段に強化された点も見逃せない。ガット時代、締約国間の紛争は、専門家からなる小委員会（パネル）が法的に審査し、その報告を締約国団が採択するというかたちで処理されてきた。ただ、ガットでは、小委員会の設置と報告の採択に締約国団のコンセンサスが必要とされていたため、紛争当事国は小委員会の設置や報告の採択に反対することにより、自己に不利な判断を阻止することができた。これに対してＷＴＯでは、小委員会を設置しないという決定がコンセンサスによってなされないかぎり小委員会は設置される。このため、ＷＴＯの紛争解決機関は事実上加盟国の紛争に強制管轄権をもつことになる。小委員会は原則として九カ月以内に報告を提出し、紛争解決機関はこれを採択しないというコンセンサスの決定をしないかぎり、報告を採択する。報告に不満のある紛争当事国は上級委員会に上訴を提起することができるが、上級委員会の報告も小委員会の報告と同じ手続きで採択される。

このような制度変更の結果、紛争解決手続きの利用件数はガット時代にくらべて大幅に増加し、国際法の世界では異例といってもよいほど「司法化」が進んだ分野となった。こうした紛争解決手続きの強化がもたらした最大の成果は、米国の一方主義の発動を抑えこむことに成功したことだろう。

一九九五年に日米が自動車・同部品事件で争った際、米国は日本側に譲歩を迫るため一九七四年通商法三〇一条を発動して日本製自動車の関税を大幅に引き上げる構えを示した。これに対して日本政府は、発足したばかりのＷＴＯの紛争解決手続きに申し立てをおこなった。ＷＴＯ紛争解決手続きであらそえば敗訴となることを予測した米国政府は、日本政府との交渉で解決する道を選び、実際に交渉で紛争は解決された。これ以後、米国政府はそれまで頻用していた通商法三〇一条の発動を控えるようになった。日米という力関係に差がある国家間において、事実上強制管轄権をもつＷＴＯの紛争解決手続きを利用した日本の政策が米国の威嚇を封じ込めたのである。

2　ＷＴＯ法の主要原則とその問題点

物品の貿易を規律するガットにおいてもっとも重要な原則のひとつは、一般的最恵国待遇である。これによれば加盟国は、ある国の原産の産品に対してみとめる利益、特典、特権または免除を、他の加盟国の同種の産品に対しても即時かつ無条件にみとめなければならない。どのようなものが「同種の産品」にふくまれるかについては、ガット時代から先例が積み上げられてきており、たとえばワイン、ウィスキー、焼酎、ブランデーなどは同種の産品とされ、これらに差別的な税を課すことは許されない。ガットは、約半世紀におよぶ歴史で締約国の関税を大幅に削減することに成功したが、その鍵はこの一般的最恵国待遇義務にあった。ある国が他国に対して関税引き下げを約束すれば、それは無条件で他のすべての締約国にも適用されることになるからである。

物品貿易の分野におけるもうひとつの重要な原則として、「非関税措置の禁止」がある。つまり、関税以外のかたちの貿易制限措置（たとえば数量を基準とした輸入制限など）を導入することは原則的に禁止される。これは世界の貿易自由化を促進するうえできわめて重要な役割をはたした規範であるが、その一方で「非関税措置」の範囲をめぐってはガット時代から多くの対立と紛争があった。とくに先進国間で関税がゼロ水準近くまで引き下げられると、市場開放をめぐる攻防は、輸入制限的な効果をもつ国内法や国内判例、政府や地方公共団体の行政のありかたから、各国国民の食生活、社会慣行、文化、宗教、言語にいたる国家と社会のありかたのあらゆる面へとおよぶようになった。

ガット時代に日米貿易摩擦が激化した際には、米国政府高官は日本語が非関税障壁である(?!)とまで主張し、米国製品の輸出が増えないのは基本的に米国企業の努力不足である——当時の実態からしてあきらかに正しい主張だった——という日本側と激しく対立した。WTO体制下でも、同様の対立は、米国と中国、インドなど、文際的な距離が大きい経済大国の間で頻発している。

知的財産権保護の分野では、WTOで新設された貿易関連知的財産権協定(TRIPS協定)が重要な規律を設けている。同協定は、以前から存在していた工業所有権保護条約(パリ条約)と著作権保護条約(ベルヌ条約)の遵守をすべてのWTO加盟国に義務づけるだけでなく、第二部で個別の知的財産権について権利の内容と保護水準を規定し、その遵守も加盟国に義務づけている。こうして、知的財産権協定は、知的財産権保護の国際的な最低基準を設定し、従来の限定的な知的財産権保護のありかたを大幅に「改善」したのである。

ただ、こうした知的財産権の保護の強化は、知的財産権で保護される技術、製品をもつ先進国の利益となるにせよ、巨大な貧富の格差に悩む二一世紀の国際社会全体にとって望ましいものと評価することは困難である。知的財産権により保護される結果きわめて高額となる医薬品は、資力を欠く途上国では購入できず、エイズなどの病気の蔓延により多くの死者を出してきた。途上国のみならず先進国の学者やＮＧＯなども、そういう帰結を許す法制度に厳しい批判の目を向けている。これらの批判は、そもそも発見や発明を知的財産権として財産価値の観点から手厚く保護することが望ましいのかという、二一世紀の文明のありかたを問う文際的視点に立脚している。ＷＴＯは、そうした文際的視点からの問いに応えていかなければならないのである。

Ⅲ　投資・通貨・金融と国際法

1　国際投資にかかわる国際法

†国際投資の法をめぐるあらそいと歴史

国際投資とは、ある国（資本輸出国、投資国）から他国（資本輸入国、投資受け入れ国）への資本の移動を指す。一般に「投資」として国際法上問題となるのは、投資先の事業の経営を支配しまたは参加することを目的とする直接投資である。第二次大戦後は先進国間の直接投資が激増したが、一九世紀以来の伝統的な直接投資は、経済先進国の企業が経済後進国・途上国に進出し、受け入れ国で大規模な経済活動をおこなうというかたちのものが多かった。とくに石油に代表される天然資源の開発には莫大な資金を要するため、先進国企業が途上国で事業を営むという図式が一般的だった。

これに対し途上国は、自国内の先進国企業が多額の利益を上げ利益は企業の本国に送金され、自分たちは経済的収奪を受けてきたという意識をもっている。実際、ラテン・アメリカ、中近東などの途上国は、自国内の外国人、具体的には巨大な先進国企業の保護について、先進国から自国民保護以上の保護水準（「国際標準主義」ないし「文明国標準主義」）を要求され、それを保障できないことを理由にしばしば干渉を被ってきた。

一九六〇～七〇年代は、植民地支配が崩壊し、アジア・アフリカ諸国が次々に独立を達成した時代だった。そうした背景の下で、途上国は既存の国際経済体制とそれを支える国際法を断罪し、新国際経済秩序（NIEO）の樹立を主張した。NIEOの構想はさまざまな内容をふくんでいたが、その中心は「天然資源に対する恒久主権」の観念だった。なかでももっとも激しい論争の対象となったのは、外国人財産収用に関する伝統的規範の変更の要求である。

一九六二年、国連総会は、国有化・収用の際に国内法と国際法に従った「適当な補償」の支払いを収用国にもとめる「天然の富と資源に対する恒久主権」決議を採択した。この「適当な補償」という文言は、先進国が伝統的規範として主張してきた「十分、実効的かつ迅速な補償」を意味すると解する余地があったことから、先進国も本決議の採択に強硬な反対はしなかった。

しかし途上国のさらなる主張の高まりを受け、七四年に国連総会は「新国際経済秩序樹立宣言と行動計画」および「国家の経済権利義務憲章」を採択する。経済権利義務憲章は、「天然資源に対する恒久主権」決議より途上国の主張をさらに鮮明にあらわし、収用にかかわる紛争解決について、国有化国の国内法による国有化国の裁判所での解決を明記した。先進国は、収用への国際法による規律を事実上失わせるこの決議内容に強く反対したが、国連総会で多数を占める途上国・ソ連東欧圏の「数の力」により、決議は賛成一二〇、反対六、棄権一〇という票数で採択された。しかし、西側先進国は、国連総会決議が勧告的効力しかもたないことを理由に、決議採択後も伝統的な補償原則を主張し続けた。

†二国間投資協定の普及

右のような途上国側の政策は、先進国企業の途上国への投資意欲を減退させ、途上国が必要とする資本を確保できないという結果を招いた。また、八〇年代以降、ラテンアメリカ諸国からアジア・アフリカ諸国にいたる多くの途上国が経済的に破綻し、累積債務に苦しんだ。こうして、多くの途上国政府は、原則的な立場の表明はともかく、実際の政策としては従来の強硬な立場を維持することができなくなった。

こうした状況のなかで先進国は、「十分、実効的かつ迅速な補償」の支払い義務を定めた二国間投資協定の締結を途上国に迫り、みずからに有利な法制度を構築していった。多国間条約では、途上国は一致して先進国と交渉し、数の力である程度自分たちの主張をのませることができるが、力関係が露骨にあらわれやすい二国間条約の締結ではみずからの原則的立場を先進国に受け入れさせることは困難である。こうして今日では、先進国間のものもふくめ、世界中で約三〇〇〇もの二国間投資協定の網がはりめぐらされている。

これらの二国間投資協定は、一般に次のような内容をもっている。第一に、受け入れ国における投資の保護のみならず、投資の自由化に関しても、最恵国待遇、内国民待遇をふくむ規定により、受け入れ国に一定の義務を課す。第二に、投資対象について、国際法上要求される最低限の保護水準を「公正かつ衡平な待遇」として保障するよう義務づける。収用・国有化の際の補償については、「十分、実効的かつ迅速な補償」原則に立脚した支払いを義務づけるものが大半である。第三に、投資に関する法令、判決などの公表義務を課し、国内法による規制の透明性を確保する。第四に、投資受け入れ国が進出企業に国民の雇用、送金の制限などをもとめることを禁止する。最後に、投資にかかわる紛争が生じた場合、投資紛争解決条約による解決をふくむ国際仲裁による紛争解決を義務づける。

この投資紛争解決条約とは、投資紛争解決国際センター（ICSID）を設立する目的で世銀の主導により一九六五年につくられた条約である。同センターは、国際投資にかかわる締約国と他の締約国国民の紛争を仲裁により解決する機関であり、紛争当事者たる企業や個人は、みずからが原告となって受け入れ国政府を提訴し、仲裁による解決を得ることができる。伝統的に投資をめぐる紛争は、企業の進出先の国内手続きで企業が争った後（「国内救済完了の手続き」）、企業本国（親会社の国籍国）の裁量により外交保護権が行使され、二国間交渉の対象とされていた（第5章Ⅱ-3参照）。これと比較すると、投資紛争解決国際センターの仲裁制度は、国際投資紛争を脱国家化しており、国際投資の民際的性格に対応したメカニズムといえる。

†国際投資法をめぐる亀裂

このように二国間投資協定にあっては、八〇年代以降の先進国と途上国の力関係を反映して、途上国が新国際経済秩序の下に主張した要求は否定され、投資家の権利が手厚く保護されている。資本主義的市場経済がその優位性を顕在化させ、旧ソ連東欧圏も巻き込んで世界中を席巻する巨大な流れとなるなかで、国際投資の分野でも先進国の主張・政策にそった制度化が進みつつあるのである。

ただ、国際通商の分野にはWTO諸協定という一般国際法的な広がりをもつ多国間条約があり、普遍性を獲得しつつある国際組織（WTO）が存在するのに対し、国際投資の分野にはそうした一般性と包括性をもつ多国間条約や制度は存在しない。一九九〇年代に経済開発協力機構（OECD）が中心となって、国際投資の自由化、国際投資の保護、国際投資紛争の国際的解決を規定する多国間投資条約（MAI）をつくろうとしたが、先進国のNGOや途上国の反対が強く締結の試みは挫折した。このことは、国際投資にかかわる亀裂が今なお大きいことを物語るものである。

国際法が国際的のみならず民際的さらには文際的な正統性をもつことを要求される二一世紀に、そうした要求を満たす一般国際法が国際投資にかかわる分野で成立しうるのだろうか。成立しうるとすれば、どのような内容の多国間条約がそうした一般国際法的地位を占めることができるのか。この問いへの答えはなお模索されている。

2 通貨・金融にかかわる国際法

国家は通貨に関する主権をもち、自由に為替政策を実施し、自国通貨の為替レート（異なる通貨間の交換比率）を決定できる。このため、ある国が国際収支改善のための為替レートを操作し、他国がこれへの報復措置を乱発することにより国際経済が混乱し、緊張が激化することが歴史上しばしば生じた。第二次大戦前の為替レート引き下げ競争（「為替戦争」）はその典型だった。

こうした事態を避けるには、通貨の交換比率を一定の枠内におさめ、諸国が勝手に為替レートを変えるのを禁止する必要がある。ＩＭＦは、通貨主権の調整をつうじて為替の安定化をはかり、多国間の枠組みにより、個別国家の国際収支の悪化や不均衡に対処する資金の利用をみとめ（事実上の融資）、国際収支と国際経済の安定をはかる多国間制度としてつくられた。この目的を実現するためにＩＭＦは、金と交換できる米国のドルを基軸通貨とし（一オンスの金が三五ドルとされた）、各国通貨の価値をドルとのレートで固定する固定相場制を採用した。

しかし六〇年代になると、欧日の経済復興、米国のベトナム戦争によるドルのたれ流し、米国企業の欧州への進出とドル資産の海外流出などにより、ドルの価値は大幅に下落した。主要国の中央銀行は協調介入したが、ドルの下落を阻止することはできず、ついに一九七一年、米国政府はドルと金の交換停止を決定した(ニクソン・ショック)。七三年には、諸国の外国為替市場は国際的な交換性をもつ主要通貨(米ドル、日本円、英ポンド、独マルクなど)が市場によりレートを決めあう変動為替相場制に事実上移行した。ここに、固定相場制に支えられたブレトンウッズ体制は事実上終止符を打った。IMFも七六年のIMF協定第二次改正により、こうした実態を法的に追認した。

変動相場制の下で、安定的かつ経済適合的な為替管理制度の維持と運用は、IMFの手から事実上、主要工業国財務相・中央銀行総裁会議(G7)を中心とする先進国の種々の協議の場に移行した。今日IMFは、そうした多元的な政策協調の場のひとつにすぎない。こうした政策協調にもとづく取り決めを主要国が実施することにより、事実上国際通貨制度が機能しているのである。ただ、とくにG7による政策協調には国際法上の制約は乏しく、ここに国際通貨法の規範性の弱さが如実にあらわれている。

変動相場制に移行して以降、主要先進国政府は八〇年代にはレーガノミクス、サッチャリズムとよばれた新古典派的規制緩和政策を実施した。こうした規制緩和政策は、冷戦の終結により九〇年代には旧社会主義計画経済諸国にも、さらに累積債務に苦しむ途上国にも、IMF・世銀の構造調整政策をつうじておよぶことになった。これは、実物経済とは無縁の投機的な投資・金融を中心とする「カジノ資本主義」の隆盛をもたらす要因となった。そこから生じる巨額な民間資金の短期的な移動は、リーマン・ショックなどしばしば世界的規模の通貨危機をひきおこしてきたが、先進諸国は新古典派経済学の金融・財政政策を維持しつつ、私的資金の秩序攪乱的行為には政策協調をもって対処するという方針をとってきた。先進諸国がもつ圧倒的な経済力ゆえに、こうした行動様式はそのまま国際社会の国際金融体制として機能している。国際法は民間の投機的行動に実質的な制約をおよぼすことのないまま、消極的にこれを受け入れ、法的に是認するという消極的・現状追随的な機能を営んでいるわけである。

Ⅳ　国際経済システムが抱える問題

1　経済格差と貧困

冷戦を勝ちぬいて人類の唯一の経済・政治・社会体制のありかたを示すかにみえる自由主義的経済・政治・社会体制の「望ましさ」への疑問を突きつけるものが、すくなくとも二つある。ひとつはＶ以下であつかう地球環境保護の問題であり、もうひとつは世界的規模の経済格差と貧困の問題である。世界史上、王や貴族と民衆との生活の差はどの時代、どの地域にも見られたが、人類の生活に国家単位で今日ほど巨大な格差があった時代はほかにない。この問題は、戦後西欧諸国の復興があきらかとなり、世界が富める欧米諸国（および日本、カナダなど）とそれ以外の「南」の非欧米諸国とに分極化しつつあった一九五〇年代から「南北問題」として意識され論議されてきた。国際法はこの深刻な問題にどうかかわってきたのだろう？

戦後の国際通商体制の中核となったガットに対しては、当初から最恵国待遇による形式的平等は経済力の弱い国に不利であり、自由貿易は後進国の幼稚な産業を破壊してしまうという批判があった。一九六四年に開催された第一回国連貿易開発会議（ＵＮＣＴＡＤ）の基調報告「発展のための新しい貿易政策をもとめて」（プレビッシュ報告）は、ガットは同質的な国際社会を想定して自由貿易主義と相互主義を原則としているが、現実の国際社会はけっして同質ではないと主張した。そのうえで同報告は、途上国の経済発展を可能にするため先進国による途上国への非相互主義的な優遇措置を与えるべきことをもとめた。

これを受けてガット締約国団会議は一九七一年に、先進国が途上国のみに対して有利な関税上の待遇を与えても最恵国待遇義務の違反にならないとする一般特恵制度を十年間の期限つきでみとめた。さらに七九年には「授権条項」を採択してこれを恒久化した。ただ、一般特恵制度を実施することはガット上の義務ではなく、あくまでも先進国の裁量を許すというかたちでしか実現しなかった。

開発援助機関としての世銀・IMFが途上国の社会経済政策に与えてきた影響も重要である。世銀・IMFは融資に際して加盟国にさまざまな条件を課すが(「コンディショナリティ」といわれる)、八〇年代以降先進国が採用した規制緩和路線を反映して、融資を受ける途上国にも公企業の民営化、貿易の自由化、為替制限の緩和といった構造的な自由化改革をもとめるようになった。借り入れ国は国際法上借り入れるか否かを決める自由[1]をもっている以上、これらのコンディショナリティを国際法上禁止された干渉と解することは困難である。

ただ、世銀・IMFが借り入れ国の政治状況、文化、社会慣行、貧富の格差などに十分配慮を払うことなく、新古典派主義的な経済政策をそのまま借り入れ国に受け入れるよう迫る場合が多かったことは否定できない。こうした借り入れ国と先進国とのさまざまなちがいを無視した経済・財政政策は、十分な経済的・金融的成果をあげることのないまま、いたずらに借り入れ国の社会的混乱を巻きおこすことになったのである。これに対しては途上国からだけでなく、先進国の学者、NGO、メディアなどからも厳しい批判がよせられた。

　こうした批判を受けて世銀・ＩＭＦは、二〇世紀末以来、貧困緩和を重視する開発協力政策をとるようになった。世銀は一九九九年、「包括的な発展の枠組み（ＣＤＦ）」を提示し、途上国における貧困の緩和を開発協力の中心的目的とする方針を打ち出した。この目的実現のため世銀は、①たんにマクロ経済的な政策だけでなく、法制度や社会制度の構築、人材の育成、セーフティーネットの構築などをふくむ包括的な途上国援助を実施し、②世銀のコンディショナリティを一方的に押しつけるのでなく、被援助国政府の主体性を尊重し、③国際ＮＧＯや被援助国のＮＧＯなど、開発協力にかかわるさまざまな主体との連携を重視する、という政策をとることにした。ＩＭＦも、同じ九九年に拡大構造調整融資を貧困緩和成長融資に改組し、貧困緩和を中心とする融資政策を打ち出した。

　しかし問題は、抽象的には良いことずくめの新方針が実際にうまく機能するかである。多くの途上国が経済的に発展できず、貧困を克服できないでいることにはさまざまな理由があるが、そのひとつは途上国自身の政府の腐敗であり、非合理で差別的な社会制度や慣

（1）融資は借り入れ国と世銀・ＩＭＦとの条約で決められるが、条約を締結するかどうかは借り入れ国の自由である。

行である。途上国の政府や地方の有力者は、こうした腐敗や既得権益の主体そのものである。そうした指導層の「主体性」を重視しているかぎり、独立した公平な司法制度の確立、公意識と市民感覚をもつ公務員の育成、政策決定過程における透明性の確保など、包括的な発展の枠組みの具体的内容を実現することは困難だろう。この問題を克服するためには、被援助国の国民自身が自国政府の腐敗をただし、非合理な社会制度を変えることを望み、それを支援する国際組織やＮＧＯをみずからの側に立つものとみとめる、そうした認識をもたなければならないのである。

2　東風は西風を圧するか――アジアの復興と国際経済法

二一世紀中には中国が世界一の経済大国となり、他の非西洋諸国も現在よりはるかに大きな経済力を獲得すると考えられている。そうした国家間の力関係の巨大な変動は、現行の国際経済システムと国際法にどのような変化をもたらすのだろうか。

すでに世銀・ＩＭＦの運営体制をめぐる衝突はおこりはじめている。これらの組織は、国際経済における米国と西欧諸国の指導的地位を背景に、先進資本主義国中心の意思決定と運営をおこなってきた。両組織は出資額に応じた加重投票制度をとっており、米日など五大出資国が出資の約四〇パーセントを占め、理事を無投票で任命することができた。しかし、国際経済にかかわる力関係の変化により、こうした上位出資国の特権は強い批判を受けるようになり、二〇一二年にＩＭＦ加盟国は任命理事制度を廃止する改正に署名した。また、これまで世銀総裁はすべて米国出身、ＩＭＦ専務理事はすべて欧州出身の者が選出されてきたが、二一世紀初頭には中国を中心にこうした慣行に挑戦する動きが出ている。こうした一連の動きは、これまで世銀・ＩＭＦの運営を牛耳っていた欧米諸国にとっては既得権の喪失を意味するものであり、二一世紀をつうじてそうした変化をめぐるさまざまな軋轢《あつれき》が頻出することは避けがたい。

経済的発展をはたした途上国の意見は、もはや世界経済をめぐる政策決定において無視できないものとなっており、これまでのように先進資本主義諸国間で政策協調をおこなうだけでは不十分になってきた。そこでＧ７を構成する先進諸国に加えて、中国・インド・ブラジル・ロシア・南アフリカなども参加する計二〇カ国・地域の会合としてのＧ20が一九九九年から開催されるようになった。Ｇ20は当初、財務大臣・中央銀行総裁会議としてスタートしたが、二〇〇八年以降は首脳会議（サミット）としても機能している。ただ、Ｇ７と同様、Ｇ20も明確な国際法上の設立根拠や手続規則をもつわけではなく、また事務局や財源といった組織的基盤も整っていない。Ｇ20がＧ７と協調しながら――あるいは競合しながら――二一世紀の世界経済において正統性のある実効的な役割をはたせるかどうかは、依然として不透明である。

これ以外にも、たとえば中国主導によるアジアインフラ投資銀行（ＡＩＩＢ）の設立にみられるように、経済発展を遂げた途上国がこれまでの西洋中心的な国際経済体制に挑戦する動きは随所にあらわれている。しかし、それらの国が国際社会において経済大国としてふるまおうとするのであれば、現行の国際法秩序を批判しつつその利益だけ享受するといった行動様式はもはやとれなくなることを認識しなければならない。大国は、国際法上の制度の「もろさ」を自覚したうえで、それを維持運営する負担をみずから引き受け、責任あるリーダーとして行動することがもとめられるからである。

他方、国際経済における影響力が相対的に低下している欧米諸国は、二一世紀がもはや西洋中心の世界ではなく、多中心・多文明の世界であり、二〇世紀と同じようにふるまうことはできないことを十分理解する必要がある。欧米諸国と途上国の双方が、二一世紀におこるであろうこうした役割の変化を受け入れそれに向けて備えていくことが、世界経済にかかわる国際法秩序を瓦解させないための鍵となるのである。

Ｖ　環境の保護

1　二〇世紀の物質文明と地球環境

産業革命以来、人類は史上類をみない活発な経済活動に従事してきた。また、二〇世紀には人口が激増した。さらに二〇世紀文明は、米国を典型とする先進国社会に共通の特質として、大量生産、大量消費、大量廃棄の物質主義的な生活様式を生み出した。これにともなって排出される温室効果ガスの増加により地球が温暖化し、地球的規模の生態系に深刻な影響を与えてきた。

人類の八〇パーセントを占める途上国の国民が現在の先進国国民のような食生活をし、自動車や冷房を利用するようになれば、人類が消費する食料、資源、排出する温室効果ガスと廃棄物は膨大なものとなる。資源は枯渇し、地球の温暖化はさらに進行するだろう。地球の生態系は人類の生存が困難となるような致命的な打撃を被ることになるだろう。

地球環境保護の国際法は、二〇世紀後半にその姿をあらわしはじめた深刻な地球的規模の環境問題に対処するため短期間に形成された。国境を越える環境問題の具体的なかたちは、世界の地域によっても、また問題となる分野によってもかなり異なる。そのため、欧州、東アジアといった地域別のアプローチや、原子力廃棄物、酸性雨、オゾン層といった分野別の問題解決がはかられている。

ただ、地球温暖化に代表されるもっとも深刻な環境破壊を防止するには地球を一体として諸国が協力しなければならず、普遍的な多国間条約がもっとも重要な意味をもつ。他方、環境にかかわる諸国の利害と認識の多様性を反映して、環境保護の国際的規律をめぐる諸国の対立には根深いものがある。そのため、法的拘束力をもつ普遍的条約の採択は容易でない。こうして、原則のみを定めておき細則を条約機関などで定める「枠組み条約」、国際組織・会議の宣言や決議、そのフォローアップ措置が、国際環境法の重要な構成要素となる。

また、地球環境を保護するためには人類が大量生産、大量消費、大量廃棄を自明のものとする生活様式から、より抑制的な生活様式へと転換することがもとめられる。このように、二〇世紀型の物質文明に慣れきってしまったわたしたちが異なる生活様式がありうることを自覚するには、二〇世紀の文明を、他のさまざまな歴史的文明、世界各地の先住民の文化、二〇世紀型文明に駆逐されてしまったようにみえる民族的・宗教的・言語的少数者集団の文化などとの比較により相対化する「文際的視点」に立脚したアプローチが必要となる。

2　地球環境保護への歩み

†ストックホルム宣言

戦後、米国を中心として大量生産・大量消費・大量廃棄型のライフスタイルが世界大に広がった。それを支えたのが石油に依存する文明のありかたで、二〇世紀後半には全面的に開花した。巨大タンカーが大量の石油を運んで海洋を行き来するようになり、衝突事故や石油の垂れ流しによる汚染が問題化した。陸上の生産・消費活動の廃棄物の海洋投棄問題も深刻化した。

ひとたびこれらの大規模な事業の施設が破壊して環境破壊が生じた場合、事後の救済は事実上不可能である。二〇一一年三月の東日本大震災の津波で破壊された福島原発のその後の経緯はまさにそのことを物語る。他方、現代生活に大きな有用性をもたらすだけに、高度の危険性をはらむとはいえ、こうした大規模事業を廃止することは実際上きわめて困難である。このため多くの国は事業の継続をみとめつつ、環境破壊の事前防止を強化する方策を探ってきた。

諸国はまず一九五〇年代から海洋汚染を防ぐ一連の条約を締結するようになった。私人の自由は最大限尊重されるべきであり、そうした自由な活動が他人に損害を与えたときは事後の賠償により被害者の救済をはかるというのが、近代市民社会が拠って立つ自由主義的な立憲主義の考えかたである。しかし、深刻かつ大規模な環境破壊のおそれのある活動については、私人の自由な活動の結果生じた損害を事後的に塡補《てんぽ》するという自由主義は不適切であり、事前の規制を詳細かつ具体的にさだめ、環境破壊発生の事前防止を主たる規制のありかたにすべきだという考えが強まってきたのである。国際法の分野でもこうした考えにもとづく規範がつくられるようになってきた。

一九七二年にストックホルムで開かれた国連人間環境会議で採択された人間環境宣言は、地球環境保護規範の確立という点で画期的な綱領文書となった。この宣言は、環境を人間の福利、人権、生存権の享受に不可欠のものと位置づけ、人が尊厳と福利を保つに足る環境で自由、平等、十分な生活水準を享受する基本的権利をもつとともに、現在と将来の世代のために環境を保護し改善する責任を負うことを宣明した。天然資源と野生生物の保護、再生可能な資源を生む地球の能力の維持、再生不能な資源の公平な利用、有害物質の排出規制、海洋汚染の防止など、それまで説かれ、個々的に条約や国際決議などに規定されていた規範が包括的に規定されることにより、環境それ自体が明確に保護法益とされ、国際公域の環境も保護されるという原則が承認された。各国は、自国の管轄と管理の下にある活動が自国管轄外の区域の環境に損害を与えないよう確保する責任を負うとされた。

人間環境宣言は形式上法的拘束力をもつ条約でなかったが、その後の地球環境保護の条約をふくむ国際規範の定立と実施に巨大な影響をおよぼした。宣言がうたった国家の一般的な環境保護義務は国連海洋法条約や海洋環境の保護にかかわる地域的な条約などさまざまな国際規範文書に規定され、確認された。二一世紀の今日、同義務は一般国際法の原則として各国に受け入れられていると考えられる。

†リオ宣言

一九九二年の環境と開発に関するリオ宣言は、二〇世紀末の環境保護に関する規範意識を約一八〇の国と地域の代表が参加した国連会議の決議のかたちで示したものである。一九七二年のストックホルム宣言がまだ先進国中心で、途上国の姿勢はとうてい積極的とはいえなかったのに対し、二〇年後にブラジルのリオデジャネイロで採択されたこの宣言は、地球環境保護と持続的開発（発展）の二つを結びつけることにより、まがりなりにも多くの途上国をふくむ、全地球的正統性をもつ規範文書というかたちをとることができた。こうして、人間環境宣言以降、諸国は宣言にうたわれた環境保護義務の実定法化、具体化、強化、普遍化にさまざまな努力を傾けることになった。

リオ宣言で確認された環境法の主要原則のひとつが予防原則である。すなわち、深刻なあるいは不可逆的な被害が生じる可能性があるときには、そのような被害の発生について完全な科学的確実性があるとはいえなくても、国は環境悪化を防止するための措置を取る義務を負うというものである。また、越境損害を防止し、予防原則を実現するために、事業をおこなうときに環境影響評価をおこなわなくてはならない。ICJは二〇一〇年のパルプ工場事件において環境影響評価の実施が一般国際法上もとめられると判示した。

環境分野では、基本的な原則のみを条約で定めておいて、具体的な規則の策定は条約機関に委ねる「枠組み条約」が締結されることが多い。環境保護の分野では、新たな科学的知見によって環境被害の危険性が認識されるようになったり、効果的な対処方法がわかることも多い。こうしたときにいちいち条約を改正したり、新しい条約を締結して対処しなくても、条約機関がそのつど規則を策定したり変更したりするだけで対応できるようにするためである。

これらの経緯と国際環境法の基本的な仕組みをふまえて、主要な分野でどのような取り組みがおこなわれているのかを次のⅥで概観することにしよう。

Ⅵ　地球文明の将来

1　大気と海洋の保護

国境を越えて存在する大気と海洋を保護するには諸国の協力が不可欠である（越境汚染規制のための二国間・多国間協力）。国際環境法は、このようにある国の領域内の汚染源（たとえば化学工場）から排出された有毒ガスが国境を越えて隣国など他国にも有害な結果をもたらした場合への国際的対応というかたちで徐々に発達してきた。ところが一九七〇年代以降、汚染源や環境破壊源を特定するのがむずかしい地球的規模の環境破壊が深刻な問題として認識されるようになってきた。オゾン層の破壊、地球温暖化、生物の多様性の減少などである。これらの問題は越境汚染の規制という枠組みでは対応できない。「地球的規模の環境の一体性」、「連続した生態系」を国際社会の公共価値として、すべての国が地球環境保護の対世的義務を負うというとらえかたが必要となる。

比較的早い時期に地球的規模で規制が進んだのはオゾン層の保護である。一九八五年、ウィーンでオゾン層保護条約が枠組み条約として採択され、八七年にはモントリオールで具体的で強化された義務を規定する議定書が採択された。両者とも一八〇を超える国をふくむ普遍的条約であり、オゾン層保護に関しては普遍的な国際法による規制が確立している。

同じく七〇年代以降、領域使用にともなう環境の侵害だけでなく、ある活動が自国の支配ないし管理下にあるかぎり、それが自国領域外の活動であってもその活動がもたらす環境侵害を防止する義務を負うという観念が一般化してきた。具体的には、自国籍または自国の管轄下で運航されている船舶、自国で登録された航空機や宇宙物体などの活動を規制しなければならない。この義務は一九七三年の海洋汚染防止条約（MARPOL）、八二年の国連海洋法条約などに規定された。

日本も高度経済成長期には企業が環境に配慮せず工場での生産活動を推し進めた結果、人体に有害な物質が空中や水に放出され、それが周辺の住民に大きな被害をもたらした。水俣病に代表される公害問題がそれである。今日でも、途上国では当時の日本と同じように深刻な健康被害や環境汚染が生じている。このような汚染を防ぐために、「水銀に関する水俣条約」——一定量以上の水銀を使った製品の取引やその管理を国際的に規制するための条約——が二〇一三年に締結された。日本はこの条約の策定に中心的な役割をはたした。

2　気候変動

†地球温暖化の脅威

数ある地球環境問題のなかでも、二一世紀の人類にとって最大の試練となると考えられるのが地球の温暖化である。地球が温かくなったり冷たくなったりすることは長い地球の歴史上自然現象としてくりかえし生じてきた。ただ今日の温暖化の深刻な点は、その速度がきわめて急速であり、その原因が産業革命以来近代人が追いもとめ二〇世紀に開花し、二一世紀には世界中の人々が享受しようとしている大量生産、大量消費、大量廃棄という物質主義的文明そのものにあると考えられるところにある。

この二〇世紀型物質主義的文明は、冷暖房の大規模使用、大量の動物性タンパク質食物摂取、莫大な自動車の日常的使用、夜行性生活の常態化や電気製品の大規模使用による大量の電力消費といった、今日先進国に共通する生活様式である。それは途上国の国民も憧れ実現しようとしている生活様式である。ところが、そうした生活を支えるエネルギー源は石油を代表とする化石燃料であり、大量の二酸化炭素（CO_2）を生み出す。CO_2は温室効果ガスの六〇パーセントを占める代表的な物質であり、その急激な増加が地球温暖化の主要な原因と考えられているのである。

地球の温度は一八八〇年から二〇一二年のあいだに約〇・八五度上昇した。二一世紀にこれが続けば世紀末までに最高四・八度上昇すると予測されている。こうした激変の結果、二一世紀には南極、北極、ヒマラヤなどの氷が溶け出し、海水の体積が膨張し、海面は最大〇・八二メートル上昇するといわれている。バングラデシュやオランダ、太平洋の島嶼国などは、国土の数十パーセントまで海面下に没し、国によっては大量の国民の国外脱出が必要となる。海面上昇の結果津波の被害は増大し、台風、ハリケーンなどが巨大化する。珊瑚礁や植物プランクトンは激減し、動物プランクトン、小魚、大きい魚と、食物連鎖により次々に悪影響がおよび、生態系は不可逆的な打撃を被る。二〇世紀からアフリカに大量の飢饉と難民を生んでいた砂漠化はさらに進行し、日本でも大量の砂丘が消失して関東平野の一部は水没する。

こうした深刻な事態をもたらす可能性をもつ地球温暖化は、世界中の国々を網羅して温暖化防止対策を義務づける普遍的な体制で対処しなければ阻止できない。諸国の政府は科学者たちからの警告を受けて八〇年代から意見交換をはじめ、交渉を重ねて九二年リオの国連環境開発会議で「気候変動条約」を採択した。諸国間に深刻な対立があったため、基本方針のみを規定して具体的な義務条項をふくまない枠組み条約を採択して、法的拘束力をもつ具体的な義務の確定は議定書に譲った。九五年に開始された議定書作成交渉は九七年の京都会議で一応妥結し、京都議定書が採択された。

†京都議定書からパリ協定へ

京都議定書の最大の意義は温室効果ガスの削減義務を各国の具体的な法的義務として確

定したことである。すなわち、附属書Ⅰに列挙されている先進国・市場経済移行国は、温室効果ガスのCO$_2$に換算した排出量を基準年（一九九〇年）よりすくなくとも五％削減することを目的として附属書Bに記載する割当量を超えないよう確保する義務を負う。EU諸国はEU全体で八％、米国は七％、日本は六％の削減義務を負う。

もっとも、温室効果ガスの削減を国際法上の具体的義務として約束することは、国民の意識が追いついていない多くの国の政府にとって困難なことだった。また、米国や日本などの産業界は、市場メカニズムを利用して自国内の削減でなくとも温暖化ガス削減とみなしうる措置を採用するよう強く要求した。京都議定書はこうした要求を入れて、さまざまな「柔軟性措置」（京都メカニズム）を採用した。

柔軟性措置とは、現実に自国内で温室効果ガスの排出を削減しなくともそれに代わる措置をとることにより、議定書で義務づけられた削減率に算入される仕組みである。ひとつ目は削減に余裕のある国から排出量を購入することをみとめる排出量取引である。二つ目は「低排出型の開発制度（クリーン開発メカニズム）」である。これは、附属書Ⅰの先進国、市場経済移行国が途上国と温室効果ガスを削減する事業を実施し、それから生ずる排出削減単位をその先進国、市場経済移行国の削減量に算入することをみとめるものである。三つ目は共同実施である。これは、附属書Ⅰに掲げる締約国（先進国と市場経済移行国）が温室効果ガスの排出削減事業を実施し、その事業から生ずる排出削減単位を一定の条件の下に他の附属書I掲載国に移転することをみとめる制度である。

しかし、地球温暖化をめぐる諸国の対立は大きく、京都議定書が発効したからといって地球温暖化に歯止めがかかったとはいえなかった。そもそも、京都議定書は途上国の具体的な削減義務を規定していない。世界人口の八〇%を占める途上国の温室効果ガス排出は二一世紀中葉には先進国を上回ると予測されることから、米国をはじめ先進国は、途上国にも具体的削減義務を課すよう強く主張した。途上国はこれまでの温暖化に主要な責任があり、またひとりあたりの排出量からみれば圧倒的に多くの温室効果ガスを排出している先進国が先行して削減義務を履行すべきであり、途上国の具体的削減義務の受け入れはその後の問題というこれまでの姿勢を固持した。このような対立があったため、議定書は米国、インド、中国など温室効果ガスを大量に排出する国の批准を得ることができなかった。

そこで二〇一五年に新たに採択されたのが、気候変動抑制に関するパリ協定である。本協定は気候変動枠組条約のすべての加盟国が参加する枠組みとなっており、各国は削減目標を作成し、その目標を達成するための国内対策を取ることを義務づけられている。京都議定書が措置内容を定める「トップダウン」方式だったのに対して、パリ協定は「ボトムアップ」方式を採用したともいえる。日本も二〇三〇年までに二〇一三年比で温室効果ガス排出量を二六％削減するなどの目標を立てている。

米国は二〇一七年、パリ協定が米国にとって経済的な不利益になることを理由にして脱退を表明した。こうした米国の態度は、地球温暖化の防止という世界全体で取り組むべき問題について自国の利益のみを追求して他国と協力しないという点で厳しい批判を受けた。こうして、パリ協定は西欧諸国や中国などの主導によって履行されることになるだろう。他方、米国でも一部の州は温室効果ガスの削減措置を実施することを決定している。

3 世界遺産の保護

✝世界遺産制度の誕生

環境を保護する重要性は自然環境についてだけのものではない。文化環境も人類にとって重要な保護の対象である。文化環境を保護する国際法の萌芽は一九五二年の万国著作権条約、一九五四年の武力紛争の際の文化財の保護のための条約、一九七〇年の文化財不法輸出入等禁止条約に見ることができる。しかしこれらの条約は、公共財としての文化環境を将来世代のために保護する条約ではなかった。

経済的発展と繁栄が至上価値とされる社会では、文化環境に対する重大な損害もやむをえないと考えられることが多い。しかし、それでは人類が築き上げてきた価値のある遺産を保護し、次世代に伝えることができない。エジプトのアブ・シンベル神殿がよい例である。この神殿の文化的な価値はきわめて高いものだったが、エジプト政府が一九六〇年代に実施しようとしたアスワン・ハイダムの建設によってナイル川の底に沈む運命にあった。ユネスコはこの神殿を保護するためのキャンペーンをおこない、資金を集めてこの神殿を移転することに成功した。その後も、イタリアのヴェネツィア、パキスタンのモヘンジョダロ遺跡、インドネシアのボロブドゥール寺院遺跡群などについても、ユネスコの努力によって保護がはかられた。

このような運動が展開されるなかで、ユネスコや西欧諸国は価値のある文化的遺産を保護する普遍的な条約の必要性を意識するようになった。他方、イエローストーン国立公園など、すぐれた自然環境をもち、その保護に先進的にとりくんでいた米国は、それを多国間条約によって他国にも広めたいと考えていた。一九七二年、西欧と米国両者の主張をとり入れるかたちで文化的遺産と自然的遺産の双方を保護する世界遺産条約が採択された。条約は前文で、文化および自然の遺産は特別の価値を有しており、全人類のための世界の遺産の一部として保存しなければならないこと、国際社会全体に「顕著な普遍的価値」を有するこれらの遺産の保護に参加する義務があると宣明している。

†西欧中心主義から多文化・多文明の尊重へ

世界遺産条約は、文化と文明に関する西欧中心主義から多文化・多文明主義への漸進的な移行をもたらしたという点で貴重な意味をもっている。条約が採択された一九七二年から約二〇年間はフランスのパリにあるユネスコが条約の起草や実施にさまざまな影響を与えたこともあって、西欧中心主義的なアプローチがとられることが多かった。これは当時、そのような思考様式が自明視されていたことからすればやむをえないことでもあった。しかし九〇年代以降、西欧中心的思考様式はすこしずつ文化・文明の多様性を尊重する多文化・多文明的アプローチに代わっていった。

たとえば、「文化的景観」は一九九二年に採択された文化的遺産の新しい概念である。これは、庭園や田園、宗教上の聖地など、人間と自然との相互作用によって生み出された景観をさす。この概念を導入することによって、東南アジアや日本にみられる美しい棚田など、多様な文化・文明の遺産を保護することができるようになった。これがリオ宣言と同じ年に採択されたことは象徴的である。リオ宣言は、七二年のストックホルム宣言ではいまだ先進国中心の問題にとどまっていた地球環境保護問題を、途上国をふくむ国際社会全体が取り組むべき問題として位置づけることに成功したからである。

世界遺産条約の中核をなす概念のひとつである「真正性」も、西欧的発想の狭隘さから変化した。「真正性」とは、遺産がオリジナルな状態を保っていることに疑いがないことを意味する。世界遺産条約が定める「顕著な普遍的価値」を有しているかは、世界遺産委員会が作業指針にもとづいて決定するが、「真正性」はその重要な要件である。欧州諸国の遺産は、「石の文化」とも称される特質のゆえにオリジナルな状態を保持しやすく、真正性の条件を満たしやすい。他方、保存のため部材の取り替えが必要な、あるいは保存の過程で再建築する必要がある木造建築は「真正性」の要件を満たさないと解釈されてきた。

†奈良文書と日本の貢献

一九九四年、奈良市で採択された「奈良文書」で「真正性」の概念が改めて定義されたことにより状況は変わった。文化遺産とその管理に対する責任は、第一にその文化をつくりあげた文化圏に、次いでそれを保管している文化圏に属し、真正性の判断はその固有の文化に根ざして考慮されるべきものとされたのである。これを受けて日本では、白川郷と五箇山《ごかやま》の合掌造り集落などが世界文化遺産として登録されている。

二一世紀になると、文化的遺産をさらに自由で文際的な視点からとらえる条約があらわれてきた。二〇〇三年の無形文化遺産保護条約である。本条約により、さまざまな民族集団や地域の伝統的な舞踊、音楽、演劇、工芸技術、祭礼などが無形文化遺産として保護の対象に入れられることになった。日本でも、能楽、歌舞伎、和食などのほか、アイヌ古式舞踊などが無形文化遺産に登録されている。なお、本条約の成立には、日本出身のユネスコ事務局長が主導的な役割を演じた。

二〇〇五年に採択された文化多様性条約も、少数民族の伝統的な知見をふくむ多様な文化の保護を目指す多文化的ないし文際的な条約である。人類さらに将来の世代にとっての生物多様性の保護の重要性はすでに一九九二年には認識されており、生物多様性条約がつくられていたが、二一世紀には文化多様性についてもその意義がひろくみとめられ、この条約がつくられたのである。しかし、この条約は文化多様性の意義をもっぱら国際的側面でとらえ、国内の多様性を軽視しているところに大きな問題がある。本条約の下で、少数民族や先住民の文化が、その国の多数を占める民族の文化を保護することのみに関心を示している政府によって抑圧される可能性は否定できない。さらに米国などは、文化的多様性を保護するという名目で国際通商を規制することに強く反対し、条約に参加していない。このことも本条約の意義を減じるものである。

文化的遺産を保護しようとするこれらの条約は、その国際規範性が不十分であるという問題も抱えている。条約の多くは、遺産を保護するために国家に抽象的な義務を課すか、文化的遺産と環境を保護するにあたり国家が主権をもつことを確認するにとどまっている。他方、世界遺産条約はもちろん、これらの一連の条約は諸国の一般市民に自然および文化遺産を保護することの重要性を知らしめ、現存世代をして将来世代のためにもとめられる行動を一般市民レベルで日々うながすという意義をもっている。世界遺産条約をはじめとするこれらの遺産保護条約は、ユネスコがかかわった数ある条約のなかでもっとも成功した条約といえるだろう。

4 将来の世代へ——世代間衡平の問題

†環境保護と経済発展

地球環境保護の最大の問題は、経済発展との調和をどこに見いだすかにあるといわれる。これまでは世界人口のごく一部を占めるにすぎない先進国が地球の大半の資源とエネルギーを消費し、大量の温室効果ガスを排出してきた。途上国はよりよい生活をもとめて経済発展に全力を傾けており、その過程で大規模な環境破壊をひきおこしている。途上国の人々が現在の先進国住民並みの消費をするようになれば、それにともなう環境破壊により人類は滅亡の危機にさらされるだろう。

こうして二〇世紀末までには、経済開発活動に環境保護の視点を導入することが不可欠の要請として意識されるようになった。すでに一九八〇年代から、ブラジルのアマゾン奥地のポロノロエステ事業計画やインドのナルマダ峡谷開発計画など、世銀の融資をうけた大規模開発による自然破壊がめだちはじめ、世銀はそうした自然破壊をもたらす事業計画への融資を厳しく批判された。こうした批判を受けて世銀は事業計画の環境審査をおこなう体制を強化し、貸付対象となる事業計画が環境に悪影響を与えないことを確保するようになってきた。一九九一年には地球環境ファシリティという基金がつくられ、同基金はその後世銀、UNEP、UNDP三者の協定により補足され、気候変動条約、生物多様性条約の暫定的な資金メカニズムとして機能することになった。

しかし、環境保護の観点から途上国の開発に歯止めをかけることには多くの困難がある。豊かな生活をもとめる人間の欲望は南も北も無関係であり、先進国国民が途上国国民に経済発展を断念せよと要求することは倫理上も実際上もできない。途上国に環境保護義務を受け入れさせるには、環境保護の技術と能力の乏しい途上国への環境保護の資金・技術援助にあたって途上国の開発計画への環境保護の条件を課していくことが必要である(2)。また、途上国で開発に従事する先進国の企業が途上国の緩い環境保護基準を悪用しないように、企業に対する国際的規制ももとめられる。また途上国を説得するためにも、先進国の住民自身が過剰生産、過剰消費、過剰廃棄に陥っているみずからの生活スタイルを変える努力を重ねなければならない。

†世代間正義の観念

近代以前の世界では欧州であれアジアであれ伝統的価値が重視され、人々は過去の世代の創り出した制度と慣行にしたがって生きてきた。欧州近代の科学革命と産業革命により「進歩」の観念が支配的となり、人々は過去の世代の決まり事を「封建的」「前近代的」と決めつけて否定し、同一世代内の正義である個人の自由と平等を絶対的価値として社会を運営するようになった。近代とは、人類の長い歴史のなかでもっぱら同一世代内の正義を価値としてきた特異な時代であるといってよい。

こうした同一世代間の正義を絶対的価値とする近代の発想は、人間の発想や行動におけるさまざまな因習、迷信、非合理的・差別的慣行を打破し、個人の幸福追求を支えてきた。その意義は巨大である。しかしながら、そうした同一世代中心主義的発想は、人類が大量の化石原料を消費し、温室効果ガスをふくむ大量の廃棄物を排出し、その影響が地球温暖化という深刻な結果をもたらすようになると、はたして維持すべきものか、そもそも維持できるものか、疑問が生じてきた。現在の世代が、将来の世代が生存できないようなかたちの地球環境を次の世代に引き継ぐことは許されない、と現在の世代自身が考えるようになってきたのである。そこで将来世代への衡平のために現世代が環境を保護する義務を負うという理論が登場する。ただ、この理論の構成にはさまざまなものがある。たとえば、世代間の問題を現在世代と将来世代の社会契約としてとらえようという主張がある。ロールズが『正義論』で主張した「無知のヴェール」の理論を世代間関係にも適用しようというものである。

しかし、こうした理論には疑問が多い。そもそも世代間関係に、法主体が有する権利義務という観念が妥当するのだろうか。まだ現れていない将来の世代の利益は法的には代理されるほかないが、だれが、なにを、どのような手続きで代理するのだろうか。それぞれの学説はこうした疑問に答えようとしているが、立論の不自然さは否定できないように思われる。

こうした疑問は、そもそも世代間の衡平の問題を法的概念により構成すべきなのかという、法的思考の意義と限界という根源的な問題も提起する。ただわたしたちが、大量生産、

（2）二一世紀に急速に「援助大国」となりつつある中国は、この点についてほとんど配慮していない。中国の援助政策をどのように改善させていくかも二一世紀の重要な課題である。

大量消費、大量廃棄という二〇世紀文明を相対化し、二一世紀に人類が生き延びる文明のかたちを模索しなければならないこと――著者が一九八〇年代から主張してきた文際的発想がもとめられること――は、たしかである。国際法は、人類に共通するひとつの社会制度として、みずからの意義と限界を自覚しつつ、こうした人類全体の生存にかかわる問題をさまざまな視角から考え、試行錯誤を続けていかなければならないのである。

第三部　不条理の世界の法

イラスト©槇村さとる
（左からグロティウス、ガンディー、孔子、マルクス）

第8章　国際紛争と国際法

I　国際紛争と国際法

1　紛争解決の歴史と戦争の違法化

†紛争の普遍性

人が複数存在するときそこにはあらそいが生じる。どれほど仲の良い夫婦や恋人でも、異なる人間には異なる利害と価値がある。そうした利害や価値をめぐる判断のちがいもある。客観的に利害が同じだったとしても、ふたりがその共通性を認識できるとはかぎらない。利害の共通性を認識できなければ、またその評価が異なれば、そこには存在しないはずの利害のちがいをめぐる対立が生じる。人あるいは国家をふくむ人の集団は、そうした異なる利害や認識・価値判断のちがいをめぐって相あらそう。

国家は国民の生存、安全、福利といった利益・価値を守るために存在するというのが現代国家の存在理由（＝建て前）である。国家指導者は実際には彼（女）自身あるいは彼（女）が属する党派、階層、民族・宗教集団などの利益をもとめて行動するだろうが、隠された動機はなんであれ彼（女）らの行為は、一般に国家行為となる。

国家の指導者は他国の利益や価値のためには行動しない。自国（民）の利益を犠牲にして他国（民）のために動く利他的な国家機関は、国民の利益のために働くという国家機関本来の責務に反するもので、ありえない存在である。国家が国益のために行動することは当然であって、それを非難することはできない。

ただ、こうした行動原理に立脚する国家はしばしば他国の利益を犠牲にしても自己の利益を追求し、自己の価値観を他国に受け入れさせようとする。他国はそれに抵抗し、その結果さまざまなあらそいが生じる。国家間のあらそいはこれまで他のいかなる人間集団間のあらそいよりも始末が悪いと考えられてきた。国家は一般に人間を殺傷してよいと考えられてきた唯一の主体である。国家間のあらそいで、他国の人間を殺傷することは時に名誉なことと考えられてきた。

人類はこうした国家間紛争の暴力化を防止しようとさまざまな努力を重ねてきたが、そうした努力はくりかえし裏切られてきた。歴史の実態として、国家間の紛争を交渉で解決できないときは武力によって決着をつけるというのがむしろ一般的な姿だった。そうした現実に見合った法観念は、東西南北の文明圏を問わずさまざまなかたちで主張され、共有されてきた。

†二〇世紀前の紛争、戦争と紛争の平和的解決

前近代のムスリム文明圏の王朝は、ムスリムは絶えず異教徒に働きかけ（「ジハード」）、全世界をイスラーム化する使命があるという建て前をもっていた。イスラームを広めるのは崇高な責務であり、イスラームの教えを拒む者への闘いは聖戦として正当化されたのである。キリスト教が人々の思考を支配した中世の欧州でも、キリスト教布教のための戦争は正当化された。一一世紀から一三世紀にムスリム支配下におかれた「聖地」エルサレム奪還のため派遣された十字軍はその代表である。こうした観念が支配する社会では、「聖戦」は信徒の責務であり、平和的手段によって解決さるべきあらそいとして性格づけられることはない。

一七〜一八世紀の欧州では今日の国際法の原型が徐々に形成されたが、そこでは正当根拠をもち、正当な主体がおこなう正当な戦争は国際紛争を解決し、法を実現する手段とされた（「正戦論」）。もっとも、諸国の指導者は諸国の共通の利益が平和的共存にあることは

理解しており、平和を維持する工夫を重ねた。近代の欧州国際法もその工夫のひとつだった。国際法の最大の存在理由は、国家間のあらそいを防止し、あらそいの暴力化を回避し、生じてしまった武力紛争を一定の枠内に封じ込め、終結の枠組みを提供し、回復された平和の恒常化をはかるところにあった。自然法的正戦論は、戦争の勃発と実際に生じた戦争の被害の極小化の双方をめざす理論だったが、一九世紀の国際法は戦争の勃発そのものを法で縛ることは断念し、すでに生じた戦争の規制と封じ込めに専心する理論が有力となった。

一九〜二〇世紀初頭の欧州の支配的な国際秩序観は、戦争と外交を適宜組み合わせることにより大国間の平和を維持し、紛争を解決するというものだった。一九世紀プロイセンの有名な軍事思想家クラウゼヴィッツが一八三二年刊行の『戦争論』で定式化したように、当時の国家指導者にとって、戦争は国際法上の自由におこないうる政策の一手段だった(「戦争は他の手段をもってする政治〔政策〕の遂行である」)。外交だけでは国家間の紛争を防止し、解決できなかった場合、国家指導者は国家政策の一環として戦争を遂行すべきものとされていたのである。

†第一次大戦の衝撃

しかし、こうした思想は次第に時代の趨勢に適合しなくなっていった。「戦争＝国家政策の一手段」という観念は、欧州に支配的だった自由主義的資本主義のもとで戦争を交戦国間の限定された関係とみなし、交戦国と中立国のあいだ、さらに交戦国間でも国家活動から独立した私的な経済活動を可能なかぎり維持しようとするものだった。ところが一八七〇年代以後私的領域への国家活動の介入が進行したため、国家活動と経済活動の峻別という前提が次第に妥当しなくなったのである。

一九一四年、欧州諸国は第一次大戦に突入した。第一次大戦は、指導者が自由にコントロールできる「国家政策遂行の手段としての戦争」という伝統的な戦争観をもって開始されたが、そうした性格はすでに失われていた。軍事科学技術の発達と社会の大衆化により、第一次大戦は全国民を巻き込む総力戦となった。戦車、毒ガス、航空機など、武器の高性能化により、戦争の被害は劇的に増大した。国内政治体制の民主主義化とマスメディアの発達は大衆レベルでの強い対敵憎悪をもたらし、戦争はもはや国家指導者のコントロールを超えるモンスターとなったのである。

指導者の予想を超えて長期化・総力戦化した第一次大戦は、かつてない規模の惨禍を生み出した。こうした現実に直面し、戦争がもはや国家の政策として自由に操作できるものでないことを自覚した諸国の指導者は、戦争の抑制を最大の目的として戦後の国際体制の構築に向かった。こうした動きの一環として、政策の一手段としての戦争から戦争の違法化への転換が生じた。

第一次大戦の講和条約であるベルサイユ平和条約は、前ドイツ皇帝ヴィルヘルム二世を「国際道徳と条約の尊厳に対する重大な罪」を犯したとして訴追しようとした(二二七条)。また、「戦争責任条項」として知られる二三一条は、「ドイツとその同盟国の侵略により強いられた戦争の結果連合国が被った損失と損害へのドイツと同盟国の責任」をドイツにみとめさせた。ここには、戦争を違法とする観念が、不完全かつ一方的にドイツを断罪するという変則的なかたちではあるが、萌芽的にみとめられる(大沼 一九七五:三七～六九頁)。

第一次大戦の戦後体制の要として構想された国際連盟は、それまでにない包括的な国際紛争解決手続きとその担保手段を規定した。戦争は連盟全体の利害関心事項とされた(連盟規約一一条)。連盟国間に国交断絶に至るおそれのある紛争が生じた場合には、国際裁判または連盟理事会の審査に付して処理すべきことを加盟国に義務づけ、手続中の一定期間さらに判決や勧告に従う国に戦争に訴えることを禁じ(一二～一五条)、これに違反した国への制裁(一六条)を規定した。これは、手続き的義務の強化で戦争の開始を遅らせ、その間（冷却期間）に紛争の解決をはかる仕組みであった。

†国際連盟の発足とその挫折

国際連盟は、第一次大戦以前まで支配的だった「戦争＝国際紛争解決の最終手段」という戦争観を変え、諸国が国家間の紛争解決のために武力に訴えることをできるだけ阻止し、生じてしまった武力紛争の拡大・長期化を防止する仕組みとしてつくられた国際組織だった。こうした観念にもとづき、そのための包括的なメカニズムをもつ国際連盟は、一般に史上初の集団安全保障体制といわれる。しかし、国際連盟は、戦争違法観という国際政治上まったく新しい観念を広め、それに反する行動をとる国家への制裁のメカニズムという点において誕生時からさまざまな弱点を抱えていた。

第一に、それまで諸国、とくに列強の指導者の常識だった「戦争＝外交とならぶ国家政策の一手段」という観念を変えて戦争違法観という新たな観念を根付かせるには、そうした新理念を唱道する主体が道義的・政治的正統性をもち、同時にそうした理念を支える力が必要だが、連盟にはその両者が欠けていた。連盟を戦勝国英仏、とくにフランスの既得権益を擁護する組織とみる見方は、第一次大戦の敗戦国ドイツだけでなく、戦勝国英米にも広まっていた。イタリア、日本、ソ連の連盟への姿勢も否定的、せいぜい消極的支持にとどまった。

理念を支える力の観点からみても連盟は脆弱な組織だった。まず、国際連盟創設の最大の推進者だったウッドロウ・ウィルソン大統領指導下の米国が連盟規約をふくむヴェルサイユ条約の批准を拒否したため、連盟は第一次大戦後の世界の最有力国である米国の参加なしに発足せざるをえなかった。また、第一次大戦の敗戦国ドイツと社会主義国ロシアは一九二〇～三〇年代まで参加をみとめられなかった。米ロ独という大国の参加を欠いた連盟は、戦争の防止を目指す国際法秩序を支える実効的な力を欠いていた。

集団安全保障体制としての国際連盟の法と制度自体、不十分なものだった。連盟規約締約国は戦争に訴えない義務を受諾したが、それは前文上の規範にとどまる。締約国は「聯盟各国の領土保全および現在の政治的独立を尊重し、かつ外部の侵略に対しこれを擁護する」こと（規約一〇条）を義務づけられ、戦争または戦争の脅威は「聯盟国のいずれかに直接の影響あると否とを問わず、すべて聯盟全体の利害関係事項」（一一条）とされたが、こうした規範を担保する仕組みは弱かった。すなわち、前者に対しては「右侵略の場合またはその脅威もしくは危険ある場合」「聯盟理事会は、本条の義務を履行すべき手段を具申すべし」（一〇条）、後者に対しては「聯盟は、国際の平和を擁護するため適当かつ有効と認むる措置を執るべきものとす」（一一条）とされるにとどまり、国連憲章七章にあるような具体的措置は規定されていない。

また規約一二～一五条は、「聯盟国間に国交断絶に至るのおそれある紛争」（一二条）が発生したとき加盟国が執るべき行動を規定するが、ここでも加盟国の具体的義務は、「当該事件を仲裁裁判もしくは司法的解決」または「聯盟理事会の審査に付す」こと（一二条）にとどまる。すなわち、仲裁裁判官の採決、司法裁判の判決、または理事会の報告後三カ月を経過するまでは戦争に訴えない（一二条）というにとどまり、仲裁裁判官の採決、司法裁判の判決、理事会の報告後三カ月経てば戦争に訴えることが許されるのである。一二条は、紛争当事国に戦争に訴えるには三カ月の冷却期間をおいてその間頭を冷やしなさい、といっているにすぎない。

さらに一六条は、一二・一三条・一五条の義務を無視して戦争に訴えた加盟国に対する連盟の制裁措置を規定するが、ここでも制裁は国連憲章三九～四二条の規定する非軍事的・軍事的措置にくらべて微温的である。すなわち、他の加盟国は一切の通商・金融上の関係を断絶し、自国民と違約国国民との一切の交通を禁止し、連盟国たると否とを問わず他のすべての国の国民と違約国国民との金融・通商上または個人的交通を防止することを義務づけられるが（一六条）、軍事的措置については理事会が連盟の約束擁護のため使用すべき兵力に対する連盟各国の陸海空軍の分担程度を関係各国に提案する義務を負っているにすぎない（一六条）。その理事会は、決定が全会一致制のため（五条）、平和維持のために機動的な措置をとることは困難だった。

†戦争違法観

こうした連盟の弱点を克服すべく、戦間期には諸国の政府だけでなく学者、法律家、ジャーナリストなどが国際安全保障体制の強化を模索した。英仏を中心とする欧州諸国の政府は国際紛争の平和的解決義務の強化や軍縮に努め、欧州と米国の一部の学者、オピニオンリーダーは連盟の集団安全保障のメカニズムを強化するよう主張した。こうしたなかで米国の一部の法律家、学者、政治家が主唱した「戦争の違法化（outlawry of war）」は特異な主張だったが、米国の建国以来の孤立主義と結びついて一九二〇年代には米国の世論に巨大な影響力をおよぼした。この運動と米国の国際主義者や欧州の集団安全保障強化論者の努力の結果、一九二八年には不戦条約が誕生した。

不戦条約第一条は、「締約国は国際紛争解決の為戦争に訴ふることを非とし、且其の相互関係に於て国家の政策の手段としての戦争を抛棄《ほうき》することを其の各自の人民の名に於て厳粛に宣言す」と明記する。このように、不戦条約は戦争を一般的に禁止した史上初の多国間条約という意味で画期的なものだった。だが、まさにそうした初の条約だったがゆえに、さまざまな限界も抱えていた。まず、そこで禁止されているのは「戦争」であって、武力行使一般ではなかった。次に、戦争を一般的に禁止する以上、これまで戦争を国家間の紛争解決の最終手段とみなしてきた諸国に対して同じく一般的な紛争の平和的解決義務を課し、その具体的メカニズムを示さなければならないが、その点はまったく不十分なものにとどまっていた。最後に、戦争を禁止してもそれに反して戦争に訴える国はかならずあるから、そうした国への制裁メカニズムを整える必要があるが、不戦条約は二条で「締約国は相互間に起ることあるべき一切の紛争又は紛議は其の性質又は起因の如何を問はず平和的手段に依るの外之が処理又は解決を求めざることを約す」と締約国に抽象的な義務を課すにとどまり、(不完全ながら) そうした制裁のメカニズムをもつ国際連盟との連繫も一切規定していない[1]。

こうした限界を利用して、不戦条約後も各国は自衛、自己保存、復仇、在外自国民保護など、当時の国際法上「戦争」にあたらないとされていた武力行使に頻繁に訴えた。また、日伊は露骨に規約違反の武力行使に訴えた（一九三一年の「満州事変」、一九三五年のイタリアによるエチオピア侵略）。最後に一九三九年、ナチス・ドイツがポーランドを侵略し、戦間期の国際安全保障体制はわずか二〇年で終焉を迎えることになった。

このように戦間期に多数の人々の努力を結集して不戦条約という画期的な多国間条約に

結実した戦争違法観は、第二次大戦という国家の暴力の前にもろくも粉砕されたかにみえる。たしかに、崇高な理念を支えそれを実現するには、「力」が必要であり、力に支えられない理念はしばしば空虚である。他方、理念は人々をその崇高な理念の方向に駆り立て、人々の力を結集し、その理念を実現する方向へと社会を導く。戦争違法観もそうした理念特有の力を持っていた。

米国をはじめとする連合国は、第二次大戦を国際法上禁じられた侵略に対する制裁と位置づけ、理念の実現に向けて巨大な力を発揮する米国民の特質もあって、第二次大戦に勝利を収めた。第二次大戦はしばしば民主主義対全体主義という理念のあらそいと性格づけられるが、それだけでなく、一九二八年に確立をみた戦争違法観の実現という意味をもっていたのである。このことは、第二次大戦後連合国がおこなったニュルンベルク・東京裁判で独日の指導者を戦争違法観に反する「平和に対する罪」を破ったものとして裁き、それが「勝者の裁き」という一面をもちながら、戦後世界的に受け入れられ今日の国際法秩序のひとつの柱となっていることからも裏づけられる。

(1) これは、不戦条約が米国の「戦争違法化」運動と孤立主義的傾向の強い一九二〇年代の米国政府と、連盟の強化を目的とする欧州・米国の国際主義者とフランス政府との妥協の産物であったためである。前者は、不戦条約を通して欧州の国際連盟体制に引き込まれることを嫌い、連盟・制裁メカニズムとのどのような連繋も拒否したのである。

†第二次大戦後の戦争違法観と国際紛争の平和的解決義務

　第二次大戦後、連合国は二度と世界戦争をおこしてはならないという強い決意の下に、平和を確保する仕組みとして国際組織としての国際連合を設立した。国連は、憲章二条三項で紛争の平和的解決義務を、二条四項で不戦条約よりもはるかに徹底した戦争違法観を確立し、第六章の国際紛争平和的解決手続きと第七章の強制措置の仕組み（集団安全保障体制を詳細に規定する）によりこれを担保しようとする。

　国連憲章は、戦間期に「戦争」の違法化が武力復仇や平時封鎖など、戦争に至らない武力行使を許容する解釈を招いたことを踏まえて、「武力の行使」と「武力による威嚇」を一般的に禁止した（二条四項）。武力行使の一般的禁止により、紛争の平和的解決も国際法上一般的義務として確立された。憲章二条三項は次のとおり規定する。

すべての加盟国は、その国際紛争を平和的手段によって国際の平和および安全ならびに正義を危うくしないように解決しなければならない。

　このように第二次大戦後、国連憲章、憲章をさらに具体化した友好関係原則宣言などにより、国際紛争の平和的解決義務は著しく強化された。憲章二条三項の規定は一般国際法の規範として国際社会のすべての国を拘束すると考えられており、諸国は一般にそうした観念の下に国際関係を営んでいる。しかし、こうした紛争平和的解決規範の実効性については、さまざまな問題が残されている。

二一世紀における紛争の平和的な解決にかかわる国際法の全体を理解するには、紛争の平和的解決に役立つ国際法上の観念と制度を、その意義と限界をはかりつつ正確に理解・評価するとともに、武力の禁止とそれを担保するさまざまな国際法の観念と制度を併せて考察しなければならない。本章では以下で紛争とはなにかという基本的な問題から、紛争の平和的解決の枠組みとなり解決を促進する制度と国際法の関係について概観する。武力の禁止とそれを支える諸制度は第9章であつかう。

2　国際法と紛争の平和的解決の枠組み

†あらそい、紛争、抗争の異同

本書はこれまでは、「あらそい」、「紛争」、「抗争」といったことばをとくに定義することのないまま使用してきた。以下の叙述ではこれらの異同をあきらかにしたうえで、具体的な制度の問題をふくめて国際紛争と国際法の関係を考えていくことにしよう。

複数の人間ないし団体の利益、価値、感情など、当事者が大切にしているものをめぐる対立が顕在化した状態をもっともひろい意味で「あらそい」ということができる。他方で条約で一般に用いられる「dispute」は、もともと「論争」「口論」という、理屈を使ったあらそいという色彩をふくむ。そこで「あらそい」一般と「法」という理屈を用いたかぎられた「あらそい」との関係が問題となる。

先進国の国内社会では裁判所が強制管轄権をもっており、あらそいの一方当事者は相手方の同意を得ることなく相手方を裁判に訴えることができる。また裁判所の判決は執行力をもって強制される。このため、法的なあらそいの解決——典型的には裁判所の判決による解決——が実体的なあらそいの解決を導くようにみえる。

だが、先進国でさえ、裁判所の判決が実体的なあらそいの解決をもたらさない場合も多い。(2) まして、すべての国に妥当する強制管轄権をもつ裁判所が存在せず、判決を強制的に執行する制度もない国際社会では、国際裁判の判決で実体的なあらそいが解決されるかどうか、まったく定かでない。事実、国際裁判で勝訴したのに敗訴国に無視され、あるいは判決と異なる解決が最終的にもたらされた例はすくなくない。

このように、国際法と国際紛争の関係を理解するには、実体的な紛争(あらそい)一般――これを「抗争」とよぶこともできる――と、それが法、歴史、倫理などの正当化根拠によって「理屈によるあらそい」として定式化された「紛争」(狭義の紛争)を区別する必要がある。これまでの国際法学は先進国の国内法をモデルとした発想が強く、裁判で紛争(あらそい)が解決されれば問題は解決するという暗黙の想定の下に議論を展開していたため、この区別はほとんど意識されていなかった。最近、この点は改められつつある。

†国際紛争と国際法

国際紛争とは基本的には国家間の紛争を指すが、今日では国際組織や多国籍企業などの国際的・民際的主体の増加により、国家間以外の紛争で国境を越えるものも増加している。ある種のテロリスト集団は小国を上回る武装兵力と国境を越えるネットワークをもって超大国米国にさえ戦いを挑む。テロリスト集団と国家のあらそいは二〇世紀後半以来深刻な国際紛争のひとつとなっており、二一世紀にもそれは引き継がれている。

グーグル、マイクロソフト、トヨタといった多国籍企業も、小国よりははるかに巨大で経

(2) この点は一般の方々の想像と異なる点だろうが、日本でも裁判で勝っても相手側に財産がないため判決を強制執行できない例はすくなくない。また、殺人など凶悪犯罪の被害者が判決を軽すぎると感じて裁判後も深刻な恨みをいだき続けるケースがあることも、日々メディアで報じられるとおりである。

済力をもつ組織であり、国境を越える経済活動をおこなううえで他の私企業だけでなく国家との関係でもさまざまな紛争をひきおこす。企業と国家のあらそいは、一九六〇〜八〇年代途上国による外国財産の収用・国有化をめぐる国際法の重大な論点だった。また、人権侵害に対して国際的な手続きで人権侵害国と闘う個人と国家のあらそいは「国際紛争」の語感にはなじまないが、自己の利益にかかわる対立を、条約上の人権委員会や人権裁判所といった国際的なフォーラムで国際的手続きによりあらそっているという意味では国際紛争と性格づけることも不可能ではない。

当然のことだが、あらゆる紛争（あらそい）を平和的に解決するもっとも一般的な手段は話し合い、つまり交渉である。国家間関係でもこのことに変わりはない。交渉に加えて、国際法には交渉を妥結させるための第三者による多様な働きかけの方式がある。一般的な国際法の教科書では、国際紛争の平和的処理（解決）方式（制度）として、外交交渉（協議）、周旋（斡旋《あっせん》）、仲介（居中調停）、審査、（国際）調停、仲裁裁判、司法的解決があげられることが多い。

これらのうち外交交渉から調停までは、「非法（律）的」紛争解決制度とされてきた。しかし、これらは「非裁判的」紛争解決方式であっても、「非法的」紛争解決方式とはいえない。

国際法は裁判規範としても機能するが、国際法関与者間のコミュニケーションの道具としても、関与者の主張の正当化根拠としても、その他さまざまなかたちで紛争にかかわる。こうした国際法と紛争の平和的解決方式との多様なかかわりは、外交交渉その他の紛争への非裁判的な関与にも認められる。「非裁判」は「非法」と同じではない。

実はこれまでの国際法学も暗黙裏にこのことをみとめており、なればこそ外交交渉などの「非法的」紛争解決方式も研究対象としてきたと思われる。国際法学は、「国際法主体」概念を用いて国家や国際組織を分析・叙述しながら、NGOや企業など国際法主体性に乏しい「国際法関与者」も対象にしてきた。それと同じ構図が外交交渉などを国際法における「紛争の平和的解決」の一環としてあつかうという態度にもみられるのである。これをふまえたうえで、Ⅱでは伝統的な国際法学で代表的な紛争解決制度とされてきた国際仲裁と国際裁判について考えてみよう。

Ⅱ 国際仲裁と国際裁判

1 国際仲裁

今日国際法がかかわる仲裁は、①国家（ないし国際組織）間の紛争を解決する仲裁と、②

私人（主に私企業）と国家間の仲裁に大別される。
①は解決基準を法に依拠する司法的仲裁とかならずしも法に依拠しない政治的ないし外交的仲裁とにわけられる。後者は仲介や調停などの非裁判的紛争解決（促進）方式に接近する。②の私人と国家間の仲裁は、戦争や革命などで大量の外国私人の権利が侵害されそれにかかわる大量の紛争を解決するためにおこなわれる仲裁（②－1）と、国際経済活動にともなう外国企業と国家との日常的な紛争を解決する仲裁（②－2）とにわけられる。
①のうち、国家間仲裁は主に領域や大陸棚の境界画定などについて紛争が生じ、外交交渉で解決が困難なときに利用されるが、その数はすくない。国家間の重要な紛争の解決手段として仲裁が利用されることは今日例外的といってよい。一定の紛争の仲裁裁判への付託を義務づける条約はあるが、仲裁を全紛争の義務的な紛争解決手続きとしている条約はない。こうして仲裁は、国家間紛争解決手段のなかで周辺的な地位を占めるにとどまる。
これに対して②の私人の権利保護にかかわる紛争解決手続きとしての仲裁は、今日かなり一般的におこなわれている。
②－1は、武力紛争にともなう財産権問題を処理するために設置されることが多く、「仲裁裁判所（または委員会）」という名前のほか、「財産権委員会」「請求権委員会」などの名前で拘束力のある裁定を下すときもある。第一次大戦後の講和条約により設置された混

合仲裁裁判所、第二次大戦後のイタリア講和条約で設置された調査委員会、イラン・アメリカ大使館人質事件の最終的解決のため一九八一年のアルジェ宣言にもとづいて設置されたイラン・合衆国請求権裁判所などが代表的なものである。

②－2は、国有化・収用などをふくむ外国企業と国家の紛争を解決する仲裁である（第7章Ⅲ－1参照）。投資協定の多くは仲裁条項をふくんでおり、企業と国家の紛争はしばしば仲裁に付託される。投資紛争解決国際センター（ICSID）による仲裁はその代表である。この場合、企業の母国と企業の受け入れ国が受け入れ企業と受け入れ国家の紛争の仲裁への付託に条約上合意していれば、企業と国家間に具体的な仲裁付託合意がなくとも仲裁裁判所の管轄権は成立し、仲裁判断が下される。

このように、一九七〇年代まで先進国・途上国間の重大な紛争として両者の関係の敵対的側面の象徴となっていた外国人財産の収用をめぐる紛争が仲裁裁判で解決されるようになったことは、国際社会における恒常的摩擦を緩和させるという大きな意味をもっている。これは、八〇年代以降の経済不振による途上国の主張の挫折という途上国には苦い経緯を経てのものだが、途上国自身にとっても先進国資本の誘致による利益――自国内では調達できない、経済発展に必要な資金の確保――も否定できない以上、こうしたかたちの対立の収束は肯定的に評価されるべきものといえるだろう。

多様性を特徴とする仲裁のなかで例外的に共通するのは、仲裁裁定が一般に法的拘束力をもつことである。紛争当事者は仲裁という紛争解決の形式を選択する際、仲裁裁定が法的拘束力をもつことを十分認識し、その特質をもつ紛争解決方式によって紛争の解決をめざすのである。また、二〇世紀を通じて仲裁は裁判手続きとしておこなわれる傾向が強まった。このため仲裁は、国際紛争の司法的解決と類似した国際法上の意義と限界をもつようになっている。

2 国際司法裁判所

†PCIJからICJの設立へ

国際司法裁判所（ICJ）は国連の主要な司法機関である。国連加盟国は自国が当事国であるいかなる事件においてもICJの判決に従う義務を負っている（国連憲章九四条）。ICJは第一次大戦後につくられた常設国際司法裁判所（PCIJ）の後継者である。一九世紀後半から仲裁を常設化しようという試みがあったが、多様な紛争への多様な対応を特徴とする仲裁にとって常設化はなじみにくいものだった。こうして常設の国際裁判所は、一九二〇年に司法裁判所であるPCIJの設立というかたちで実現したのである。

第二次大戦に勝利を収めた連合国は戦後の国際体制構築にあたって、国際連盟に代えて国際連合をつくった。国連は連盟のPCIJをほとんどそのまま引き継いでICJとしたが、これはPCIJがはたした役割を高く評価したためではなかった。むしろ、国際の平和と安全にかかわるような重大な紛争や対立は安保理が処理するが、裁判による方が適当と思われるマイナーな紛争はICJに解決させるという紛争二分論によるものだった。

ICJによる紛争の解決とは、主権国家という相互に異なる利害と価値観をもつ権力主体同士の紛争を法の専門家からなる第三者機関が法的拘束力をもって解決することを意味する。こうした紛争解決が機能するには、諸国がその第三者機関を公平で独立した機関と認識し、個々の判断に不満があったとしてもICJの全体的な公平性と独立性を信頼している必要がある。ICJはこうした要求を満たすべくさまざまな工夫をこらしている。

†ICJの構成——地理的配分と文際的正統性、力の要素

ICJは「徳望が高く」かつ「各自の国で最高の司法官」に任ぜられる資格のある者か「国際法に有能の名のある法律家」から選挙される一五名の「独立の裁判官の一団」で構成される（ICJ規程二、三条）。また規程は、裁判官の選挙において選挙人は「裁判官全体のうちに世界の主要文明形態および主要法系が代表されるべきものであることに留意しな

ければならない」ことを定める（九条）。諸国の文化は多様であり、それにともなって価値観、世界観、法観念も大きく異なる。そのため、どの国も納得して裁判に服するには、多様な文明と法体系のうちすくなくともその主要なものが代表されていなければならないからである。

ＩＣＪの裁判官の選出は、この「主要文明形態および主要法系」を地理的配分と読み替えて運用されてきた。当初ＩＣＪ判事は欧米出身者が多かったが、一九六五年、国連は安保理の非常任理事国を六から一〇に増加させたうえで、理事国を西欧その他（米国はここに入る）五、東欧一、中南米二、アジア二、アフリカ三という配分にしたが、ＩＣＪも同じ構成によることとした。このようにＩＣＪの裁判官の構成は改善され、それはアジア・アフリカ諸国によるＩＣＪ利用件数の増加という好ましい結果をもたらしている。ただ、主要文明形態と主要法系の代表性という文際的視点からみると現在の裁判官構成は依然として問題を抱えている。

たとえば欧米諸国出身の判事は一五カ国中六カ国と四割を占めていた。国数、人口数のいずれの面からも過剰代表であることは否定できない。また、安保理の常任理事国の裁判官がかならず選出されるという慣行があり、西欧その他五の枠のうち米英仏三カ国、東欧二の枠のうちロシア、アジア三の枠のうち中国は常に選ばれてきた。ただし、二〇一七年の選挙の際に英国出身の裁判官が選出されず、はじめてこの慣行が崩れた(3)。

これらの構成や慣行はＩＣＪ裁判官の構成も国際社会における力関係を反映していることを物語る。ＩＣＪというもっとも公平性、独立性、専門性が保障さるべき法適用機関でさえ、「力」の要素を取り込むことなしには国際社会で期待される役割をはたしえない、諸国の政府はそう考えて判事を選出しているのである。こうした現実は、ＩＣＪをもっぱら先進国の国内裁判所をモデルとして理解し評価することの限界を物語る。同時に、そうした現実を批判的に検討し、望ましいＩＣＪに変えていくことの必要性とその条件を考察する必要性を示唆するものでもあるだろう。

†ＩＣＪの機能

主権国家体制の下では国家は自己の同意なしに裁判所の管轄権（付託された紛争の主題を審理し判決を下す権能）に服すことはない。ＩＣＪは国家への強制裁判管轄権をもたず、紛争当事国は一方的な提訴により他方当事国を裁判管轄に服させることはできない。これは強制管轄権をもつ国内裁判所との決定的なちがいである。

（3）欧米の過剰代表性を是正するという観点からは、好ましい変化といえるだろう。

国家間の紛争において紛争当事国が紛争をICJに付託する合意に達することはめったにない。[4] ICJで紛争が審理され判決を下されることを好まない紛争当事国は、ICJには紛争を審理する管轄権がない、請求はICJの受理可能性に欠ける、問題は政治的に解決されるべきであって司法解決に適さない、などの抗弁によってICJでの審理を回避しようとする。紛争当事国双方がICJ付託に合意するのは、外交交渉や国際組織による解決が困難で、敗訴してもそれほど国内での反響をよぶことがないような紛争であって、紛争の勝ち負けよりも紛争の終結それ自体に双方が利益をもつ場合など、例外的なケースにかぎられる。そのため、ICJへの付託を促進するには事前に諸国にICJの管轄権をできるだけひろい範囲でみとめさせておくように工夫しなければならない。諸国にICJの管轄権をみとめさせる手立てとしては事前に管轄権をみとめる義務を課しておくのが原則だが、まれに紛争発生後にICJの管轄権が成立する場合もある。このようにICJは司法手続きにより紛争を審理し、紛争当事者を法的に拘束する判決によって紛争を法的には最終的に解決する。

ICJは同時にその存在・解釈にあらそいのある国際法の規範について国際社会のもっとも権威ある法解釈機関としてすべての国際法主体がしたがうべき公権（有権）的解釈を示す。ICJ自身は紛争を解決する司法機関としての性格を強調し、国際法解釈の一般的宣明より具体的紛争の解決を重視する姿勢を示してきた。しかし実際にはＩＣＪは国際紛争解決機関としてよりも、国際法のもっとも権威ある解釈を宣明するという面においてはるかに重要な役割をはたしてきた。ＩＣＪの判決と勧告的意見は類似の案件について、問題となった条約、慣習・一般国際法の解釈としてきわめて大きな権威をもつからである。

ＩＣＪは、このように国際法の公権的解釈を宣明することにより、国際法規則・原則の複数の解釈のなかで特定の解釈を正統化するだけでなく、国際法が変革期にある時は司法による立法という性格を帯びた判決を下すこともある。むろん、司法機関による立法作用は現実にはどの裁判所も一定程度おこなっていることとはいえ、正面からそれをみとめることは法適用機関としての裁判所の信頼を傷つける自殺行為である。ただ、実際にはＩＣＪが司法による立法と考えられる判決を下していることは否定できない。

（４）日本がかかわる紛争にしても、「北方領土」であれ尖閣諸島であれ竹島（独島）であれ、各々日ロ、日中、日韓がＩＣＪに紛争を付託し、その判決にしたがって紛争を解決することに合意するとはとうてい考えられない。

Ⅲ　国家間の紛争解決と国際法

1　多国間条約下の紛争解決

仲裁に代表される紛争の平和的解決を前もって条約で規定しておくという観念が制度化されたとき、それは当初二国間条約というかたちをとっていた。その後二〇世紀初頭には多国間で各種の紛争解決方式を包括的に規定する条約がつくられた。国際紛争平和的処理条約、ロカルノ裁判調停条約、国際紛争平和的処理一般議定書などがそれである。これらの条約は当時大いなる期待をもってつくられた。

ただ、これらの紛争解決条約が実際に国際紛争の解決に役立ったとはいいがたい。とくに、調停制度は専門家による紛争解決手続きとして戦間期に多数つくられたが、実際にはほとんど機能しなかった。第一次大戦後には多様な紛争解決手続きを備えた国際連盟がつくられており、諸国政府はそうした政治的権威の高い紛争解決手続き制度を利用する傾向が強かったためである。

第二次大戦後には独立の紛争解決条約は新たにつくられることもなく、既存のものもほとんど利用されない。一方で紛争の強制的解決手続きもふくむ包括的な平和維持体制として国連が存在し、他方で個別問題を規律する多国間条約や国際組織がそれらの目的に応じた紛争解決手続きを備えるようになったからである。

後者は国連海洋法条約やWTOなどのように、締約国や加盟国の共通利益を志向しつつも相互主義的な利害関係を色濃く有するものと、人権条約や環境条約などのように国際社会の公共的価値の確保という色彩の強いものに大別される。このうち、国際社会の公共的価値の確保という性格が強い条約の場合、相互主義的な関係ははたらきにくい。このため、人権条約や環境条約では違法行為を未然に防止し、違法行為がおこなわれた場合も非相互主義的なかたちで救済と履行の確保をはかる手続きが重要な意味をもつことになる。人権条約の場合、人権侵害をあらそい、救済をもとめるのは被害者たる個人である。そこでの「紛争」は伝統的な国家間紛争を想定した解決方式とは異なる解決方式をもとめる。

ただ、人権侵害された個人の本国が伝統的な外交的保護権を行使することにより国家間紛争となることもある。米国は領事関係条約三六条に違反してドイツ人被告人にドイツ領事と接触する機会を与えることなく死刑判決を下したが、ドイツはこの事件をICJに付託した（ラグラン事件）。二〇〇一年、ICJは米国が個人とドイツ双方の権利を侵害したと判示した。

各種の多国間条約における紛争解決手続きは、それらの条約の目的達成に仕えるものである。そのため、複数の多国間条約の紛争解決方式が抵触するときはその調整が問題となる。ある多国間条約が相対的に国家にとって付託しやすい紛争解決方式を備えているため他の多国間条約の規制にもかかわる紛争をもっぱらそちらの条約の紛争解決方式で解決する傾向が強いときには、その問題をいかに解決すべきかという問題が生じる。

たとえばＷＴＯの紛争解決手続きは事実上強制管轄権をもつＷＴＯ紛争解決機関による紛争解決という意味で、紛争の法的な解決をもとめる国家にとって紛争を付託しやすい仕組みである。他方、環境保護にかかわる条約はＷＴＯほど実効的な紛争解決手続きをもっていない。このため、両者にまたがる紛争はＷＴＯの紛争解決手続きによって処理されるという傾向が生じる。

ところが、ＷＴＯの紛争解決機関はもっぱらＷＴＯ法によって紛争を解決しなければならないため、環境問題に影響をおよぼす問題についてもＷＴＯ法によってのみ裁定を下さなければならない。しかし、ＷＴＯ法の環境保護規定は不十分であり、またＷＴＯ自身環境問題をあつかう機関ではない。ＷＴＯの紛争解決機関（パネルと上級委員会のメンバー）も環境問題の専門家ではない。これまでのところはＷＴＯのパネルも上級委員会も慎重な態度をとっており、あきらかに環境保護条約の目的や精神を害するような裁定を下してはいない。しかし立法の不備はあきらかであり、この問題は最終的には新たな条約の制定または既存の条約の改定により解決しなければならないだろう。

また、二〇世紀後半には国際海洋法裁判所、ＥＵ裁判所、欧州人権裁判所、米州人権裁判所、国際刑事裁判所など、分野別・地域別の多数の国際裁判所が存在するようになった。このため、紛争当事者は自己に有利な判決が予想できる裁判所をもとめて裁判所あさりをおこない、複数の裁判所の判決が対立する可能性が出てきた。国際法の統一性の観点からは、ＩＣＪを上訴審とするなど国際裁判所の階統性を立法的に定めることが望ましいとも考えられるが、そもそも国際法自身、多数の二国間条約、相互に独立の多国間条約、「慣習国際法」といった雑多な法の総体であり、「国際法の統一性」という観念自体、疑問がないわけではない。国際裁判所にＩＣＪを頂点とする階級制を導入することの是非については、国際社会の特質を十分考慮したうえで慎重に検討しなければならない。

2　国連と紛争解決

二〇世紀後半、伝統的な二国間外交に加えて国際組織における外交が重要性を増した。国連はその代表である。国連は、国際社会でもっとも普遍的、かつもっとも高次の国際的正統性をもつ主体である。国連はそうした特質により、総会、安保理その他の機関において、加盟国代表が恒常的に情報と意見を交換し、非難と論争をくりひろげ、対立する問題点を交渉する場を提供する。また、斡旋、仲介、調停と最終的には軍事的措置をふくむ拘束力ある決定とその威嚇（憲章七章）も有機的に結合して、紛争の平和的解決を促進・実現する（同六章）。

国連は、紛争の平和的解決をふくむ国際社会の一般利益実現のために行動するが、個々の加盟国にはそれなりの力と大きな権威をもつ国連による干渉への警戒もある。このため、国連は加盟国の国内管轄事項に干渉することを禁じられている（憲章二条七項）。しかし今日では、非国家主体の重要性の増大、内戦と国家間武力紛争や難民流出の複合化などにより、「国際」紛争と国内問題を峻別することが困難になっている。こうした現実に対応して、国連諸機関はさまざまなかたちで伝統的には国内事項とされてきた問題に関与・介入するようになってきた。①国連総会・安保理・経社理・人権委などによる問題の審議、②調査（当事国への調査団の派遣は当事国の同意が必要だが、その前提として人権問題を非強制的なかたちで調査すること自体は禁じられていない）、③紛争の平和的解決や武力紛争当事者の兵力の引き離しなど、一般的性格をもつ勧告の採択、④個別具体的な内容を示し具体的な行為を加盟国にもとめる（違法行為国など問題国の名前をあげ、その国との一定の貿易を制限するなど）勧告の採択などは、こうした国連の多様な関与・介入の例である。

国際紛争は当事国からの付託にもとづき、あるいは安保理の主導の下で、安保理による調査、審議、勧告の対象となる。この平和的解決手続きにもとづく安保理の決議は勧告にとどまり、紛争当事国を法的に強制するものでない。そのことは総会が国際紛争を審議し決議を採択するときも、事務総長が仲介や調停をおこなうときも同じである。国連は、こうした平和的・任意的解決手続きで紛争が解決できないときには憲章第七章の強制手続きに移行し、非軍事的・軍事的な強制措置を加盟国の意思に反してでも強行することにより国際の平和と安全を維持するという体制になっているのである。

3 国際紛争解決における国際法の地位

法が裁判規範として現実に機能するには、①強制管轄権の確立、②判決の履行確保メカニズムの実効性、③裁判利用のコストが財政的・心理的に大きすぎないこと、④敗訴の威嚇が心理的強制として十分機能することなどの条件が必要である。国際社会はこうした条件を十分満たしておらず、国際社会における裁判所は国家間紛争の解決に大きな役割をはたすことができない。それにもかかわらず、多くの国際法学者は国際法の国内モデル思考から暗黙のうちに裁判中心主義的な議論を続けてきた。ＩＣＪは国際紛争解決機関としてかぎられた役割をはたすにとどまるにもかかわらず、多くの国際法教科書は紛争解決方式として、外交交渉、斡旋などの「非法的」手段から説きはじめ、ＩＣＪによる司法的解決で終わる体系をとっているが、これもこうした発想にもとづく。

もっとも国際社会において裁判が国家間紛争の解決に無力だからといって、国際法が無力だということにはならない。法の意義・役割と裁判の意義・役割は別の問題である。法によらない裁判はありえないが、裁判によらない法は多くの社会で常態である。裁判は法を実現する一手段であり、それ自体が価値あるものではない。法が正しい内容をふくむかぎりにおいて法が実現されることが大切なのであって、それがいかなる手段によるかは二次的な問題である。社会に法が存在しそれが人々の規範意識として定着していれば、その法は遵守される。裁判による強制は法の実効性の一部を担保するにすぎない。国際裁判への過大な期待は禁物である。

今日、多くの紛争は国連や主要な多国間条約の枠組みを通して、あるいはそうした枠組みを通さないとしても国連決議などの正統性根拠に一定程度依拠して、解決がはかられる。純粋な二国間交渉、斡旋、仲介、純粋な国際裁判という一般の国際法の教科書に描かれたケースは現実にはほとんど存在しない。紛争の解決が困難になればなるほど、これらのものの組み合わせ、国連、WTOなど、さまざまな国際組織を巻き込んだ紛争解決の試みがもとめられ、実践される。

また、こうした包括的な紛争解決過程には多くの場合NGOが関与し、そうした過程がメディアに報じられて一般市民の「世論」となって紛争解決に影響をおよぼす。NGOの活動や世論は、紛争の平和的解決にプラスに働くときもあればマイナスの作用を営む場合もある。一般市民が紛争の歴史的背景や法的争点を十分理解していることは一般には期待できず、紛争についての国民的関心の高さが紛争解決に悪影響をおよぼすこともある。たとえば、日本とロシアの「北方領土」問題、日本と韓国の竹島（独島）問題、日本と中国の尖閣諸島問題などの「領土紛争」は、紛争当事国国民の双方が法的・歴史的知識を欠いたままナショナリスティックな観点から問題を理解しており、こうしたマイナスの色彩が強い。

これらの問題のうち、「北方領土」問題は純粋に国際法の観点からみたとき——このときもっとも重要なのは、第二次大戦後の日本の領土の範囲を定めた一九五一年のサンフランシスコ条約の解釈である——、日本の主張はかならずしも強いものではないと思われる。逆に竹島、尖閣列島に関しては、純粋に国際法の観点からみた場合、韓国、中国の主張はかならずしも強固なものとは思われない。他方、歴史的経緯をふくむ「正義」という観点からみれば、「北方領土」問題に関するロシアの主張は説得力あるものとは言い難く、竹島、尖閣諸島に対する韓国、中国の主張にも一定の根拠をみとめるべきかとも思われる。「慰安婦」問題や戦後補償問題をめぐる日本と韓国の対立も、こうした国際法上の議論と歴史的観点からの議論と双方からの評価を日韓双方の国民が正確に理解し、それをふまえたうえで折り合える解決をもとめることが大切である。

国際法は紛争を一刀両断に解決するものではない。しかし、国際法の観点を取り入れ、問題を国際法の文脈に位置づけることにより、紛争当事国双方の主張の相対的な正しさと説得力が明らかとなり、紛争の激化を防ぎ、平和的解決を促進するものとなりうる。紛争の平和的解決における国際法の位置づけについては、こうした国際法の多面的な機能——裁判規範としての紛争解決的な機能のほかに、双方の主張を「国際法」という共通のことばで定式化して相手方、第三者に伝えるコミュニケーション機能、自己の主張を「国際法」という、正義を一定程度反映し、論理的一貫性をもった規範体系で正当化する機能など——をふまえた醒めた認識がもとめられる。

「双方不満なら良い条約」という外交格言がある。ここで「双方満足なら」ではなく「双方不満なら」というのが大切なところである。それは、利害、価値観、歴史認識、感情を異にする国家間の合意というのは途方もなくむずかしいものであり、双方が同じように不満ならそのような合意をもって良しとすべきだという教えをわれわれに示してくれる。それは飲みこみにくい真実である。しかし、とても大切な真実なのである。

第9章　戦争と平和

Ⅰ　武力の規制と集団安全保障

1　「戦争と平和」への国際法のアプローチと国連

†戦争違法観と集団安全保障

「戦争と平和」の問題における国際法の意義、役割、限界などを考える際、国際法学は①国連憲章を中心とする武力禁止原則と集団安全保障のシステムについて解説し、②憲章上の明文規定はないものの国連の活動としておこなわれてきた国連平和維持活動（ＰＫＯ）についても頁を割き、③さらに憲章五一条が規定する自衛権ほかの武力行使について叙述するというアプローチをとることが多い。本書もそうである。しかし、現実の国際関係においても「戦争と平和」の問題について国連がはたしうる役割はかぎられたものでしかない。

むしろ米ロ中などの大国やEUやNATOなどの方が、諸国間の武力紛争や内戦の「解決」に決定的な役割をはたすことが多い。

しかし大国は当然みずからの国益を追求して行動するし、EUやNATOの行動は国連のような全地球的正統性をもたない。これに対して、国連は国際法の実施機関ではないものの、その活動の多くは国際法に合致し内容的にも国際法の適正な実施という面を数多くふくんでいる。国際法学は、国際法という国際社会における「法」「規範」を対象とする学問であり、現実の国際関係を対象とする国際政治学や国際関係論とは異なる。国際法学――そしてその入門書である本書――が「戦争と平和」の問題について国連を中心に解き明かす所以である。

戦争が国際法上、違法であるという観念（戦争違法観）を確立し、それを諸国の国民に規範意識として定着させることは、諸国が戦争に訴えるのを防止するひとつの手掛かりとなる。戦争違法観の確立はそうした意義をもっている。しかし、戦争は違法であり国際法上禁止されるという観念の力だけで国家が戦争に訴えるのを防止することは困難である。諸国の政府に戦争に訴えるのを断念させる交渉は、そうした断念への報償と断念しないときの制裁の威嚇なしには成功しない。

そうした制裁の威嚇を組織化したのが集団安全保障体制である。集団安全保障とは、戦争を一般的に禁じ、戦争に訴える国に対しては集団のメンバーが一体となって制裁を加えることにより平和を維持しようとする考えである。第一次大戦後の国際連盟はその最初のかたちだった。連盟は第二次大戦を防止できなかったが、連合国の指導者は戦後の国際安全保障体制の構築にあたって集団安全保障の観念を捨てようとはしなかった。第二次大戦は第一次大戦以上の総力戦であり、また核兵器という過大な殺傷力と極度の不道義性から国家が「使えない」兵器を生んだ。そうした現実のもとでは、「国家政策の一手段としての戦争」という一九世紀的戦争観への復帰は困難だった。連合国首脳はむしろ集団安全保障体制の強化によって連盟の失敗の克服をはかろうとしたのである。

こうした考えにもとづいて国連は、不戦条約よりさらに徹底した武力禁止を加盟国に義務づけ（憲章二条四項）、連盟よりはるかに整備された制裁の仕組み（憲章七章）によりこれを担保する集団安全保障機構としてつくられた。憲章二条四項は次のとおり規定する。

すべての加盟国は、その国際関係において、武力による威嚇または武力の行使（the threat or use of force）を、いかなる国の領土保全または政治的独立に対するものも、また、国連の目的と両立しない他のいかなる方法によるものも、慎まなければならない。

この規定は、第二次大戦という史上最大の惨禍――「アウシュヴィッツ」[1]に象徴されるユダヤ人虐殺、広島、長崎への原爆投下、[2]中国各地での日本軍による虐殺、ナチス・ドイツによる二〇〇〇万以上のソ連国民の殺戮など、後生に語り伝えられるべきあらゆる惨劇がふくまれる――を体験した世界の指導者たちが、大戦後のもっとも重要な規範として制定した国際法である。そうした重みをもつだけに、諸国の政府はこの規範を正面から否定することはなかったし、今後もないだろう。

しかし、それは二条四項の規範が守られてきたことを意味するものではない。第二次大戦後しばしば武力を行使した超大国米ソも、一九九〇年にクウェートに侵略戦争を遂行したイラクも、二条四項を建前上は尊重し、自国の行為を同条違反でないと主張した。しかし、これらの国が二条四項を破ったのはあきらかである。二条四項は、主権国家の武力行使を徹底したかたちで禁じるものであるだけに、武力に訴えても自己の意思を貫徹しようとする政府からは疎んぜられ、脱法化がはかられ、破られてきた規定でもある。国際法における武力規制を考えるには、まずこの二条四項がもつ法規範としての意義と限界を確定しなければならない。

†戦争と武力

そもそも、「戦争の禁止」「戦争の放棄」と「武力の禁止」とは、どういう関係にあるのだろう？　日常語として使われる「戦争」と、「武力行使」、「武力紛争」と同じなのか、ちがうのか。

第二次大戦前の国際法では、戦争を戦時国際法が妥当する法的な状態とする観念が支配的だった。戦争とは戦争意思という国家の一方的意思により成立し、領域主権の相互尊重などの平時国際法とは異なる戦時国際法が妥当する状態とされたのである。自衛、自己保存[3]、在外自国民保護のための干渉などは、武力行使をともなう場合でも国際法的な意味での戦争ではなく、平時国際法により規律される「戦争に至らない武力行使」とされていた。

国連憲章二条四項が、「戦争」でなく「武力の行使」と「武力による威嚇」を控える義務を加盟国に課したのは、国家が日常用語的な意味での戦争に訴えるあらゆる事態を禁止

（1）ナチス・ドイツがユダヤ人を大量虐殺（ホロコーストとよばれる）するためにつくり、運営した強制収容所の代表。ポーランドにあり、ポーランド語の地名はオシフィエンチムだが、ドイツ語の「アウシュヴィッツ」という語が強制収容所の代名詞として一般化した。

（2）広島、長崎への原爆投下は人類史上初の、しかもほとんどが当時の戦争法上保護さるべき文民（一般市民）への核兵器による無差別殺戮であり、双方で計二一万の死者を出した。

（3）国家が自己保存のため自己の判断に従って適当と考える行為——武力行使をふくむ——をとる権利。一九世紀の国際法は一般にこれをみとめた。

しようとしたためである。もっとも戦後も、各国の国家指導者は、国際法上「武力行使」「武力紛争」と説明される行為・事態を日常語の「戦争」ということばで表し続けている。こうして、国連体制の下での「武力紛争」、「武力行使」、「戦争」はほぼ同じ意味で用いられている。大まかにいえば、日常語の「戦争」の行為の面に着目するときは国際法上の「武力行使」、状態・事態の面に着目するときは「武力紛争」にあたると考えてよい。

「戦争」とならんで、「侵略」、「侵略戦争」、「侵攻」といったことばも武力行使をふくむ行為・事態を指すのによく使われる。「侵略」については、国連憲章上も「侵略行為」は国連の強制措置の対象とされており（三九条）、一九七四年に国連総会は「侵略の定義に関する決議」を採択した。そこでは一国の兵力による他国領域への侵入、攻撃などが侵略行為とされており、これらは二条四項が禁じる武力行使にふくまれる。

なお、「武力」の英仏語（国連憲章上の正文）は「force, la force」であり、これを経済的・政治的圧力などの「力」をふくむと解することも不可能でない。実際多くの途上国は二条四項で禁止されるのは武力にかぎらず、力の行使、力による威嚇一般であると主張してきた。しかし、国家間関係でなんらかの力（とくにその威嚇）を用いた交渉は外交の通常のかたちであり、倫理的に望ましくないにせよ、国際法がそれらをすべて禁止するとは考えられない。戦後半世紀以上の——途上国もふくむ——国際慣行からも、二条四項の「force」は武力と解されているといってよい(4)。

憲章上明文で二条四項の武力禁止の例外とされるのは、①国連自身の軍事的措置（四二条）、②自衛権の行使（五一条）、③旧敵国への行動（一〇七条）だけである。このうち③は、第二次大戦を枢軸国と戦った「連合国」と「国連」の同一性（英語では同じUnited Nations）を示すが、今日では実際上問題にならない。

2 集団安全保障のメカニズム

†強制措置と発動の要件

米国など主要連合国の指導者は、戦間期の宥和政策がナチス・ドイツの侵略を許したという連盟の失敗の教訓をもとに、国連を米英ソ中仏からなる安保理の五常任理事国の軍事力をもって将来生じうる侵略国を圧倒する体制として構築した。安保理は国際平和維持の主要な責任を負い（憲章二四条）、安保理は常任理事国すべての同意投票をふくむ加重多数

（4）一九七〇年の友好関係原則宣言は不干渉原則の一環として、「他国の主権的権利の行使を自国に従属させ、かつ、その国からなんらかの利益を確保するために、経済的、政治的その他他国を強制する措置をと［る］」ことを禁じている。すなわち、経済的・政治的圧力を加えることは不干渉原則の一環として禁止されている。

決により平和の破壊などへの強制措置をふくむ種々の実質事項の決定、勧告をおこなう（二七条）。加盟国は安保理の決定を受諾・履行する義務を負う（二五、四八条）。

第七章の集団安全保障メカニズムは国連の要であり、①安保理による平和に対する脅威、平和の破壊、侵略行為の認定、②それらに対する措置（国連の制裁・強制行動）、③例外的に許容される武力行使の根拠である自衛権について規定する（三九〜五一条）。強制措置は、国連による貿易・通信・運輸関係の断絶などの非軍事的措置と武力行使をふくむ軍事的措置の双方をふくむ。両者とも、措置が対象となる国の同意なしにおこなわれる。理論的には国連が擁護する平和価値の侵害に対する国際社会の代表機関たる国連の制裁であり、実際上は五大国をふくむ圧倒的多数の国の行動としておこなわれる強制措置には対象国が屈服せざるをえないという計算に立脚している。

第七章の措置は加盟国からみれば重大な主権侵害であり、主権国家は自己の同意なしに強制されないという国際法の原則に反するとも考えられる。しかし、加盟国は国連憲章という多国間条約の当事国である。憲章は加盟国の国内管轄事項への国連の不干渉義務が第七章の強制措置には適用されないこと（二条七項但し書き）、国連加盟国が安保理の決定を受諾・履行することに同意すること（二五条）を規定している。このように国連の強制措置も、加盟国は国連憲章という条約上の義務を前もって受け入れているというかたちで基礎づけられているのである。

安保理は、「平和に対する脅威、平和の破壊または侵略行動」の存在を認定して各種の強制措置をとる（三九条）。この認定には、法的拘束力を明示する「decide/decision」ということばが用いられており——日本政府訳は「決定（する）」と訳している——、安保理は平和の破壊などの認定に広範な裁量権をもつ。たとえば、「平和」は一般に国際平和を意味すると解されるが、安保理は国内問題であっても平和への脅威を認定してきた。

†国連による「制裁」と現実の軍事行動

集団安全保障体制のありかたとしては、違法な武力行使とそれに対する強制措置の発動を法的な意味での制裁と位置づけ、完全な対応関係にする制度も考えられるが、国連はそういう体制ではない。安保理は国際法違反行為への強制措置をとらないこともできるし、国際法違反でない行為・事態に対して強制措置をとることもできる。これは、国連が五大国の政治的判断にもとづく共同行動による平和の維持を至上命題としたためである。

もっとも多くの場合、強制措置は国際法違反への制裁に一致する。たとえば、二条四項の武力禁止原則違反は平和の破壊などのいずれかにあたり、安保理が強制措置を発動する根拠となる。実際、安保理が平和に対する脅威などを認定して強制措置をとる場合、安保理は決議で対象となる行動や事態を国際法違反と性格づけることが多い。

三九条の平和の破壊などの認定にもとづき、国連は憲章七章が規定する強制措置をとる。国連の設立時には四二条は兵力などの提供を定める特別協定について規定する四三条以下の条文で補完され、具体的な兵力の派遣がなされると考えられていた。しかし国連の発足直後から兵力提供に関する五大国の足並みはそろわず、四三条以下に規定する本来の国連軍は一度もつくられたことがない。このため、戦後さまざまなかたちで強制力をもつ実力組織がつくられ、活動してきた。一九五〇年の「朝鮮国連軍」、一九五六年以来世界各地で重要な役割をはたすようになったPKO、一九九一年にイラクと戦った「多国籍軍」などは、すべてこうした事例であり、憲章上の根拠をめぐって諸国間で激しくあらそわれてきた。

3　国連の非軍事的措置

†南ローデシアと南アへの非軍事的措置

安保理は兵力の使用をともなわない措置を決定することができ（四一条）、加盟国はこれを受諾し履行しなければならない（二五条）。この措置は外交関係、貿易、運輸・出入国関係の断絶、スポーツ・文化交流の禁止など、いっさいの分野におよぼすことができる。冷戦後には安保理は、旧ユーゴとルワンダにおける大規模な人道法違反に対して国際刑事法廷を設置するという、本来条約でおこなうべき措置まで非軍事的措置の一環として実施した。

国連が非軍事的措置をとった最初の例は一九六六年の南ローデシア制裁、次いでより大規模なものとして一九七七年にはじまる対南ア制裁がある。南ローデシアは英国の植民地だったが、英国は自治地域としており、白人植民者の子孫が多数の黒人を支配していた。国連は施政国の英国に多数者(黒人)の意思を反映する措置をとるようもとめたが、これに反発した白人少数派政権は一方的に独立を宣言した。安保理は六五年、南ローデシアの独立宣言に起因する事態の継続が「国際の平和と安全に対する脅威」となると認定して、すべての国に不承認をもとめ(決議二一七)、六六年には全加盟国に武器等の輸出入などを防止するよう決定した。

国連は六八年には南ローデシアに全面的経済制裁を課す決議二五三を採択し、貿易の全面禁止、投資・送金の禁止、自国領域内・自国登録の航空会社の航空機の発着などを禁止し、七〇年には追加措置を課した。南ローデシアの白人少数派政権はこうした国連の措置をふくむ国際社会の圧力に屈服し、同地域の人民は八〇年には黒人多数派政権の率いるジンバブエとして独立を達成した。このように、国連史上初の強制措置は白人少数派政権を倒し、黒人多数派支配のジンバブエの独立という成果をもたらす一要素となった。諸国による不承認と金融制裁は比較的効果があったといわれる。他方、独立宣言から本格的な制裁まで時間がかかり、制裁は厳格には適用されず、制裁の非実効性が批判された。

一九七七年、安保理は強度の人種差別・隔離政策（アパルトヘイト政策）を続ける南アフリカに対し、南アによる武器などの取得を平和に対する脅威と認定し、すべての国が南アに武器などの供与などを停止するよう決定する決議四一八を採択した。アフリカ一の経済大国の南アは欧米との経済的な結びつきが強く、欧米では南ア制裁への抵抗も強かった。しかし、八〇年代になると先進国の市民レベルで反アパルトヘイト運動が盛り上がり、制裁に消極的な政府への批判が強まった。

こうした世論の高まりのなかで、それまで消極的だった西側諸国も徐々に態度を変え、八六年には米国が包括反アパルトヘイト法を成立させて本格的な経済規制をとるようになった。経済、金融、文化、スポーツなど、人間生活の全側面にわたる国際社会からの孤立は、南アの白人政権への大きな圧力となった。九四年、南アは非人種差別的な憲法を制定して白人優位の人種主義的体制から脱却した。国連も制裁を撤廃し、南アは国際社会に復帰した。

南アはアフリカ一の経済大国であり、制裁発動まで時間がかかり、効果があらわれるのにも長い時間がかかった。他方、南ア制裁に際しては、制裁を実施する側に南ローデシアの経験があり、NGOやメディアが先進国の政府や企業の制裁破りを監視した。このため南ア制裁は南ローデシア制裁よりは実効的に機能したといわれる。ただ経済制裁は、経済的圧力により被制裁国を屈服させるというより、国際社会の代表機関としての国連が制裁をとるということがもつ象徴的意義にむしろその主たる効果があるともいわれており、南アの例もそのひとつと考えられている。

†冷戦後の非軍事的措置

八九年の冷戦の終結により安保理の活動は活性化し、国連は経済制裁や不承認にとどまらず、多様な内容をもつ強制措置によってさまざまな紛争や非人道的行為に対処するようになった。これらの措置は、①国連機関による仲介、調停などの紛争の平和的解決活動、②時には加盟国への軍事行動の許可、③ある時は非強制的な、またある時は強制的権能をもつPKO、といった他の方策と組み合わせて実施された。こうした包括的な措置は、カンボジアの内戦、東ティモールのインドネシアからの独立をめぐる武力紛争などの解決に大きな役割をはたした。

冷戦終結後の安保理の非軍事的措置でもっとも興味深いのは、旧ユーゴ、ルワンダにおける人道法違反行為などを裁く国際刑事法廷の設立である。安保理は、一九九三年に旧ユーゴ内での重大な人道法違反がおこなわれている事態を平和に対する脅威と認定し、第七章にもとづいて人道法の重大な違反を裁く国際刑事裁判所（ＩＣＴＹ）を設置した。ルワンダについても九四年、同様な裁判所（ＩＣＴＲ）を設置した。

これらの裁判所は犯行地の国内裁判所に優越する裁判権をもつにもかかわらず、法律と同等ないし上位の効力をもつ条約でなく、安保理決議で設立された。このため、被告人の権利保障（とくに法律で設置された裁判所の審理を受ける権利を保障する自由権規約一四条）に違反するのではないかが問題となり、はげしく論議された。旧ユーゴ国際刑事裁判所はこうした抗弁を棄却したが、その理由づけはかならずしも説得的といえず、法的には問題がのこった。

4 軍事的措置

非軍事的措置の中心となる経済制裁にも問題は多い。制裁対象国と密接な経済関係をもつ国は制裁の厳格な適用を回避しようとする。また経済制裁には、平和破壊国の指導者よりむしろ一般民衆を苦しめるという根本的な問題がある。輸出入禁止などの経済的措置は豊かな指導層よりも貧しい庶民を直撃するからである（第4章2参照）。

†憲章が予定した国連軍と実際の国連軍

国連の集団安全保障の要としてつくられた四二条は次のように規定する。

安保理は、第四一条に定める措置が不十分だと認め、または不十分なことが判明したときは、国際の平和と安全の維持または回復に必要な空軍、海軍または陸軍の行動をとることができる。

憲章制定時には、四二条が定める軍事的措置をとるには加盟国との間に四三条に規定する特別協定（条約）を締結する必要があると考えられていた。しかし、憲章が予定した国連軍は一度も設立されなかった。五大国は憲章の予定する国連軍のありかたについて検討したものの、合意に達することができなかったのである。

冷戦期には、米ソを盟主とし憲章五一条の集団的自衛権を根拠とする事実上の軍事同盟が対峙し、武力行使にかかわる問題に国連が大きな役割をはたすことはなかった。冷戦終結後、安保理は一時的に活性化し、イラクのクウェート侵略への多国籍軍の軍事行動の許可など、国際平和をゆるがす問題への重大な関与をみせたが、そのときも本来の国連軍を組織して平和の破壊に対処することはなかった。このように、国連は憲章四二条以下が予定する国連軍とは異なる国連軍を派遣して多様な武力紛争に対処してきた。①安保理の勧告にもとづく軍事行動（「朝鮮国連軍」）、②安保理が許可する加盟国の軍事行動（「湾岸戦争」における「多国籍軍」の軍事行動など）、③限定的な武力行使権限を付与されたＰＫＯ（二一世紀にアフリカに展開中のＰＫＯのかなりのもの）などである。これらは、憲章の予定する軍事的措置に代替して国連の集団安全保障体制を補完する機能をはたしてきた。

†「朝鮮戦争」と「湾岸戦争」への国連の対応

一九五〇年に設置され、北朝鮮・中国軍と戦った朝鮮国連軍は、「平和の破壊」の認定はあったものの、四三条の特別協定にもとづく国連軍ではなく、加盟国が安保理の勧告に応じて自発的に出兵するというかたちをとった。実際にはこの「国連軍」は、すでに韓国で北朝鮮軍と戦っていた米国軍とその同盟軍を国連軍として正当化するものだった。韓国への北朝鮮の武力侵攻があったことは疑いないが、米ソの対立、ソ連の安保理欠席のなかでの決議採択、中国の北朝鮮側への参戦という状況からみて、朝鮮国連軍を国際社会の代表機関としての国連の行動と性格づけることにはかなりの疑問があった。

一九九一年の「湾岸戦争」における多国籍軍の軍事行動も、本来の国連軍の代替行動的なものだった。イラクのサダム・フセイン政府は一九九〇年にクウェートに侵攻し、これを併合した。国連は直ちに安保理決議六六〇で平和の破壊を認定し、決議六六一ではイラクへの非軍事的措置を決定した。さらに、一九九〇年一一月の決議六七八ではクウェート政府に協力している加盟国に対して、その地域における国際の平和と安全を維持するために「必要なすべての手段をとる権限」を与えた。「必要なすべての手段」とは武力行使をふくむものであり、多国籍軍は九一年にイラクを攻撃しクウェートを解放した。

決議六七八は四二条を軍事行動の根拠条文とするものでなく、多国籍軍は四三条が予定する特別協定にもとづく国連軍ではなかった。また、国連側の要求にもかかわらず、米国は多国籍軍の指揮権を国連に委ねようとしなかった。ただ、冷戦終結を受けて安保理では常任理事国間の深刻な対立がなかった。多国籍軍には米英仏などの欧米諸国、エジプト、サウジアラビアなどのアラブ諸国が参加し、ソ連、チェコ、ギリシア、豪州、セネガルなどが非軍事支援をおこない、日独が資金援助をおこなった。

このように、国連はイラクのクウェート侵略に即時に対応して、イラクと宗教・文化・文明・民族を共にするアラブ・ムスリム諸国をふくむ対イラク包囲網を構築してクウェートを解放したのである。そこで組織された多国籍軍は、政治・経済体制、文化・宗教・文明を異にする諸国をふくむ、高度の国際的・文際的正統性をもつものだった。その意味ににおいて、「湾岸戦争」における多国籍軍は、形式的には憲章四二、四三条にもとづく国連軍ではなかったものの、実質的には国連の集団安全保障の理念に近い軍事行動だったといえるだろう。

5　国連の平和維持活動

†PKOの誕生

戦後、国連の武力禁止原則にもかかわらず世界各地で武力紛争は絶えなかった。国連の集団安全保障体制はそうした武力紛争の勃発の阻止には無力だったが、①武力紛争を中断させ、②敵対勢力を引き離して武力紛争の再発を防ぎ、③停戦状態を保つことによって紛争の解決を促進するうえでは大きな役割をはたした。この活動が国連平和維持活動（PKO）である。

PKOとは一般に、①紛争当事者と駐留国の同意を得て中立・公平な立場で行動し、②原則として武力を行使しない国連指揮下の軍隊ないし軍事監視団とその活動を指す。こうした性格は実は一九五〇年代にPKOが発足したときのもので、二一世紀の今日にはこれと異なる多様なPKOが活動しているが、そうした新たなタイプのPKOについてはⅢ

－3で説明する。(5)こうした「伝統的」ＰＫＯには、非武装・軽装備の軍将校からなる軍事監視団による停戦・休戦協定の監視活動と、軽火器の部隊からなる平和維持軍による停戦・休戦の維持と敵対行為の再発防止活動とがある。ＰＫＯが問題になるのは主に平和維持軍である。

ＰＫＯは憲章上その活動を根拠づける条文がなく、一九六二年ＩＣＪ勧告的意見で根拠づけられ、発足時の原則を中心としてその後の実行もふまえてＰＫＯに関する規範がつくられてきた。これが右のＰＫＯの性格としてふれた同意原則、中立・公平原則といったものである。

まずＰＫＯは第七章の強制措置でないため、受け入れ当事国（および紛争当事者）の同意にもとづいて派遣され、紛争当事国内に駐留する。受け入れ国の同意とは、領域主権国家としてＰＫＯという軍隊を自国内に駐留させ、ＰＫＯが任務を遂行することをみとめる同意である。これに対して、停戦・休戦の維持、敵対兵力の分離などの任務遂行への紛争両当事者の同意はＰＫＯ派遣の形式的同意としてはかならずしも要件とされていない。ただ、

（5）日本国内のＰＫＯ論議は、二一世紀のＰＫＯの実態と乖離してしまっている。そうしたＰＫＯの変容にもかかわらず、日本の一部メディア、野党、そして市民の意識が今なお初期ＰＫＯのイメージにとらわれ、それにひきずられて国内法制も十分変わっていないためだが、その点もⅢ－3でふれる。

この同意がないPKOが円滑におこなわれることは困難であり、紛争両当事者の同意を確保することは実際上の慣行とされてきた。

第二に、PKOは中立・公平な立場を維持しなければならず、紛争当事者の関係に介入したり影響を与えてはならない。この原則も、第七章の強制措置が対象国を平和の破壊など有責なものと認定して、主権を犯して強制行動をとるのと対照的である。PKOの任務はあくまで紛争当事者間の停戦・休戦を確保し、紛争の最終的解決への望ましい環境を維持するという現状維持・保守的なものであり、紛争当事者に働きかけるという能動的なものではない。

第三に、伝統的PKOの場合、軽装備の軍隊であり、自衛以外の武力行使は禁止されている。これも、第七章の軍事的措置が圧倒的な軍事力により平和破壊国を抑止・鎮圧するという観念にもとづくのと対照的である。もっとも、一九六〇年にコンゴ共和国独立にともなう争乱に対して派遣されたコンゴ国連軍は事態の悪化にともない内戦発生を防止するのに必要なあらゆる措置をとる権限を付与され、一定程度武力を行使したが、その後、非強制・自衛原則は一九八〇年代まではかなり厳格に守られてきた[6]。

†PKOの実効性

ＰＫＯは本来の集団安全保障がほとんど機能しなかったのとは対照的に、失敗例もあるものの、おおむね成功だったと評価されている。なぜ軍事的に軽装備で戦闘能力の低いＰＫＯが、停戦の監視と戦闘行動の再発防止という困難な任務をはたせたのだろうか。

停戦合意を破る誘惑は、紛争について強硬意見をもつ軍部や国内勢力や敵軍と対峙する前線部隊に常に存在する。とくに前線部隊の散発的な衝突は避けられないが、それが扇情的に報じられ、そこから国内強硬派が力を得ることも多い。また、国内経済の悪化などにより国民の政権への支持が低下すると、政権担当者は敵対する紛争当事国や内戦当事者を悪玉にすることによって世論を煽り、支持を高める誘惑にかられる。

しかし停戦を破れば武力紛争が再発し、人命は失われ、国内経済上も大きな負担となる。さらに国連との合意を破ったことによる強い国際的・国内的非難と大国からの経済援助の中止や国連による経済制裁などの不利益が予想される。国連という国際社会でもっとも高い正統性をもつ主体がＰＫＯというかたちで介在することの意義はそこにある。こうした国連の正統性とそれにもとづく停戦合意侵犯への不利益という認識がＰＫＯの実効性を支えてきたのである。

（6）以上の三原則はＰＫＯの非強制性を示すもっとも重要な原則だが、国連に対して責任を負う司令官を国連自身が任命することも原則とされる。これは、国連という国際的正統性、中立・公平性、権威を確保するためである。

逆にそうした計算が紛争当事者にはたらかないとPKOは機能しにくい。国連の正統性と権威、国連のPKOに反した場合の不利益が紛争当事者に十分認識されていなければならない。また、PKOとして駐留する軍人がそれを理解・体現して行動しなければならない。PKOの正統性と権威が疑われ、紛争当事者に違反の際の不利益の十分な認識がないとき、PKOは危機に瀕する。

戦後国際社会のひとつの特質は四世紀以上におよんだ植民地体制の崩壊だった。その際、独立した植民地は基本的に既存の植民地勢力による国境線と行政線を基準とした独立国間の国境画定をおこなった(第5章I－2参照)。植民地体制の崩壊は、世界史的意味での革新性・革命性と、独立国の既存の領域性の継承という革命性の枠内での保守性をあわせもっていたのである。PKOはそうした保守性に適合的な活動だった。冷戦の継続も勢力圏の相互尊重に立脚しており、その意味で保守的なものだった。こうした保守的な体制の下でさまざまな現状変更の要求と多様な民族的・宗教的・経済的対立は封じ込められてきた。

冷戦の終結はこのように抑え込まれていた多様な要求・対立を顕在化させた。同時に、アフリカを中心とする「破綻国家」も顕在化した。独立運動を指導した第一世代の指導者はすでに退場し、第二世代以降のアフリカ諸国の指導者の多くは私利私欲に走り、腐敗し、大規模な人権侵害をおこなう独裁者だった。その結果、かなりの数のアフリカの国が国家として機能不全に陥ったのである。これが破綻国家である。

こうしたなかで、PKOは二つの方向への新たな課題を突きつけられることになった。ひとつは、破綻した国家経済、飢饉、内戦などがもたらした膨大な難民、飢餓者、国内難民への人道援助を確保し、さらにはひたすら無意味な殺戮に走る武力紛争当事者を鎮圧するための武力行使である。これは、それまでの同意原則、非強制原則からの大きな転換を意味した。第二は、内戦で疲弊した国家の再建である。PKOは停戦の監視、兵力の分離といった軍事的役割のみならず、民生面で国造りの助言者としての役割をもとめられた。いずれもPKOにとって大きな転換を意味したが、これについてはⅢ－3で検討することにしよう。

Ⅱ　武力行使の国際法的正当化の諸形態

1　自衛権

†自衛権の意味と歴史

戦後、戦争違法観は国連憲章に武力行使・威嚇の禁止というはるかに厳格なかたちで規定された（二条四項）。この武力禁止原則は国連総会・安保理の決議、国際会議、各国の声明、ＩＣＪ判決などでくりかえし引用され確認されてきた。諸国がこの規範を正面から否定することは政治的に困難であり、諸国政府は武力行使に訴える際、なんとか国際法の武力禁止規範に抵触しない正当化根拠を援用しようと努める。

こうしたなかでもっとも重要な正当化根拠が自衛権である。自衛権はすでに戦前から武力行使を正当化するもっとも有力な観念だっただけでなく、国連憲章が国家に明文でみとめる唯一の正当化根拠である（五一条）(7)。諸国の政府は武力に訴えても自己の意思を貫徹しようとする際、できるだけ自衛権の行使というかたちで自国の武力行使を正当化しようと努める。他方、武力行使の対象となる国や武力行使を非難する第三国、国際組織などは、自衛権の行使にあたらないとして武力行使国の主張を論駁しようとする。武力行使する国の国内でも、そうした政策に反対する政党、メディア、学者などは政府による自衛権の援用を批判し、論争となる。この論争のプロセスで両者の主張の説得力の総体的優越があきらかとなり、それは一定の政治的な力をもつ。

憲章五一条は自衛権を次のとおり規定する。

この憲章のいかなる規定も、国連加盟国に対して武力攻撃が発生した場合には、安保理が国際の平和と安全の維持に必要な措置をとるまでの間、個別的または集団的自衛の固有の権利を害するものではない。この自衛権の行使にあたって加盟国がとった措置は、直ちに安保理に報告しなければならない。（後略）

この条文はどのように解釈すればよいのか。その意義はどこにあるのか。諸国はこの規範にどのような態度をとってきたのか。以下考えてみよう。

まず、「憲章のいかなる規定も……害するものではない」という規定の仕方から示唆されるように、自衛権は国連の武力禁止原則の例外として消極的にみとめられているにすぎない。国連はあくまでも武力行使・威嚇の一般的禁止と違反者への制裁を中核とする体制であって、自衛権は「安保理が国際の平和と安全の維持に必要な措置をとるまでの間」にかぎってみとめられるにとどまる。自衛権が国連の強制措置を規定する第七章の最後におかれていることも、自衛権の集団安全保障への従属性を示唆するものといえる。

しかし第二に、自衛は「固有の権利」とされている。これは、「自衛＝みずからを守る」ことは長いあいだ当然の権利とされ、その自明性が疑われることがなかったためである。

（7）ほかに旧敵国に対する行動をみとめる一〇七条があるが、第二次大戦後日独伊が戦後半世紀以上重要な平和愛好国家として諸国からみとめられている今日、同条項は死文化したと考えられている（本章Ⅰ‐1参照）。

ただ、本条が自衛権の「本来性」を集団的自衛権にまでおよぼす構文になっているのは問題であり、この点は後述する。

第三に、「武力攻撃が発生した場合」というのが自衛権発動の要件だが、これをどうとらえるべきか。この要件の下で先制自衛が許されるかという問題は戦後長いあいだあらそわれてきた。肯定説は敵国のミサイル攻撃やテロリストの隠密攻撃を想定して、現実に攻撃がおこなわれるのを待っていたのでは間にあわないという。他方、そうした先制行動を無条件にみとめたのでは五一条の規範的意義は失われる。ただ先制攻撃容認説も、たんなる予見可能説でなく法益侵害の切迫性を要件にしているのであれば、加害行為の完成でなく武力攻撃への着手を要件とする否定説との差は小さくなる。両説とも、ミサイルの発射準備など実行の着手があると解せるときは自衛権を行使できるという点では一致がある。

実際の国際関係で諸国の政府が自衛権を援用するとき、国連憲章五一条もさることながら、一八三七年のキャロライン号事件におけるウェブスター米国国務長官の定式を引くことが多い。これは、英領植民地カナダの反徒を援助して米国領内に停泊中のキャロライン号を英軍が急襲して破壊した事件だが、英国との交渉で米国政府は、英国が自衛を主張するのであれば「自衛の必要が急迫し、圧倒的で、手段の選択の余地がなく、熟慮の時間もないもの」であったことを証明すべきであり、自衛の手段は「その必要によって限定され、限界内にあるべき」だと主張した。英国は自軍の行動がこの要件を満たしていたと主張したが、米国領の侵犯については遺憾の意を示し、紛争は解決された。

この事件は米国の武力攻撃への英国の反撃にかかわる事例ではない。国内法ではむしろ緊急避難とされる事例だった。また、当時自衛権は自己保存権と互換的に用いられていた。このように、国内法上の緊急避難に近い事態が自衛権の名でウェブスターの定式に取り込まれ、その後踏襲されることになったのである。

戦間期に自衛権は違法な戦争への武力による反撃の権利とされる傾向が強まった。一九二八年の不戦条約締結に際して各国が自衛権の留保をして、その傾向はさらに強まった。ただ、緊急避難型の自衛権の観念も完全に放棄されることはなく、ウェブスターの定式は第二次大戦後も自衛権の定義としてよく引かれる。とくに、「急迫・圧倒的、手段の選択の余地も熟慮の時間もない」という自衛の必要性と、「必要によって限界づけられる」という均衡性の要件は、武力攻撃への反撃としての自衛権にも妥当するものとして一般に受け入れられている。

†集団的自衛権

集団的自衛権とは、他国への武力攻撃を自国への攻撃とみなして被攻撃国を防衛する権利である。国連憲章五一条は「集団的自衛の固有の権利」と規定するが、実は憲章が創り出した権利である。当時、米州諸国やアラブ諸国は第二次大戦後に地域的集団安全保障体制を設けて自国の安全を確保しようとしていた。しかし憲章上、地域的集団安全保障の強制行動には安保理の許可が必要とされ、安保理の判断によっては許可が与えられない可能性があった。このためこれらの国々の強い要望で集団的自衛権が規定されることになったのである。

北大西洋条約[8]五条、全米相互援助条約三条、日米安保条約五条などは、集団的自衛権にもとづく共同防衛を規定する。他国への攻撃を自国への攻撃とみなすのはあきらかにフィクションであり、集団的自衛権がかつての戦争の自由と結びついた同盟の自由として機能しうることを意味する。実際、北大西洋条約や全米相互援助条約は、条約当事国間の集団安全保障と外部の敵に対する軍事同盟という性格を兼ね備えている。これに対して、日米安保条約はもっぱら外部の敵に対する同盟条約である。[9]

集団的自衛権は他国への攻撃を自国への攻撃とみなすものゆえ、濫用の危険性は高い。たとえば米国のベトナム戦争は集団的自衛権を有力な正当化根拠とするものだった。だが、遠く太平洋を隔て腐敗した南ベトナム政府に対する北ベトナムの攻撃を米国自身への攻撃とみなすという主張は、第三国に対してだけでなく米国民に対しても説得力をもちえなかった。米国は北ベトナムと南ベトナム民族解放戦線の粘り強い抵抗を打破することができず、七五年ベトナムから撤退した。

自衛権は国連の集団安全保障体制の例外であり、まして集団的自衛権は同盟の自由に連なる「鬼子」である。ただ、集団的自衛権が集団安全保障と補完的に機能することもないわけではない。たとえば、一九九〇年にイラクがクウェートに侵攻した際、安保理は米国を中心に組織された対イラク多国籍軍に、クウェート政府の回復と地域の国際平和と安全の回復のために必要なすべての手段をとる権限を与えた。多国籍軍はこの決議にもとづいてイラクと戦い、クウェートを解放した。多国籍軍の行動は国連の集団安全保障の理念に近いものだったが、四二条にもとづく軍事措置ではなく、集団的自衛権の行使という側面も有していたのである。なお、一九八六年のニカラグア事件判決でICJは、集団的自衛権の行使の要件として武力攻撃を受けた国がそのことを宣言し援助を要請することをあげ、その後の判例・学説もこの線上にある。集団的自衛権の濫用の可能性をすこしでも抑えようという趣旨である。

(8) NATO(北大西洋条約機構)を基礎づける米国と西欧諸国との地域的集団安全保障・同盟条約。

(9) 国際政治・戦略論などでは「集団安全保障」を「集団で国家の安全を保障する」というゆるい意味で使うこともあり、ほぼ純粋な同盟条約も集団安全保障条約とよぶこともある。

2 自衛権以外の正当化根拠

†自決権

第二次大戦後生じた最大の国際社会の変動は約五世紀におよぶ欧米植民地体制の崩壊だった（「脱（非）植民地化」）。脱植民地化は、膨大な数の人々を巻き込んだ世界的規模の支配体制の変革だったが、多くは平和裡に遂行された。ただ、フランスからのアルジェリア、ベトナムの独立、オランダからのインドネシア独立、ベルギーからのコンゴ独立などでは独立にともなう抗争が武力紛争化した。

植民地支配からの解放をもとめる人々は、「（民族）自決」を主たるスローガンとした。国連憲章上「人民の自決権」と規定された（一条）自決の権利は、一九六〇年の植民地独立付与宣言、六六年の国際人権規約共通一条、七〇年の友好関係原則宣言、七〇年代以降のICJの判決や勧告的意見などでくりかえし確認されてきた。ただ、肝心の自決権の主体たる「人民」を判定する明確な基準と判断機関が存在しないため、複数の民族集団が自決を主張して、内戦・国際紛争化することがすくなくない。

すくなからぬ途上国の政府は、自決権を行使する民族解放戦争では武力の行使もみとめられると主張してきた。一九六一年にゴアを「解放」したインド政府、一九八二年にフォークランド（マルビナス）島の「解放」を試みたアルゼンチン政府は、民族解放戦争を植民地支配国による「永久侵略」への自決権の行使として正当化した。しかし、インドの主張は一部の途上国の支持を得てインドは実際にゴアを「解放」したものの、非暴力・不服従を説いたガンディーの国インドという名声は大きく傷ついた。アルゼンチンの武力行使はラテンアメリカ諸国からは一定の支持を得たものの、国際社会の広範な支持を得ることはできず、フォークランド島を実効支配する英国の抵抗により挫折した。

二〇世紀末にはソ連、ユーゴスラヴィアなどの連邦国家の解体にともなって多くの民族集団が独立をもとめて抗争した。自決権を根拠とする民族集団の排他的な主張は、しばしば他民族集団の虐殺など悲惨な結果をもたらした。一九九〇年代以降、自決権を根拠とする武力行使に対して国際社会はいっそう厳しい態度をとるようになってきている。

†在外自国民保護のための干渉

欧米先進諸国は途上国で内乱などがおこり、そこに居住する自国民の生命・安全が脅かされると判断した場合、しばしば自国民を保護するため軍隊を送り込んできた。第二次大戦前は、こうした「在外自国民保護のための干渉」は、国際法自身が帝国主義的列強の強い影響下にあったことから国際法上合法とされてきた。戦後、厳格な武力禁止原則が支配的となるなかで、在外自国民保護のための武力行使にははるかに厳しい目が注がれるようになった。すくなくとも一九八〇年代までは、国連憲章上明文の許容規定がないこともあって、国際法上みとめられないとする言説が有力だった。

一九六四年の米国・ベルギーによるコンゴ出兵、七八年のエンテベ事件におけるイスラエルのウガンダへの出兵、八三年の米国によるグレナダへの出兵などは、正当化根拠として「人道性」も掲げつつ、自国民保護のための軍事行動の色彩の強いものだった。これらはすべて国際法違反という非難を受けたが、その非難の程度は微妙に異なっていた。前二者への非難は軽微で一過性のものだったが、米国のグレナダ出兵にははるかに強い批判が加えられた。安保理では、米国による「国際法、国家の独立・主権・領土保全の重大な侵犯」を非難する決議案が提出され、米国の拒否権で否決されたものの、西欧諸国も賛成ないし棄権にまわった。総会ではほぼ同一の内容の米国非難決議が圧倒的な票差で可決された。

これらのことから、在外自国民保護のための武力行使については、生命価値侵害阻止の緊急性、武力行使による領域国主権の侵害の程度などにより、諸国が微妙に異なる判断を下していると考えられる。具体的事案により国際法の評価が微妙に異なりうるという相対性は、危機に瀕している大量の人命を救うために武力が行使される人道的干渉の場合、さらに明確なかたちであらわれる。人道的干渉は、合法か違法かという二分法で割り切るにはあまりに複雑な問題だからである。

†人道的干渉

今日人道的介入といわれることもある人道的干渉とは、「humanitarian intervention」の訳語で、「人道」を正当化根拠とする武力干渉を指す(10)。欧州列強が一九世紀から二〇世紀初頭に人道の名の下にオスマン帝国などに対しておこなっていた武力干渉などがその例として引かれる。

戦後、厳格な戦争違法観（武力禁止原則）と強化された不干渉原則が支配するなかで、「人道的干渉」は米国の一部の学説を除き、欧米諸国でも国際法上違法と考えられていた。戦後国際社会で結果的にもっとも人道性が高かった干渉は、①バングラデシュ独立の際、パキスタンによるバングラデシュ人民の弾圧に干渉し、結果としてパキスタンによるバン

（10）国際法では「intervention」を「干渉」、「interference」を「介入」と訳すのが一般的な用語法であり、「humanitarian intervention」は「人道的干渉」と訳されてきた。ただ、一九九〇年代から「人道的介入」という言いかたが国際政治学、ジャーナリズムを中心に広まり、「人道的介入」という語を用いる国際法学者も出てきている。

グラデシュ人民の大量殺戮を阻止した一九七一年のインドのパキスタンへの軍事介入、②イディ・アミン大統領による恐怖政治に対して国境を越えて侵入し、アミンを除去した七九年のタンザニアのウガンダ侵攻、③ポル・ポト政権による大量殺戮がおこなわれたカンボジアに侵攻して、同政権を打倒した七九年のベトナムのカンボジア侵攻などがあげられるが、これら三国は自国の行動を人道的干渉として正当化しようとしなかった。三国とも実態的には無理があるにもかかわらず、基本的に自衛として自国の行動を正当化しようとした。(11) これらのうち、ベトナムとインドの軍事行動は国際社会、具体的には国連で強い批判を受けた。

先進国もこうした事情を熟知しており、武力干渉に人道的動機がふくまれる場合でも人道的干渉の観念に訴えて武力行使を正当化しようとしなかった。欧米諸国は一九六四年のコンゴ内戦や七九年の中央アフリカのボカサ皇帝による大量虐殺などに武力介入したが、人道的干渉という正当化は回避した。一九九九年のNATOのユーゴ空爆のように人道的干渉との正当化が可能なときでさえ、NATO諸国政府は慎重に人道的干渉ということばを避け、「人道的悲劇を終わらせるための行動」などの表現を用いた。(12) ただ、一九九〇年代以降人道的干渉をめぐる論議は微妙に変化したが、それはⅢで検討する。

III 国連体制の意義と限界

1 集団安全保障体制の機能不全

†集団安全保障の機能不全

国連の集団安全保障は、憲章四二条以下に規定する軍事的措置が一度も本来のかたちで適用されなかったことに象徴されるように、本来の機能を発揮しなかった。国際社会における戦争の封じ込めと生じた武力紛争への対処は、みずからが武力禁止原則侵犯の常習者だった米ソを中心とする大国の手に委ねられ、おもに国連外でおこなわれた。国際政治学や国際関係論が安全保障の問題をあつかう場合も、このような現実を反映して国連の集団安全保障はほぼ無視してきた。

なぜ集団安全保障は機能しなかったのか？　これに対しては、米ソ二大国が対立し五大

(11) 大沼（一九九八）一〇五〜七頁。
(12) 大沼（一九九八）一〇七〜九頁、大沼（二〇〇一a）五〜九頁。

国の協調によって侵略を防ぐという集団安全保障構想の前提が満たされなかったためといわれてきた。その象徴が安保理の常任理事国の拒否権とされる。常任理事国のみならずその同盟国や友好国が平和の破壊などを犯した場合でも、友好関係にある常任理事国の拒否権によって強制措置が拒まれ、集団安全保障は機能しなかったのである。たしかに、米国のカリブ海諸国への軍事干渉、ソ連の東欧諸国への軍事干渉、イスラエルのパレスティナへの頻繁な攻撃など、常任理事国の拒否権で安保理が効果的な行動をとれなかった例は数多い。

だが、拒否権は集団安全保障の機能不全のひとつの理由にすぎない。冷戦終結後米ソの対立が一時緩和され、拒否権の発動も減少し、「安保理の活性化」が語られたが、そこでも本来のかたちの集団安全保障は機能しなかった。なぜか？

さまざまな理由があるが、決定的な理由は、集団安全保障の強制措置が参加国に過大な犠牲を強いるという点にある。経済制裁にしても、被制裁国と貿易・金融関係を断てば自国経済に悪影響がおよぶ。南ローデシア制裁の際にアフリカ諸国で制裁に参加しなかった多くの国は経済的に弱体であり、経済制裁に参加すれば自殺行為となるため参加を拒んだのである。まして軍事的措置は実態的には戦争である。被制裁国が一定の軍事力をもつとき制裁国の側に犠牲者が出るのは必至であり、軍事制裁への参加には重大な覚悟がもとめられる。

　集団安全保障とは、戦争を国際社会全体の関心事とし、ある国が不正・違法な戦争をおこなった場合には他の国々がその国に制裁措置をとることによって国際平和を維持するという仕組みである。その理念は正しいとしても、現実の国家は自国の枢要な利益が侵害されたときでなければ自国民を犠牲にさらしてまで他国の侵略を阻止しようとは考えない。軍事大国の常任理事国でさえ、自国の戦略的・経済的利益がかかわらない紛争には介入しようとしない。国家指導者が自国に実質上無関係な第三国の侵略への軍事制裁に参加しようとしても、集団安全保障の大義で自国民を説得することは困難である。

　このように、集団安全保障が機能しないのは、諸国の指導者・国民がそのもっとも強力な手段である軍事的措置に参加して自国に被害が出ることを避けたがることに根本的な原因がある。これを克服するには、①他国の第三国への侵略でさえ自国の侵略と同じように重大事と考えるよう、心理的に国際社会の一体感を高める（「国際共同体のために死ぬこと」が「お国のために死ぬこと」と同じくらい高い評価が得られるよう、人々の国際社会への帰属意識を高める）、②侵略国への軍事制裁が大規模な戦争となり多数の被害者が出ることのないよう、諸国の軍縮を進める、③経済的格差、貧困、宗教的・民族的不寛容、重大な人権侵害、偏見、歴史の記憶にもとづく他国（民）への憎悪感など、紛争の原因となる要因を除去・軽減させるため多様な政策をきめこまかに実施する、などの方策を進めていかなければならない。

こうした方策なしに集団安全保障が「本来のかたち」で機能することを期待しても、それは虚しい期待にとどまらざるをえない。しかしこれらはいずれも、世界の諸国民の根本的な意識改革、包括的軍縮、戦争を生み出す社会的・経済的構造の改革といった、途方もなく時間のかかる課題である。二〇世紀末から人間の安全保障、平和構築、予防外交など、軍事力の威嚇による平和の保障にかぎらない方策が注目され実践されているのは、こうした集団安全保障に内在する根本的限界という認識にもとづいているのである。

†内戦への対応

戦後の集団安全保障体制のもうひとつの誤算は、国際社会における武力紛争のありかたである。国連が創られた時点では大量の人命を奪う武力紛争は国家間戦争にかぎられるという想定が一般的だった。大戦前にもスペイン内戦、ロシア革命にともなう内戦[13]など、多数の犠牲者を出した内戦は存在したが、第二次大戦という世界的規模の国家間戦争のイメージは強烈だった。実際には戦後、国家間戦争をはるかに上回る犠牲を生んだのは、国内の内戦であり、政府や国内武力集団による自国領域内住民の虐殺だった。ところが内戦に関する国際法は十分発達していない。伝統的な国際法のもとでは内戦の場合正統政府は外国政府に兵力の派遣をふくむ援助をもとめることができるとされており、反乱側への外国からの援助は反乱主体が戦っている政府が代表する国家への干渉として許されない、とされていたのである。

正統政府は国家を代表するのだからこの考えかたは正しいように見えるが、現実はそう簡単でない。「正統」政府がほんとうに国家を代表する正統なものかという問題があるからである。米ソは第二次大戦後「正統政府」の要請の名の下にしばしば他国に軍事介入した。一九五六年のハンガリー事件、六八年のチェコのプラハの春への侵攻、八八年のアフガニスタン侵攻などは、こうした正当化根拠にもとづくソ連の軍事介入の代表例だった。しかしソ連の介入はすべて抑圧的な傀儡政権を他国の人民に強要するものであり、国連などで国際法違反という非難をふくむ厳しい批判にさらされた。米国も、南ベトナム政府の「要請」にもとづいて集団的自衛権の行使と称してベトナム人民の自決権行使に軍事介入した。これらの事例は「正統政府」による援助要請の問題性を如実に示すものだった。

こうした経緯もふまえて、一国内でいかに悲惨な事態が生じていようと内戦は国内問題であり、当該国家の正統政府に委ねるべき問題であるという不干渉原則を中核とする対応

(13) 内戦とは一般には国内の二以上の住民集団間の武力紛争であって一方当事者が政府であるもの、と定義される。二〇世紀後半にはこの定義にあてはまらない政府を一方当事者としない内戦もあらわれてきた。

は次第に是正されてきた。国際人道法の観点からも、内戦にも一定の人道法規範を適用すべきことがもとめられ、一九四九年のジュネーヴ人道法諸条約、同追加議定書などにより、徐々に内戦についても国際法の規律がおよびつつある。とはいえ今日なお、内戦に対する国際法と国連の対応は即応性を欠き、生じてしまった現実への後追いのかたちとなっている。脱植民地化の結果誕生したアフリカの国のなかには、国内の異質性が高く、指導者の公共意識・責任感もまったく欠けており、主権国家として最低限の任務をはたせない「国家」があったのがその一因である。

2 内戦と複合的武力紛争の実例

†ソマリア内戦への国連の介入の「失敗」

伝統的な内戦は、「正統政府」に対して国内敵対勢力が武力闘争をおこなうものだったが、二〇世紀後半、そもそも政府の存在自体が疑問視される「破綻国家」が登場してきた。一九九〇年代初頭のソマリアはその典型だった。ソマリアでは長期にわたる氏族間の抗争により九〇年代初頭には政府の権威と権力が崩壊してしまった。各地を実力で支配する「軍閥」が割拠し、相互に略奪、暴行、襲撃をくりかえす無秩序状態に陥ったのである。

国連は、当初非強制型の第一次国連ソマリア活動（UNOSOM－Ⅰ）を派遣するとともに人道援助を実施したが、人道援助活動さえ略奪・襲撃されたため、多国籍軍（UNITAF）に人道援助に携わる要員の安全確保のために必要なあらゆる措置——武力行使をふくむ——をとる権限を付与した（決議七九四）。UNITAFは、約三万七〇〇〇名の兵力で人道援助と治安回復に努め、内戦による餓死者を劇的に減少させるなど大きな役割をはたした。

しかしUNITAFの中核となった米国は、ソマリアという自国に重大な利害関係のない国で自国軍に犠牲が出ることを嫌い、自国軍の早期引き上げを強く主張した。このため国連は、人道援助のための安全確保、強制的武装解除などの武力行使権限をもつ第二次国連ソマリア活動（UNOSOM－Ⅱ）を派遣した（決議八一四）。これにともなってUNITAFは敵対諸勢力の武装解除を実施することなく撤退した。

国連は和平工作を進めつつ米国特殊部隊とともに勢力の武装解除を試みたが、抵抗を受け、かなりの犠牲者が生じた。米軍の犠牲がセンセーショナルに報道されたため、米国内でのソマリアからの撤兵論は一気に高まり、米国軍をはじめ実力のある部隊はあっという間に撤退してしまった。軍事行動を遂行する中核を失ったUNOSOM－Ⅱは十分な成果をあげることができず、九五年にはソマリアから全面的に撤退せざるをえなかった。

UNOSOM–IIはブトロス・ガリ事務総長が『平和への課題』(一九九二年)で示した「平和強制部隊」の性格をもつ最初の事例であり、大きな注目を引いた。しかし米国は国連のそうした新しい活動に十分な支持を与えようとせず西欧諸国や日本も冷淡で、その結果ソマリアにおける平和の回復という任務を達成することができなかった。メディアはこれを国連の「失敗」と決めつけ、多くの学者や国連自身もこれを失敗と評価した。実際にはこれは「国連の失敗」ではなく、そうした結果をもたらした「米国の失敗」「日欧の失敗」だった。

†ルワンダの惨劇

この「ソマリアの失敗」のイメージは、ルワンダのジェノサイドに対する諸国とくに米欧の対応に重大な悪影響をおよぼした。ルワンダでは独立後フツ族とツチ族とのあいだに深刻な抗争があった。一九九三年、アフリカ統一機構(OAU)とタンザニアの仲介により和平が成立し、国連はPKOを派遣してその監視にあたった。しかし九四年四月、フツ族強硬派はツチ族の虐殺を開始し、ジェノサイドは全土に波及した。ツチ族との共存を模索した穏健派フツ族指導者も虐殺された。

国連の対応は最悪だった。現地のPKOから虐殺阻止のため兵力増強の強い要請があったにもかかわらず、「ソマリアの失敗」のイメージを引きずっていた欧米の政府はＰＫＯの撤収・大幅縮小を主張し、結局安保理はＰＫＯを大幅に縮小した。(14) その後虐殺が進行するなかで国連事務総長コフィー・アナンはＰＫＯか多国籍軍への武力行使権限の付与を強く主張した。九四年五月、安保理はようやく国連軍に保護下の市民や人道援助活動に攻撃があった場合の自衛行動をみとめ、兵力増強の決議を採択した。だが、実効的な軍隊を出そうとする国はなかった。

最終的にフランスが多国籍軍というかたちで軍の派遣を申し出たが、フランスの意図への疑惑もあり、安保理が人道上の目的達成のため「すべての必要な手段」の行使を多国籍軍にみとめたのは九四年六月だった。その時までに虐殺の規模は五〇万以上におよんでいた。欧米、日本、アフリカ諸国をふくむ国際社会は、国連軍の目の前でおこなわれたジェノサイドを座視・黙認したのである。

(14) 同日、安保理は決議九一三でボスニア内に設置されていた安全地帯防衛の決意を再確認した。欧米が主導権を握る安保理で旧ユーゴの事態が優先され、はるかに深刻なアフリカの事態は見捨てられたのである。他人のことはいえない。日本でも、ルワンダのジェノサイドを阻止するための自衛隊派遣やＰＫＯ増強のための多額の資金援助は議論の対象にさえならなかった。

†旧ユーゴ紛争

旧ユーゴでも、連邦国家の解体をめぐって内戦とも国家間戦争ともいいがたい武力紛争が進行し、民族的憎悪感に起因する残虐行為が蔓延した。一九九一〜九二年、旧ユーゴのクロアチア、スロヴェニア、ボスニア・ヘルツェゴヴィナが次々に独立を宣言し、相互間とそれぞれの「国内」の武力紛争が激化した。「民族浄化」とよばれた殺戮をふくむ凄惨な抗争にEUが仲介・調停を試みたが、失敗した。安保理も紛争の平和的解決を試みたが戦闘行為はやまず、民間人をふくむ大量の犠牲が続いた。

このため、安保理は決議七四三で国連保護軍を設置し、決議七七〇（一九九二年）で人道援助の推進と安全のために加盟国が必要なあらゆる措置をとるよう要請した。さらに、決議八三六（一九九三年）では国連保護軍を援助するために加盟国に空爆をふくむ必要な手段をとることを決定するなど、多数の決議を採択して戦闘行為と虐殺を封じ込めようとした。しかしこれらと併行しておこなわれた和平交渉もはかどらず、NATO諸国政府も自国軍に被害が出ることをおそれて陸上部隊の派遣には消極的だった。

結局NATO諸国は虐殺が続いている状況を阻止することができず、紛争当事者が消耗して和平に向かうのを待つことになった。NATO諸国は一九九五年米国政府を中心とした和平の仲介努力と大規模な空爆によってセルビアに強い圧力をかけ、なんとか紛争当事者間の停戦を実現させた。他方国連は、安保理決議八〇八で人道法の大規模な違反の事態を国際の平和と安全に対する脅威と認定して国際刑事裁判所を設立した。この設立には、目の前でおこなわれた虐殺を座視せざるをえなかった欧州の指導者や知識人の贖罪感が一定の役割をはたしたといわれている。

3　ＰＫＯの多様化と人間の安全保障

†民生活動をふくむＰＫＯ任務の多様化

以上のように、内戦への国連の介入は多くの場合その目的を達成することができなかった。ソマリア、旧ユーゴ、ルワンダと人々の耳目をそばだてさせる事態が生じた九〇年代初期は冷戦終結の直後であり、国連の再活性化に大きな期待がよせられていた。それだけに、これらの目に見える「失敗」は人々に大きな衝撃を与え、悲観論を招くことになった。

しかし、軍による殺戮、略奪、強姦、強盗が蔓延し、赤十字やＮＧＯによる人道援助活動さえ武装集団の略奪で効果的に実施できない状況において、ソマリアや旧ユーゴの例を「失敗」と決めつけてＰＫＯは伝統的な非強制型にかぎるという選択肢は国際社会に残されていなかった。国連は、アフリカを中心に二一世紀の今日も武力行使権限をもつPKOを派遣して内戦、さらにテロリスト集団の凶行がもたらす人道的危機に対処している（Ⅳ－2参照）。

また、ソマリアや旧ユーゴ以上の包括的な権限をもつPKOがつくられ、そのなかには成功裡に任務を終えたものもある。カンボジア、東ティモールに派遣されたPKOはその例である。こうした例はソマリアのように武力を行使したが失敗した例ほど目立たず、メディアの関心も低い。しかし、戦争と平和にかかわる国連の活動全体を評価するうえで見落としてはならないものである。

†カンボジアと東ティモールのPKO

カンボジアでは七〇年代から内戦が続いていたが、九一年一〇月、対立する四派のあいだに包括的政治解決に関する協定が結ばれた。この協定にもとづき四派が設置した最高国民評議会がカンボジアを代表する機関となった。同評議会は協定の履行確保に必要な全権能を国連に移譲し、停戦の監視や内戦各派の軍の解体のみならず、新政府樹立まで行政、法と秩序の維持、復興などの包括的な任務を遂行する機関を設置するよう、安保理に要請した。安保理はこのため、国連カンボジア暫定機構（UNTAC）を設立した。

ＵＮＴＡＣは民生部門をふくむ二万二〇〇〇人の大組織として九二年三月からカンボジア全土に展開した。軍事部門は外国軍隊の撤退や停戦の監視などに従事し、民生部門は制憲議会発足のための選挙の実施、難民の帰還と再定住などの行政任務に従事した。任務達成には無数の困難があったが、ＵＮＴＡＣは九三年五月に総選挙を成功させ、新政権の樹立にともなって一一月には任務をはたして撤退した。

同じく七〇年代からインドネシア合併か独立かをめぐって争乱が続いた東ティモールに派遣された東ティモール暫定行政機構（ＵＮＴＡＥＴ）も、民生活動にも従事したＰＫＯの例である。ＵＮＴＡＥＴは東ティモールでの内戦を鎮圧するため派遣された多国籍軍から二〇〇〇年二月に治安維持の責任を引き継ぎ、難民帰還と再定住、制憲議会選挙の実施・監視など包括的な行政に従事し、二〇〇一年八月には制憲議会議員選挙を成功させた。

こうした民生部門をもち、国家建設・再建に従事するＰＫＯは、当事者に平和を確保して国家を再建する能力が不十分な場合にこれを助け、事実上「国造り」を担うもので、その任務はきわめて包括的なものとなる。こうした活動は紛争当事者への強制の要素をふくむことになり、当事者の抵抗もすくなくない。にもかかわらず、こうした「国造り」を助けるＰＫＯはすでに冷戦期にナミビアでおこなわれ、冷戦終結後にはカンボジア、東ティモールで成功を収めた。日本は――政府だけでなくＮＧＯも――この両者について国連と密接に協力し、大きな役割をはたした。

このように、国連は多様なＰＫＯを世界各地に派遣し、当然のことながら成功例もあれば失敗例もある。カンボジアではＵＮＴＡＣは予想以上の成功を収めたが、これには確固たる和平枠組みの存在、紛争当事者に対する国連の公平性・柔軟性と断固たる姿勢の組み合わせ、日本などの先進国からの経済援助の約束などの要因があったといわれる。逆に「失敗」とされているものにも、ソマリアのようにいかなる意味で失敗だったのか、それはＰＫＯまたは国連自身の失敗なのか、それともそれを支えるべき大国や関係諸国の対応に問題があったのかなど、さらに評価を重ねる必要がある。

†人間の安全保障

国連憲章四三条の想定する国連軍が実現しそうもないなかで、武力行使権限をもつＰＫＯ、非強制型のＰＫＯ、文民警察、経済援助、人権教育、法制支援などを組み合わせて「人間の安全保障」を確保することが包括的・持続的な平和へのアプローチとして主張されるようになった。「人間の安全保障」は一九九四年国連開発計画（ＵＮＤＰ）の『人間開発報告書』が唱えて以来、日本やカナダなどが唱えている。論者により力点が異なる多義的概念だが、環境破壊、人権侵害、貧困など、人間の生存と尊厳を脅かすあらゆる脅威を包括的にとらえてこれらへの取り組みを強化することにより平和を確保・実現しようという考えである。

これまでの安全保障の概念は「国家の安全をいかに確保するか」という発想に立つものだった。しかもその中核である核抑止戦略は、数千万から数億規模の人間の安全が貧困や内戦などで脅かされ犯されている日々の現実を無視して国家間の「平和」を確保しようとするものだった[15]。このように、旧来の安全保障論議はきわめて「現実主義的」な印象を与えつつも、人間の日々の生活における安全の確保というもっとも基本的な現実から乖離したものだった。これに対して「人間の安全保障」は現実の生活における具体的な諸個人の安全に着目するものであり、破綻国家や内戦の蔓延という現実に適した視点である。

ただ、「人間の安全保障」は、集団安全保障などに代わる具体的な安全保障制度というより、それらをふくむ包括的な視点ともいうべきものである。それがいかなる社会経済政策、教育政策、軍事政策などにより実現されるべきかという具体的制度・政策論については、まだ端緒についたばかりである。

(15) ヨハン・ガルトゥングに代表される平和研究者は、すでに一九六〇年代からこうした「平和」を克服されるべき「構造的暴力」をふくむ「消極的平和」にすぎないと批判し、社会に構造的に組み込まれた見方の撤廃を目指す「積極的平和」概念を提唱していた。

また、ブトロス・ガリ国連事務総長が一九九二年に『平和への課題』で提唱して以来、「平和構築」、「予防外交」などの観念も注目を集めており、実際にそうした活動も現におこなわれている。

平和構築とは、①PKOを中心とする平和維持、②主に憲章第六章が規定する紛争の平和的解決手続きとならんで、国連を中心とする国際平和活動の一環をなすもので、内戦などで失われた平和を回復しそれを恒久化する社会構造を創り上げる作業・過程をいう。具体的には、国連諸機関が援助国の派遣員やNGOなどとも協力しつつ、①紛争当事国の警察の訓練、司法制度改革などを通じて法の支配を強化し、②旧戦闘員を市民社会に再統合し、③人権教育などにより人権尊重の態度の確立を助け、④選挙支援などを通じて民主主義の発展を助け、こうした包括的な政策によって平和の定着をはかろうとするものである。たとえば国家再建には平和な選挙の実施がもとめられるが、敵対勢力は自己に有利に選挙を運ぼうとして、衝突が生じやすい。そこに国連が介在して平和に選挙を実施することは重要な意義をもつ。このように平和構築とは、「人間の安全保障」概念を（内戦をふくむ）武力紛争後の国家の再建という状況に適用したもの、といえるだろう。

予防外交とは紛争の暴力化、悪化、拡大を防止し、とくに国際の平和と安全を脅かすおそれのある紛争となるのを防ぐ非強制的行動をいう。主たる行動は政府と国際組織による外交だが、そのほかにもＮＧＯや影響力ある個人の働きかけなどをふくむ。また、非軍事的手段によるものにかぎられず、紛争の発生が予測される地域へのＰＫＯの予防展開もふくまれる。こうした行動の重要性に着目し、そうした予防活動の優先順位を高めることも、生じてしまった武力紛争への強制措置による制裁という集団安全保障が実際には機能しにくいという事実をふまえた新たな試みのひとつといえるだろう。

Ⅳ　不条理の世界と国際法——二一世紀の「戦争と平和」

1　テロリズム

国際法における武力行使の禁止は国家を行為主体とする前提に立脚していた。それは近代主権国家が暴力を独占するようになって以来現実に適合した考えかただった。しかし二〇世紀後半、テロリスト集団の活動は「武力行使の主体＝国家」という想定をゆすぶるようになった。とくにイスラエルの背後にいてムスリム・アラブ世界に自己の意思を強要する米国に対するムスリムの人々の憎しみが強まり、一部の過激主義者によるイスラエルと米国民、さらに西欧諸国民へのテロ活動が頻発した。これらのテロ集団は国家の軍隊に匹敵する組織をもち、世界各地で米国民や米国施設などを目標とする攻撃をくりかえした。

この問題を劇的なかたちで見せつけたのが九・一一事件だった。二〇〇一年九月一一日、アルカイダに属するテロリストたちにハイジャックされた米国機がニューヨークの世界貿易センタービルとワシントンの国防総省を自爆攻撃し、約三〇〇〇名の犠牲者を出した。米国政府はこの行為を「戦争行為」とよび、自衛権を行使して攻撃の主体と目されたアルカイダを攻撃しただけでなく、アルカイダの拠点となっていたアフガニスタンも攻撃した。

ここで問題となるのが、自衛権行使の要件たる「武力攻撃の発生」は国家からの武力攻撃にかぎられるかということである。一般には国家である必要はないという解釈が有力であり、そのかぎりではテロリスト集団への自衛権による反撃はみとめられることになる。ただ、九・一一事件は米国への一回かぎりの攻撃であり、それに対して事後的に武力で報復することは、自衛権の急迫性の要件に照らして疑問があった。さらに、基地を提供していたアフガニスタンを攻撃したことは、兵器・兵站などの支援の供与は「武力攻撃」にあたらないという一九八六年のニカラグア事件ICJ判決に反するものだった。こうした点から米国の主張する自衛権の合法性には疑問が強かった。

なによりもテロとの戦いは国際社会全体が主体となるべきものである。国際社会の代表機関としての国連が国際社会の総意を示し、その権威と正統性の下に軍事的措置をふくむ防止・処罰行動をとらなければならない。テロリストの大規模な攻撃を「平和にたいする脅威」さらに「平和の破棄」と認定することには国際法上問題はなく、むしろ米国中心の恣意的な連合による武力行動よりはるかに望ましいものである。

かりに超大国米国の圧倒的な軍事力により武力攻撃をおこなったテロリスト集団を殲滅したとしても、そうした戦いはテロリストの心情とみずからのそれを重ね合わせるほかのムスリムや鬱積した感情をもつ途上国の人々を納得させることはできないだろう。怨念は内向し、第二、第三のテロリストを生むことになるだろう。テロリストとの戦いほど、宗教、言語、文化、歴史的記憶を超えた文際的正統性がもとめられる戦いはないのである。(16)

2　二一世紀における人道的干渉

†一九九〇年代以降の「人道的干渉」

人道的干渉は、一九八〇年代まではもっぱら国家が人道的根拠にもとづいて他国に武力介入することの是非というかたちで論じられてきた。他方、隣国のカンボジアに侵入してポル・ポト政権を打倒し、結果としてジェノサイドを終わらせたベトナム政府など、その

(16) 大沼（二〇〇一b、二〇〇一c）参照。

行為が高い人道性をもつ結果をもたらした国々の政府は、自己の行為を「人道的干渉」と称することはなく、自衛権の行使として正当化しようと努めた。戦前の「人道的干渉」の恣意性、濫用を熟知する諸国とくに途上国にとって、「人道的干渉」ということば自体がタブー視されていたからである。

一九九〇年代になると、「人道的干渉」をタブー視する状況に変化が生じた。それは、①「普遍性」をうたう人権観念が影響力を強め、他国の人々であっても悲惨な人権侵害状況から救うべきだという論調が有力になってきた、②旧ユーゴ、ルワンダなどの虐殺の事態がメディアで大々的に報じられ、武力を行使しても虐殺を阻止すべきだという声が高まった、③大規模な人道的危機に陥った国への武力行使権限をもつＰＫＯの派遣など、国連が介入する事例が現れ、国家を人道的干渉の主体とするときに避けがたい、人道の名における濫用の危険性が避けられるという期待が生じてきた、などの事情にもとづくものだった。

しかしその後の現実は、「人道的干渉」の問題性が国家による濫用の危険性にとどまるものでないことを示すものだった。ソマリアへの国連の介入は「失敗」とされ、ルワンダでは国連はジェノサイドを黙認する結果に終わった。安保理で議論を主導する欧米諸国も隣接のアフリカ諸国も、本格的な軍事介入による自国軍の被害を怖れて軍事力の行使をためらったからである。

ある国がジェノサイドに代表される自国領域内の大規模な殺戮行為に走ったとき、他国の対応には大別して次の四つが考えられる。

第一は座視である。これは十分な軍事力をもたず、ジェノサイドを実力で阻止する能力のない圧倒的多数の小国がとる態度である。人にまた人の集まりである国家に不可能事を期待することができない以上、そうした態度を批判することはできない。

問題は、武力紛争を阻止する能力があり、国際社会の運営に主導権をもつ大国の政府がこうした態度をとった場合、その国の国民、そして国民の行動に影響力をもつ大手メディア、ＮＧＯ、オピニオンリーダーなどはそのような自国政府の態度に黙って従うべきか、ということである。

不作為もまた行為である。現に虐殺がおこなわれ報じられているのに、それを阻止する行動をとらないことは、「中立を守る」ことではなく、進行中の虐殺への消極的加担にほかならない。ルワンダの惨劇はそれを如実に示すものであり、そこで問われていたのは日本国民をふくむこうした大国の市民すべての対応だったはずである。

第二は平和的解決の追求である。これは第8章であつかった仲介、調停、仲裁、ＩＣＪなどによる紛争解決、国連憲章第六章の平和的解決手続き、総会と事務総長の働きなどを支援し、紛争当事者に平和的解決を迫るものである。これがもっとも望ましいかたちであることはいうまでもない。人間の安全保障の視点から推奨される諸方策も、こうした平和的解決の一環として、またそれと併行して実施される。

しかし、武力紛争には平和的手法だけでは解決できないものがすくなくない。平和的解決にもしばしば軍事力の威嚇による強制が必要である。しかも、そうした威嚇をもってしても武力紛争が平和的に解決できないときはどうすればよいのか?

こうして第三の「平和の強制」が登場する。これは、大国が強大な軍事力を背景に、あるいは単独であるいはその指導権の下に他の国々を糾合して、政治的・経済的にジェノサイドを止めるよう圧力を加え、当事者が受け入れないときは軍事力の行使によってジェノサイドを阻止するものである。歴史的に「人道的干渉」とされてきた事例のいくつかはこうした性格を帯びていた。ただ、これが他の動機づけにもとづく大国の政策の正当化という濫用の問題性をはらんでいたことは、これまで述べたとおりである。

こうした問題性を克服するものとして、第四に集団安全保障による解決が模索される。だがすでにあきらかにしたように、集団安全保障には国家は通常他国の人民を救うため自国の兵士を犠牲にしようとしないという根本的な制約がある。こうして問題はまた振り出しに戻ることになる。

ここで問題となっている国家（＝国民）の利己性は集団安全保障にかぎらず、現代の国民国家体制にとって克服しがたい問題である。十分な軍事力をもつ大国でさえ他国の内戦やジェノサイドを座視するのは、介入による自国の犠牲を怖れるためである。平和的解決をもとめるのは「人命尊重」という大義をもつが、武力による解決がもつ自国民の犠牲を嫌うからでもある。「人道的干渉」の恣意性も、自国にとって枢要な利益確保のためでなければ国家は犠牲を払おうとしないからである。国家の利己性とは人間の利己性と国家への強固な帰属意識のあらわれであり、現在の国際社会の根本的制約要因なのである。

それではわたしたちは「ルワンダの惨劇」がふたたびおこったとき、またカンボジアのポル・ポト政権によるジェノサイドに匹敵するような事態が生じたとき、ふたたびそれを座視するしかないのだろうか。この残酷な問いに「イエス」と答える前に、もう一度問題を掘り下げて考えてみなければならない。

†人道的干渉の規範的準拠枠組み

人道的干渉の問題は、規範の観点からみればそれぞれ正統性根拠をもつ法規範の衝突――「武力禁止、不干渉」対「生命価値の尊重」――をいかに調整するかという問題である。武力禁止・不干渉原則は、弱小国の国民の自己決定を尊重し、「国家」という枠組みで守られている人間の生命、身体、精神的・物質的価値を大国の横暴と専横から守るという正統性をもつ。これに対して生命価値の尊重は、人間の生命価値は彼(女)がどの国の国民であれ守られなければならないという根源的な正統性をもつ。調整原理として両者を調整する規範的な準拠枠組みがもとめられる。さもなければ、両者の対立は規範の世界では解決できず、規範的要請とは無縁の考慮(各国政府の戦略的利益の考慮など)に全面的に委ねられてしまうからである。

こうした準拠枠組みを構成する要素には、武力禁止、不干渉、生命価値の尊重という観点から、以下のものが考えられる。①いかなる生命価値がどのように侵害されているか(生命価値侵害の規模、深刻さの程度など)。②誰の生命価値が侵害されているか(ジェノサイドがおこなわれている国の住民一般か、特定の外国国民かなど)。③いかなる主体が干渉の主体か(国連のような普遍的国際組織か、ジェノサイド遂行国を加盟国の一員とする地域国際組織か、個別国家かなど)。④干渉の動機は、どれほど大量殺害の防止など人道的なものか。干渉の主体は、二重基準の排除、一貫性といった規範的要請をどの程度満たしているか。⑤武力行使の最終性(武力干渉をおこなう前に非軍事的解決の模索がどの程度なされたか)と均衡性の要請(生命価値侵害の規模および深刻さと、目前の生命価値の侵害の阻止、将来の再発の予防、ジェノサイドをおこなっている政権の除去などの措置とのあいだの均衡性。大沼 一九九八:一一五〜一二八頁)。

干渉の主体は、以上の①〜⑤の要素を踏まえて、現行国際法上いかなる行動――（i）条約上義務づけられている通商・金融・運輸などの義務の不履行、（ii）生命価値侵害国やその国の国民の資産の凍結など、非軍事的ではあるが本来なら国際法上違法となる行為、あるいは、（iii）生命価値侵害阻止のための武力による威嚇、限定的あるいは全面的な武力の行使など――をとるべきか否かを判断すべきことになる。そうした判断自体、①〜⑤の要素をふくむ準拠枠組みにより、国際的・国内的にあるいは批判されあるいは是認されることになるだろう。

†人道的干渉の実際的準拠枠組み

人道的干渉は、武力干渉を考えざるをえないような事態を引きおこす人間の根源的な悪の問題にかかわる。それはまた、他国の民といえども数十万、数百万という虐殺を座視できないという人間としての感覚と、自己、家族、同胞の生命を他国民の運命のために犠牲にするのを拒むという気持ちの衝突にどう折り合いをつけるか、という問題でもある。国家は利己的だが、それは国家を構成する人間が利己的存在だからである。しかし人間は他人の運命を想い、それに共感する存在でもある。

ジェノサイドの阻止というのは、国家の武力行使を基礎づけるうえで道徳的には申し分ない大義となるようにみえるが、ほとんどの国で政権担当者が国民へ犠牲をよびかける十分な根拠とならない。干渉の意図の人道性が高かったNATOによるセルビア攻撃にあっては、米国も西欧諸国も自国軍に多くの人的被害が予想される地上軍の投入は最後までおこなわなかった。大規模で深刻な生命価値侵害が生じている国に武力干渉してそれを阻止する正統性の根拠と、諸国が実際に干渉を決意する事態とのあいだには巨大な乖離があるのである。

人道的干渉には常に二重基準という批判がある。この批判があたっていることは否定できない。米国や西欧諸国はヨーロッパの旧ユーゴには武力干渉したが、アフリカのルワンダの数十万の犠牲者は見殺しにした。しかし、二重基準で傷ついた法の権威は、たとえ困難であるにせよ将来回復が不可能なわけではない。他方、虐殺されてしまった人の生命は絶対に戻らない。ここから、たとえ二重基準を容認しても現実の大量殺害を阻止する国家の行動をみとめるべきではないか、という問いかけがなされる。

その問いに「イエス」と答える前に、干渉主体の責任の問題も考慮しておかなければならない。「人道的干渉」がかえって事態を悪化させた場合、「よそ者」の干渉主体は責任をとれるのかという問題である。NATOのユーゴ空爆についても、民族浄化は空爆後かえって激化したとの批判もあった。

ただ、そもそも「人道的干渉」が論議されるような状況で武力干渉による犠牲が一定程度生ずるのは避けがたい。メディアは目につく犠牲を大々的に報道しがちだが、干渉により改善された目立たぬ部分の評価も必要である。「失敗」とされるソマリアでの餓死者の劇的な減少という、メディアがほとんど報じなかった別の事実の存在は、そうした目配りの必要性を示唆するものである。

このことは、ジェノサイドに対して「人道的干渉」という選択肢をもって取り組む際の複眼的さらに文際的視点の必要性を物語る。たしかに干渉主体は「よそ者」である。しかし、「よそ者」の武力行使と統治が常に失敗するとはかぎらない。そもそも「人道的干渉」が真剣に考慮されるような国家や社会は、腐敗した独裁政権、内戦、自然災害などにより、生活水準は極度に低下しており、住民は先進国国民なみの生活水準を期待しているわけではない。

「失敗」とレッテルを貼られたソマリアの事例も、「強制権限をもつ国連部隊だから」失敗したのか、ソマリアの社会構造や人間関係という「文化」の理解の不適切が失敗の主因なのか、そのほかに失敗の原因があるのか、答えは簡単でない。確実に言えることは、そうした文化的・民族的・歴史的・宗教的・文明的要因の理解なしには、いかにその意図が人道的だろうと干渉は失敗に終わる可能性が高い、ということである。

「人道的干渉」の問題に特効薬はない。ありうるのは、「より程度の低い害悪（lesser evil）」をもとめる規範的かつ実際的準拠枠組みの判断の下での具体的な行動の組み合わせでしかない。人道的干渉の問題は、「戦争と平和」の問題にかかわる国際法の問題性、否人間そのもののあらまほしき姿と現実の姿の乖離という問題を象徴的に示すものなのである。

3　国際法、このいらつかせるもの

†第二次大戦後の「戦争と平和」と国際法

「国際法の父」と呼ばれるグロティウスの主著は武力の規制をテーマとする『戦争と平和の法』だった。これに象徴されるように「戦争と平和」は国際法のもっとも重要な問題とされてきた。むろん、国際法の範囲はグロティウスの時代よりはるかにひろがり、国際法学者の関心も多様化している。(17)戦争よりも国際経済や海洋法の問題に関心を注ぐ者、人権や地球環境など二一世紀の地球社会の中心的課題となるだろうテーマを中心にすえる者など、力点を異にする者も多い。それでもなお、戦争と平和の問題が国際法の中心課題であり、その際武力禁止規範とそれを担保する集団安全保障がその中心となる。これは多くの国際法学者の共通認識だろう。

ただ、本章の冒頭でも述べたように、こうした見方は国際社会の実態からみれば現実離れしたものだったことは否定できない。とはいえこうした認識枠組みは、戦後の国際法秩序を創り出し、それを維持してきた米国（および西欧）社会に根強い法中心主義的発想を反映し、また欧米が戦後維持しようとしてきたリベラルな多国間主義に適合するものだった。そうであるだけに、フィクション性を色濃く帯びながら、なんとか維持されてきた。

ところが二一世紀になって、中国の超大国化がいよいよ現実のものとなり、その中国が米国の覇権を脅かすようになると、米国にもさらには西欧諸国にさえ、多国間主義、法の支配、国連といった普遍主義的な理念にもとづく価値や制度を維持することのコストが過大であると感じる者がふえつつある。また、そうした現行国際法秩序の「揺らぎ」に乗じて国際法を無視しても自国の国益追求をはかる国も増大しつつある。[18] このように、二一世紀は国際法にとって「冬の時代」となる可能性が高い。

（17）そもそもグロティウスの関心は正戦論にあり、わたしたちが今日考える「国際法」になかったことは第1章で述べたとおりである。
（18）ロシアはその代表だが、国際社会全体としてこうした国家は二一世紀に増えつつある。

†「国際法＝偽善の体系」？

憲章二条四項の武力禁止原則の下で自衛権がほとんど唯一の武力行使正当化根拠とされることは、ある意味では「戦争と平和」にかかわる国際法が偽善の体系であることを意味する。実態としては戦争なのに自衛権の行使と言い換えているにすぎないともいえるからである。しかし、武力行使にあたって自衛という正当化根拠しか使えないという事実、そうした規範意識が世界的規模で定着しているという事実が、正戦、聖戦、自己保存など、さまざまな正当化根拠がみとめられていた時代に比べて、国家の武力行使の決断を抑制するうえで力となっていること、また武力行使の拡大を防ぐ一要因となっていることは否定できない。

「自衛」ということばの通常の意味と語感からして、実際に軍事行動を「自衛」として正当化できる場合はかぎられている。にもかかわらず、正当化根拠として自衛という観念しか使えないとなると、武力行使に訴えようとする政府は、あきらかに説得力を欠くのにあえて自衛という主張をして諸外国や国内の反対勢力からの非難を浴びることを覚悟するか、武力行使を断念するかという決断を迫られることになる。戦後、自衛と正当化するのが困難であるにもかかわらず、「自衛」という正当化根拠を用いてその欺瞞性が広範に非難され、結局武力行使の目的を達することなく和平に追い込まれた例はすくなくない。米国のベトナム侵攻はその代表例だった。

たしかに武力禁止原則は偽善の体系かもしれない。そもそも国際法にかぎらず、法とは幾重にも折り重なったフィクションのうえに成り立って機能するものである。そうしたフィクションにはあきらかに偽善的なものもふくまれる。

そうであっても、その法が実際に右に述べたように実際に国家権力の手を縛り、社会的に有意義なはたらきを営んでいるのだとしたら、わたしたちはその法をたんに「偽善だから」と否定すべきではないだろう。国際法上武力禁止規範が存在せず、ある国が武力に訴えて自己の利益を貫徹しようとしたとき、諸国の政府、国際組織、メディア、自国内の批判勢力といった多様な国際法関与者が武力禁止規範に依拠してその政府の武力行使を批判する可能性を奪われているよりは、かりに偽善の要素をふくんでいたとしても、武力禁止規範があった方がはるかに望ましいといえるからである。

†国際法と二一世紀の日本

以上、ここまで読んでこられた読者の方々は、「国際法」に対してどういう思いをいだかれただろう? 戦後の日本はまことに「平和」な社会だった。パレスティナやアフリカの各地で日々生起している銃撃戦も、ルワンダのジェノサイドも、日本の一般市民にとっては自分と無関係の世界の話だった。それどころか、東南アジアのカンボジアにおけるジェノサイドでさえ、大多数の日本国民にとって「遠い世界」の出来事だった。

そうした日本国民が多数を占める読者の方々にとって、本書が描き出した「国際法」の世界はかなりショッキングなものかもしれない。とくに「戦争と平和」にかかわる国際法の世界はあまりに不条理であり、いかに国家権力を法で縛り、一定の方向に方向づけることの意義を説かれたとしても、とうてい信じられないというのが正直のところかもしれない。まして、本書自身がみとめるとおり、二一世紀はこれまで支配的だった欧米中心のリベラルな国際法秩序が、超大国化しつつある中国、各種テロ集団、利己的な行動に走る地域大国などからさまざまなかたちで揺さぶられ、破られ、蹂躙される「国際法の冬の時代」となると考えられる。そうしたなかで国際法の強化に努め、その規範性、実効性の向上に力を注ぐのは、賽の河原に石を積み上げるような虚しい営為ではないのか。

読者がそうした絶望感にかられるのはよくわかる。そうした絶望や徒労感は一九七〇年以来国際法の研究に携わってきたわたし自身、いやになるほど感じてきたものだからである。だが、である。国際法とはけっして日本国民から独立してなにか別の物として存在し、働くものではない。それは世界の約二〇〇の国の人々の（規範）意識を反映し、その二〇〇の諸国の行為——作為のほか不作為もふくむ——の総体として日々構築され、実現されるものなのである。むろん、米国のような超大国と人口わずか数万から数十万といった小国のあいだには、国際法のありかたに与える影響力の点で天地ほどのちがいがある。しかしその点からいえば、日本はあきらかに人口数万の小国ではなく、世界第三位の経済大国である。その日本が「国際法から降りて」しまうことは、国際社会全体の観点からみたとき、日本国民が考えるよりはるかに大きな負の効果を国際法秩序にもたらすことになるのである。

そもそも日本では、日々諸外国と接する外務省にとってさえ、明治期以来外交とは二国間外交のことだった。国際法の問題にしても、関心はもっぱら日米安保などの二国間条約に向けられ、国際法秩序全体のありかたに目を向けるようになったのは一九八〇年以降のことにすぎない。外務省以外の政府部局、主要メディア、多くの国民にとっては、「国際法」がなんとか意識されるようになったのは二一世紀に入ってからのことだろう。

遅ればせながらとはいえ、メディアやNGOが、そして一般の人々がようやく国際法に関心をもつようになったのに、また「国際法とは無関係の世界」——実はそんなものは存在しない——に逆戻りしてしまうのは、あまりに惜しいのではないか。世界における日本の経済的地位と影響力が低下していくことがあきらかな二一世紀だからこそ、わたしたちは経済力に代わる「知の力」（ソフトパワー）である国際法を身につけ、それを武器としてしたたかに国際社会の荒波をわたっていくべきである。(19)

†善きことはカタツムリの速さでしか進まない

最後にもうひとつ。現行国際法の源流を一六二五年のグロティウス『戦争と平和の法』におくとして、当時の多くの戦争は「正戦」として正当かつ合法的な国家間紛争の解決制度だった。人類はそれ以来四世紀を費やし、二度の世界戦争という莫大な犠牲を払って戦争を違法化したのである。文際的視点からみれば、戦争の歴史はグロティウスの生きた時代よりはるかに古い。中国の『春秋』や『戦国』、古代ギリシアの『ペロポネソス戦争史』、インド・東南アジアの『マハーバーラタ』や『ラーマーヤナ』などさまざまな文明圏を代表する古典に描かれる戦争の実態は、目をそむけたくなるほど凄惨なものである。敗れた敵軍の大量殺戮、女性たちの集団レイプ、一般市民・農民からの略奪は戦争に「制度化」されているといってよいほどあたり前のことだった。

そうした時代から、人類は何千年もかけて戦争を今日のありかたにもってきたのである。その間、絶望に陥った人も数えきれないほどいただろう。あまりの徒労感から戦争の人道化という努力を放り投げようとした人も多かったにちがいない。しかし、なにはともあれ、人類は今日の戦争、武力行使一般を違法とする国際法のありかたにたどりついたのである。

わたしたちはそこに一抹の希望を見出すべきではなかろうか。国際法は本書でそれを解説しているわたし自身が情けなくなるほど弱く、欠陥だらけで、限界を抱えた法である。しかし、弱肉強食のルールが支配する国際社会で諸国の行動を規律する法が国際法しかない以上、わたしたちはそれに賭けるしかない。またそれは注(19)で述べたように、日本国民にとってこそ賭けるに値するものである。

マハトマ・ガンディーがいみじくも言ったように、善きことはカタツムリの速さでしか進まない。しかし、たとえカタツムリの速さであれ、それは一歩一歩前に進んでいるのである。

(19) 序でも述べたように、幕末以来日本にとって重要な出来事にはほぼ例外なく国際法がかかわっている。わたしたちの先人たちは条約改正、日清・日露戦争、サンフランシスコ条約による講和と独立の回復など、こうした重大事に直面して必死に国際法を学び活用してそうした重大事を乗り切ってきたのである。これに反して国際法を軽視し、その活用を怠った第二次世界大戦では日本は、約七〇〇〇万の人口のうち三〇〇万以上の犠牲者を出し、国家滅亡の危機に瀕したのである。この教訓は重要である。その教訓とは、国際法とは日本国民が身につけ、活用すべきものだということにほかならない。

参照文献

岩澤雄司『条約の国内適用可能性――いわゆる"self-executing"な条約に関する一考察』(有斐閣、一九八五年)
大沼保昭『戦争責任論序説――「平和に対する罪」の形成過程におけるイデオロギー性と拘束性』(東京大学出版会、一九七五年)
大沼保昭「在日朝鮮人の法的地位に関する一考察」一～六(『法学協会雑誌』九六巻三、五、八号、九七巻、二、三、四号、一九七九～八〇年)
大沼保昭「遥かなる人種平等の理想」(『国際法、国際連合と日本』弘文堂、一九八七)
大沼保昭『倭国と極東のあいだ――歴史と文明のなかの「国際化」』(中央公論社、一九八八年)
大沼保昭『サハリン棄民――戦後責任の点景』(中公新書、一九九二年)
大沼保昭『単一民族社会の神話を超えて――在日韓国・朝鮮人と出入国管理体制』(新版、東信堂、一九九三年)
大沼保昭『人権、国家、文明――普遍主義的人権観から文際的人権観へ』(筑摩書房、一九九八年)
大沼保昭「『人道的干渉』の法理」(『国際問題』四九三号、四月号、二〇〇一年a)
大沼保昭「文明の違い超え 対テロ連合を」(『読売新聞』一一月一六日、二〇〇一年b)
大沼保昭「文明は衝突していないか」(『朝日新聞』一一月三〇日夕刊、二〇〇一年c)
大沼保昭『在日韓国・朝鮮人の国籍と人権』(東信堂、二〇〇四年)
大沼保昭『「慰安婦」問題とは何だったのか――メディア・NGO・政府の功罪』(中公新書、二〇〇七年a)
大沼保昭『東京裁判、戦争責任、戦後責任』(東信堂、二〇〇七年b)
大沼保昭「国際法と力、国際法の力」(大沼編著『国際社会における法と力』弘文堂、二〇〇八年)
大沼保昭(江川紹子・聞き手)『「歴史認識」とは何か――対立の構図を超えて』(中公新書、二〇一五年)
Onuma Yasuaki, *International Law in a Transcivilizational World*, Cambridge University Press, 2017.

ブックガイド

教科書

田畑茂二郎『国際法』（第二版、岩波全書、一九六六年）……別格としての一冊。教科書とはいっても歴史と理論もごく一部をあつかった掌編だが、古典として残る作品。

高野雄一『国際法概論』上・下（全訂新版、弘文堂、一九八五・八六年）／田畑茂二郎『国際法新講』上・下（東信堂、一九九〇・九一年）……日本を代表する国際法教科書で、版を重ねてきたもの。前者は丁寧で緻密な論理の積み上げ、後者は歴史的・社会的背景を取り込んだ生き生きとした国際法像の描写に、それぞれ優れた特色をもつ。

エイクハースト＝マランチュク『現代国際法入門』（成文堂、一九九九年）……外国のもので、訳もしっかりしているよい教科書。網羅的で、欧州国際法学の伝統的な堅実さを備えた好著。

R・ヒギンズ『ヒギンズ　国際法』（訂正版、信山社、二〇〇三年）……英国を代表する国際法学者で元ＩＣＪ判事によるハーグ国際法アカデミーの国際法一般講義を基にした魅力的な著作（R. Higgins, *Problems and Process*, Clarendon Press, 1994）の翻訳。訳にやや問題あり。

小寺彰『パラダイム国際法』（有斐閣、二〇〇四年）……国際法の現実の姿を描き出そうとしており、思い切った断定調の主張が小気味よい。

条約・資料集、判例集、事典、講座

岩沢雄司編集代表『国際条約集』（有斐閣、各年版）／薬師寺公夫他編『ベーシック条約集』（東信堂、各年版）……年次版の条約集。

大沼保昭編著『資料で読み解く国際法』上・下（第二版、東信堂、二〇〇二年）……「生きた国際法」の全体像を描き出すため、条約や判例だけでなく、国連総会・安保理・経社理の決議、重要な国際会議の決議、諸国政府の声明、国連の安保理や総会での各国代表の議論、主要なNGOの声明など、国際法にかかわる第一次資料を簡潔な解説とともに編集したもの。

小寺彰・森川幸一・西村弓編『国際法判例百選』（第二版、別冊ジュリスト、有斐閣、二〇一一年）／杉原高嶺・酒井啓亘編『国際法基本判例50』（第二版、三省堂、二〇一四年）／松井芳郎編集代表『判例国際法』（第二版、東信堂、二〇〇六年）……基本判例集。

国際法学会編『日本と国際法の100年』第一〜十巻（三省堂、二〇〇一年）……二一世紀の日本を代表する専門家による研究論文集。

国際法学会編『国際関係法辞典』（第二版、三省堂、二〇〇五年）……国際法の全領域をカバーする辞典。

序

渡辺浩『日本政治思想史［十七〜十九世紀］』（東京大学出版会、二〇一〇年）……日本政治思想史研究の泰斗の著作。西洋世界と向き合う前の日本を示す。

尾佐竹猛『国際法より観たる幕末外交物語』（文化生活研究会、一九二六年）／同『近世日本の国際観念の発達』（共立社、一九三二年）……日本の国際法受容に関する古典的著作。

五百旗頭薫「開国と不平等条約改正」（川島真・服部龍二編『東アジア国際政治史』名古屋大学出版会、二〇〇七年）／小宮一夫「条約改正問題」（小林和幸編『明治史講義【テーマ篇】』ちくま新書、二〇一八年）……条約改正について、外交史研究の現在の研究水準を示す論稿二篇。

大谷正『日清戦争』（中公新書、二〇一四年）……日清戦争における国際法をめぐる諸問題について。

大沼保昭「遥かなる人種平等の理想」（大沼編『国際法、国際連合と日本』弘文堂、一九八七年）……第一次世界大戦後のパリ講和会議において日本がおこなった人種平等条項提案について。
大沼保昭『戦争責任論序説』（東京大学出版会、一九七五年）
大沼保昭『単一民族社会の神話を超えて』（新版、東信堂、一九九三年）
大沼保昭『在日韓国・朝鮮人の国籍と人権』（東信堂、二〇〇四年）
大沼保昭『東京裁判、戦争責任、戦後責任』（東信堂、二〇〇七年）

第1章

A・ダントレーヴ『自然法』（岩波書店、一九五二年）
伊藤不二男『スアレスの国際法理論』（有斐閣、一九五七年）／同『ビトリアの国際法理論』（有斐閣、一九六五年）
E・カッシーラー『啓蒙主義の哲学』上・下（ちくま学芸文庫、二〇〇三年）
F・ケルン『中世の法と国制』（創文社、一九六八年）
福田歓一『近代政治原理成立史序説』（岩波書店、一九七一年）
一又正雄『日本の国際法学を築いた人々』（日本国際問題研究所、一九七三年）
C・シュミット『大地のノモス』上・下（福村出版、一九七六年）……天才の魅力と危うさを見せつける代表作。「我こそは」という人は、原文（C. Schmitt, *Der Nomos der Erde im Völkerrecht des Jus publicum Europaeum*, Duncker & Humblot, Berlin, 1950）に挑戦を。仏訳（*Le nomos de la terre dans le droit des gens du Jus publicum Europaeum*, PUF,1988）あり。英訳もあるが訳にはかなり問題あり。
福田歓一『国家・民族・権力』（岩波書店、一九八八年）
長尾龍一『リヴァイアサン』（講談社学術文庫、一九九四年）

大沼保昭編『戦争と平和の法』(補正版、東信堂、一九九五年)
大沼保昭『人権、国家、文明』(筑摩書房、一九九八年)……国際的・民際的・文際的視点について解説している。
酒井哲哉「戦後外交論の形成」(北岡伸一・御厨貴編『戦争・復興・発展』東京大学出版会、二〇〇〇年)……日本における国際法思想史について、出色の論文。
大沼保昭「『法の実現過程』という認識枠組み」(日本法社会学会編『法の構築(法社会学第五八号)』有斐閣、二〇〇三年)……国際法の実現過程についてあつかう。
C・ド・ヴィシェール『国際法における理論と現実』(成文堂、二〇〇七年)
J・L・ブライアリー『諸国民の法および諸論稿』(成文堂、二〇一三年)……ブライアリーの国際法教科書 *The Law of Nations: An Introduction to the International Law of Peace*, Fifth Edition, 1955の訳がふくまれる。
細谷雄一『国際秩序』(中公新書、二〇一二年)……近代ヨーロッパが生んだ国際秩序の変遷を、「均衡」「協調」「共同体」の三つを手がかりに解明する。過去三〇〇年間において、主権国家が併存する国際社会が、どのように発展・変化してきたのかを簡潔に知ることができる。
杉原高嶺『国際法学講義』(第二版、有斐閣、二〇一三年)
玉木俊明『ヨーロッパ覇権史』(ちくま新書、二〇一五年)……近代ヨーロッパ社会が勢力を拡大して他地域を飲み込み、現代にいたる近代世界システムが形成される過程を丁寧に描く。
H・ケルゼン『国際法原理論』(信山社、二〇一六年)

＊以下は、現代国際法の基本的な概念と枠組み、「国際法は法か」、国際法学における国内モデル思考といった理論的な問題をあつかう。
K・マルクス、F・エンゲルス『ドイツ・イデオロギー』(種々の版あり)

H・ケルゼン『法と国家』(東京大学出版会〔UP選書〕、一九六九年)
E・エールリッヒ『法社会学の基礎理論』(みすず書房、一九八四年)
S・ホフマン『国境を超える義務』(三省堂、一九八五年)
I・カント『永遠平和のために』(岩波文庫、一九八五年)
大沼保昭「国際法学の国内モデル思考」(広部和也・田中忠編『国際法と国内法』勁草書房、一九九一年)
E・H・カー『危機の二十年』(岩波文庫、一九九六年)
H・ブル『国際社会論』(岩波書店、二〇〇〇年)
J・N・シュクラー『リーガリズム』(岩波書店、二〇〇〇年)
大沼保昭「国際社会における法と政治」(国際法学会編『国際社会の法と政治〔日本と国際法の100年　第一巻〕』三省堂、二〇〇一年)
H・L・A・ハート『法の概念』(ちくま学芸文庫、二〇一四年)

第2章

田畑茂二郎『国家主権と国際法』(日本評論社、一九五〇年)
中村耕一郎『国際「合意」論序説』(東信堂、二〇〇二年)
齋藤民徒「国際法と国際規範」(『社会科学研究』五四巻五号、二〇〇三年)
明石康『国際連合　軌跡と展望』(岩波新書、二〇〇六年)……もはや古典とも言える国連に関する入門書。
北岡伸一『国連の政治力学』(中公新書、二〇〇七年)……政治学者である著者が国連外交の現場に身を移して経験した国連の現実。国家間の利害の衝突と国連の理想の相克を映し出す。
浅田正彦・加藤信行・酒井啓亘編『国際裁判と現代国際法の展開』(三省堂、二〇一四年)

齋藤民徒「国際法の生成と創設」(長谷部恭男編『岩波講座　現代法の動態1』岩波書店、二〇一四年)
小森光夫『一般国際法秩序の変容』(信山社、二〇一五年)
「特集　国際立法の現在」(『法律時報』一一一六号、二〇一七年九月号)

第3章

A・プレ、J=P・コット共編『コマンテール国際連合憲章』(東京書籍、一九九三年)
最上敏樹『国際機構論』(東京大学出版会、一九九六年)
高野雄一『国際社会と法』(東信堂、一九九九年)
H・チャールズワース、C・チンキン『フェミニズム国際法』(尚学社、二〇〇四年)
佐藤哲夫『国際組織法』(有斐閣、二〇〇五年)
北岡伸一『国連の政治力学』(中公新書、二〇〇七年)
篠田英朗『「国家主権」という思想』(勁草書房、二〇一二年)
長有紀枝『入門 人間の安全保障』(中公新書、二〇一二年)……「人間」の安全保障という観点から、関連する国際法の発展と具体的なルールの内容をわかりやすく解説する。長年にわたり世界各地で人道支援に関わってきた著者の経験を背景に、国際法、国際政治、国際支援の実務が交錯する局面を描いている。
篠田英朗『平和構築入門』(ちくま新書、二〇一三年)……平和構築の方法と思想を体系的に描き出すと同時に、国際法が国際政治や人道支援の現場ではたす役割についても考えさせる好著。
多喜寛『国家(政府)承認と国際法』(中央大学出版部、二〇一四年)
大沼保昭(江川紹子・聞き手)『「歴史認識」とは何か』(中公新書、二〇一五年)……日中・日韓の歴史認識にかかわる複雑な問題を丁寧に説明しながら、その背景にある国際法のありかたと課題をあきらかにする。社会実践と国際法の関係に関する体験的教科書とも言える。

王志安「国際法における近代中国の成立1〜4・完」(『駒沢法学』一四巻四号・一五巻二号・一六巻一号・二号、二〇一五・一六・一七年)……近代中国の成立過程で旧帝国の版図が大きくは損なわれなかった経緯を、中華秩序の領域観と近代国際法の領域概念の異同を踏まえつつ読み解いた興味深い論考。脱国家が叫ばれる現在でも「国家化」が進展しつつあることを示してくれる。

植木俊哉「国際法における『国家』概念と『領域主権』概念の歴史性と普遍性に関する一考察」(柳井俊二、村瀬信也編『国際法の実践』信山社、二〇一五年)

五十嵐元道『支配する人道主義』(岩波書店、二〇一六年)……人道主義が、一九世紀の植民地統治から冷戦後の人道的介入と平和構築活動に至るまで、介入・統治をする側/される側の非対称な関係の生成に関わっていることを指摘。現代国際法の西欧中心主義的な側面に関する理論的な批判としても読める。

高坂正堯『国際政治』(改版、中公新書、二〇一七年)……初版は一九六〇年代に出版され、国際政治学の古典とも言える入門書。しかし、現在においても国際機構や軍縮などに関する議論は多くの示唆をふくんでおり、国際政治のなかで国際法が果たす(あるいは、果たせない)役割を考えるうえでも有用。

瀧川裕英『国家の哲学』(東京大学出版会、二〇一七年)……国家の存在意義は何か。個人はなぜ国家に対して義務を負うのか。古典的学説を検討しながらこうした基本問題に挑んだ好著。

小坂田裕子『先住民族と国際法』(信山社、二〇一七年)

豊田哲也「一九世紀東アジアと近代国際法の国家中心主義の形成」(『国際法外交雑誌』一一六巻四号、二〇一八年)

*国家に関する文献は無数にあるが、国際法学の立場からの国家論は意外にすくない。国家に関する古典、たとえば、社会契約論の代表作、T・ホッブズ『リヴァイアサン』(改訳、岩波文庫、一九九二年)、G・イェリネ

ク『一般国家学』（第二版、学陽書房、一九七六年）、H・ケルゼン『一般国家学』（改版、岩波書店、一九七一年）などや、国家に関連する研究（マルクス、エンゲルス、C・シュミット、モーゲンソー、ホフマンなどの著作）と第1章の国際法の歴史についてあげた諸文献を参照してほしい。

第4章

大沼保昭『戦争責任論序説』（東京大学出版会、一九七五年）……ベルサイユ条約二三一条の「戦争責任」条項がドイツ「国」に課した莫大な賠償責任が実際には国民責任としてドイツ国民全体に課せられるという「国家責任」がもつ国民集団責任追及の機能を示す。

中谷和弘「国際法治主義の地平」『岩波講座　現代の法2』（岩波書店、一九九七年）

長谷川正国「国際法における国家の責任」（国際法学会編『国際社会の法と政治〔日本と国際法の100年　第一巻〕』三省堂、二〇〇一年）

森肇志「国際法における法の実現手法」（佐伯仁志編『岩波講座　現代法の動態2』岩波書店、二〇一四年）

萬歳寛之『国際違法行為責任の研究』（成文堂、二〇一五年）

浅田正彦「国家責任条文における義務の類型化と「被害国」の概念」（松井芳郎他編『21世紀の国際法と海洋法の課題』第2章、東信堂、二〇一六年）

A・チェイズ、A・H・チェイズ『国際法遵守の管理モデル——新しい主権のありかた』（中央大学出版部、二〇一八年）……国際法の遵守をめぐる「執行モデル」「強制モデル」から「管理モデル」への転換という筋道で、現代国際法の動向を巨視的にとらえた理論的著作。

岩月直樹「第三国による対抗措置」（『法学セミナー』（特集「国際法の最新論点」）七六五号、二〇一八年一〇月号）

第5章

領域

芹田健太郎『日本の領土』（中公叢書、二〇〇二年）／高野雄一『日本の領土』（東京大学出版会、一九六二年）……日本の領土問題について。

国際法学会編『陸・空・宇宙〔日本と国際法の100年　第二巻〕』（三省堂、二〇〇一年）／国際法学会編『海〔日本と国際法の100年　第三巻〕』（三省堂、二〇〇一年）……日本の領域法専門家の代表的な論文を編んだもの。

栗林忠男・杉原高嶺編『海洋法の歴史的展開』（有信堂高文社、二〇〇四年）

山本草二編集代表『海上保安法制』（三省堂、二〇〇九年）……海上執行に関する国際法と国内法（行政法、刑事法）が交錯する法的諸問題につき海上保安業務の理論体系の構築を考察した論文集。

許淑娟『領域権原論』（東京大学出版会、二〇一二年）……領域支配に正当性を付与する領域権原をめぐる理論の変遷を歴史的に跡づけ、その法的構成の多層的な基盤を考察した研究書。

松井芳郎『国際法学者がよむ尖閣問題』（日本評論社、二〇一四年）……尖閣諸島をめぐる日本政府の外交姿勢の問題点をも指摘しつつ、この問題の解決に向けて国際法がなし得ることを多面的に検討し、提示した論考。

杉原高嶺『国際法学講義』（第二版、有斐閣、二〇一三年）

坂元茂樹編著『国際海峡』（東信堂、二〇一五年）……主要国際海峡をめぐる諸問題を、多様な側面から検討および考察をした論文集。

坂元茂樹『日本の海洋法政策と海洋法』（信山社、二〇一八年）……日本が国際協調にもとづき自らの海洋権益を確保していくべきときの課題と国際法の役割を考究した論考。

国籍

江川英文・山田鐐一・早田芳郎『国籍法』(第三版、有斐閣、一九九七年)……国際私法学者の眼で書かれた代表的な教科書。

山田鐐一『国際私法』(第三版、有斐閣、二〇〇四年)

大沼保昭『在日韓国・朝鮮人の国籍と人権』(東信堂、二〇〇四年)……戦後半世紀以上経つのに、日本社会の一員として定住する在日韓国・朝鮮人の多くが日本国籍をもたず、外国人として生きている問題について。

溜池良夫『国際私法講義』(第三版、有斐閣、二〇〇五年)

阿部浩己『無国籍の情景』(国連難民高等弁務官駐日事務所、二〇一〇年)

陳天璽『無国籍』(新潮文庫、二〇一一年)

遠藤正敬『戸籍と国籍の近現代史』(明石書店、二〇一三年)

奥田安弘『家族と国籍』(明石書店、二〇一七年)

*国籍は人と国家をつなぐきずなであり、なぜ人はある国の国民とされるのかという、国民国家への帰属にかかわる原理的な問題がある。わたしたちがある国の「国民」であるということはいかなる法・政治理論により基礎づけられるのか。以下は、この問いへの答えを考えるうえでの三点。

T・ホッブズ『リヴァイアサン』

福田歓一『近代政治原理成立史序説』(岩波書店、一九七一年)

大沼保昭「国籍とその機能的把握」(寺沢一・内田久司編『国際法の基本問題』有斐閣、一九八六年)

第6章

高野雄一『国際社会における人権』（岩波書店、一九七七年）
田畑茂二郎『国際化時代の人権問題』（岩波書店、一九八八年）
大沼保昭『人権、国家、文明』（筑摩書房、一九九八年）
有賀貞編『アメリカ外交と人権』（日本国際問題研究所、一九九二年）
大沼保昭『単一民族社会の神話を超えて』（新版、東信堂、一九九三年）
L・ヘンキン『人権の時代』（有信堂高文社、一九九六年）
渡邉昭夫編『アジアの人権』（日本国際問題研究所、一九九七年）
阿部浩己・今井直・藤本俊明『テキストブック国際人権法〔第3版〕』（日本評論社、二〇〇九年）
林陽子編著『女性差別撤廃条約と私たち』（信山社、二〇一一年）
田中宏『在日外国人』（第三版、岩波新書、二〇一三年）
阿部浩己『国際人権を生きる』（信山社、二〇一四年）
申惠丰『国際人権法』（第二版、信山社、二〇一六年）

第7章

経済

＊以下四点は国際経済法の教科書。
　中川淳司他『国際経済法』（第二版、有斐閣、二〇一二年）
　松下満雄『国際経済法』（第三版、有斐閣、二〇〇一年）
曽野和明『国際経済社会と法』（有信堂高文社、二〇〇三年）／吾郷眞一『国際経済社会法』（三省堂、二〇〇

五年）……いずれも小型の教科書だが、前者は国際投資と国際通貨・金融の問題、後者は国際的な労働の問題を実態面に即して描き出しており、貿易・通商中心の教科書、研究を補足するうえで貴重。

国連開発計画（UNDP）編『人間開発報告書』年次版（CCCメディアハウス）

S・ジョージ『なぜ世界の半分が飢えるのか』（朝日新聞社、一九八〇年）

間宮陽介『市場社会の思想史』（中公新書、一九九九年）

小寺彰『WTO体制の法構造』（東京大学出版会、二〇〇〇年）……WTOについての代表的な論文集。小寺には小寺彰編著『転換期のWTO』（東洋経済新報社、二〇〇三年）もある。

山根裕子『知的財産権のグローバル化』（岩波書店、二〇〇八年）……途上国の人々の医薬品アクセスにとってTRIPS協定がどのような影響をおよぼしているかを、権利者（製薬企業）側の主張にも目配りしながらバランスよく分析し、今後の法制度設計のあるべき方向性を論じる。

小寺彰編著『国際投資協定』（三省堂、二〇一〇年）

日本国際経済法学会編『国際経済法講座Ⅰ』（法律文化社、二〇一二年）……国際経済法学会が企画・編集し、学会の主要メンバーが執筆。通商・投資分野の重要なテーマを幅広くカバーし、基本事項の解説とともに、やや踏み込んだ分析も加えている。

羽場久美子『グローバル時代のアジア地域統合』（岩波ブックレット、二〇一二年）

中川淳司『WTO』（岩波新書、二〇一三年）……WTO体制の全体像を簡明に解説するとともに、とくに途上国の経済発展にとってWTOがどのように寄与しうるかを論じる。

末廣昭『新興アジア経済論』（岩波書店、二〇一四年）……開発経済学の泰斗がアジア諸国の急速な経済発展の要因と今後も成長を維持するための条件について分析。今後のアジア諸国の発展動向を見通すうえで参考になる。

小林友彦・飯野文・小寺智史・福永有夏『WTO・FTA法入門』（法律文化社、二〇一六年）……若手の国際経済法研究者四名による初学者向けの教科書。事例を多く織り交ぜながら、最近のトピックもふくめてわかりやすく叙述している。

＊以下四点は、大きな国際経済の見取り図を描くもの。
I・ウォーラーステイン『近代世界システム』I～Ⅳ（名古屋大学出版会、二〇一三年）
S・ストレンジ『マッド・マネー』（岩波書店、一九九九年）
村上泰亮『反古典の政治経済学』上・下（中央公論社、一九九二年）
大沼保昭「歴史と文明のなかの経済摩擦」（『倭国と極東のあいだ』中央公論社、一九八八年）……日米経済摩擦を長期的視点からとらえようとしたもの。

環境

米本昌平『地球環境問題とは何か』（岩波新書、一九九四年）
E・B・ワイス『将来世代に公正な地球環境を』（日本評論社、一九九二年）……世代間公平・衡平の問題についての先駆的な業績。
加藤尚武『環境倫理学のすすめ』（丸善ライブラリー、一九九一年）
渡部茂己『国際環境法入門』（ミネルヴァ書房、二〇〇一年）
児矢野マリ『国際環境法における事前協議制度』（有信堂高文社、二〇〇六年）……環境に影響を与えうる事業をおこなう際の事前協議制度の実証的解明を通じて環境紛争を回避する方法の現状を描き出した研究書。
松井芳郎『国際環境法の基本原則』（東信堂、二〇一〇年）……国際環境法の基本原則を国際社会の分権的構造

の下に位置づけることによって国際法の「相互豊富化」への途を追求した体系書。

西海真樹『現代国際法論集』（中央大学出版部、二〇一六年）……開発、文化、人道を規律する現代国際法を考察する論文集。特に、第二部において、開発における文化や文化多様性条約の射程が論じられている。

西村幸夫・本中眞編『世界文化遺産の思想』（東京大学出版会、二〇一七年）……世界遺産の理念、制度、歴史を踏まえたうえで、現場の課題や取り組みをわかりやすく紹介した入門書。

第8章

横田喜三郎『国際裁判の本質』（岩波書店、一九四一年）／杉原高嶺『国際司法裁判制度』（有斐閣、一九九六年）……国際裁判についてのいずれも第一級の研究。前者は理論的、後者は実証的と方法は対照的だが、戦前、戦後を代表する国際裁判研究書である。

廣瀬和子『紛争と法』（勁草書房、一九七〇年）……本書以来一貫して社会学的方法に立脚する廣瀬の議論は、たとえば紛争と抗争の区別の必要性についてきわめて説得的だが、国際政治の苛酷さへのリアリズムに欠けるように思われる。

田岡良一『国際法』Ⅲ（新版、有斐閣、一九七三年）……理論的にきわめて興味深い高度の教科書だが、その方法と結論にはさまざまな異論があるだろう。わたし自身は田岡のリアリズムに強く惹かれるが、それほど現実を醒めた目で見ていた田岡の素朴な裁判所への期待は共有できない。

大沼保昭『戦争責任論序説』（東京大学出版会、一九七五年）／大沼保昭編『戦争と平和の法』（補正版、東信堂、一九九五年）／杉原高嶺「近代国際法の法規範性に関する一考察」（山手治之・香西茂編『国際社会の法構造』東信堂、二〇〇三年）……紛争の平和的解決は戦争の国際法的位置づけと密接に結びついている。その歴史的展開をたどるうえで役に立つ。

小田滋『国際司法裁判所』（日本評論社、一九八七年）……あまり「重い」研究だけでは、という読者向けの、ICJに関する読みやすい小著。

J・G・メリルス『国際紛争処理概論』（新版、成文堂、二〇〇八年）……国際紛争解決手続・組織を論じる古典的名著の翻訳。最も手堅い、信頼のおける著作。

オリバー・ラムズボサム他『現代世界の紛争解決学』（明石書店、二〇〇九年）……現代の武力紛争・テロリズムの背景から平和維持、文化・宗教の対立まで視野をひろげて、紛争解決論を展開する。

ジョナサン・ルイス他編著『紛争解決の国際政治学』（ミネルヴァ書房、二〇一〇年）……紛争の地域的背景に目を向けながら、新しい正戦論、組織的暴力、多国間主義など多方面から紛争解決の国際政治学を展開する論文集。

稲原泰平『国際法と紛争解決論』（信山社、二〇一二年）……日本周辺でおこった紛争事例と国際法上の問題を具体的に記述する。紛争解決の実例を提示する。

ヨハン・ガルトゥング『ガルトゥング紛争解決学入門』（法律文化社、二〇一四年）……国際紛争について独特の社会学的分析をおこなう。地域と文明のコンフリクト論を展開する。

第9章

横田喜三郎『戦争犯罪論』（増訂版、有斐閣、一九四九年）

田岡良一『国際法上の自衛権』（補訂版、勁草書房、一九八一年）……戦後日本の国際法学の最高傑作のひとつといってよいだろう。

香西茂『国連の平和維持活動』（有斐閣、一九九一年）

松井芳郎『湾岸戦争と国際連合』（日本評論社、一九九三年）……集団安全保障と安保理の実際の活動について。

大沼保昭『人権、国家、文明』（筑摩書房、一九九八年）／同「『人道的干渉』の法理」（『国際問題』四九三号、二〇〇一年）／最上敏樹『人道的介入』（岩波新書、二〇〇一年）……人道的干渉についての論考。このほか国際政治をふくめるとかなりの研究がある。
藤田久一『戦争犯罪とは何か』（岩波新書、一九九五年）
黒沢満編著『軍縮問題入門』（第二版、東信堂、一九九九年）
藤田久一『国際人道法』（再増補版、有信堂高文社、二〇〇三年）
佐藤哲夫『国際組織法』（有斐閣、二〇〇五年）……第一七～二〇章を参照されたい。
山内進編『「正しい戦争」という思想』（勁草書房、二〇〇六年）
大沼保昭『東京裁判、戦争責任、戦後責任』（東信堂、二〇〇七年）
村瀬信也編『自衛権の現代的展開』（東信堂、二〇〇七年）
マイケル・ウォルツァー『正しい戦争と不正な戦争』（風行社、二〇〇八年）
マイケル・ウォルツァー『戦争を論ずる』（風行社、二〇〇八年）
村瀬信也編『国連安保理の機能変化』（東信堂、二〇〇九年）……良書だが、一般の読者にはハードルが高い。
松浦博司『国連安全保障理事会』（東信堂、二〇〇九年）
森肇志『自衛権の基層』（東京大学出版会、二〇〇九年）
清水奈名子『冷戦後の国連安全保障体制と文民の保護』（日本経済評論社、二〇一一年）
掛江朋子『武力不行使原則の射程』（国際書院、二〇一二年）
本多美樹『国連による経済制裁と人道上の諸問題』（国際書院、二〇一三年）
佐藤哲夫『国連安全保障理事会と憲章第7章』（有斐閣、二〇一五年）……専門書だが優れた分析と解釈の書。第二～六、九～一〇章を参照されたい。

佐藤哲夫「国連による安全保障の七〇年と日本の対応」（『法律時報』八七巻一二号、二〇一五年一一月）……短い論文で、入手も容易。
ジョン・G・ストウシンガー『なぜ国々は戦争をするのか』上・下（国書刊行会、二〇一五年）
金惠京『無差別テロ』（岩波現代全書、二〇一六年）……テロが身近に迫る現代において、国際法はどのように対応しようとしているのか。テロ関連の条約に関する詳しい説明とともに、被害者の救済までふくめた国際法の新たな課題を示唆している。
コフィ・アナン他『介入のとき　コフィ・アナン回顧録』上・下（岩波書店、二〇一六年）
松井芳郎『武力行使禁止原則の歴史と現状』（日本評論社、二〇一八年）
吉村祥子編著『国連の金融制裁』（東信堂、二〇一八年）
日本平和学会編『平和をめぐる一四の論点』（法律文化社、二〇一八年）

＊他の分野にも同じ傾向がみられるが、とくにこの章については実証的には最近の研究が優れているが、理論的には先達の世代の研究に優れたものが多い。以下四点は一九四〇～七〇年代を中心に書かれたものであり、その問題関心、厳密な論理構成は学ぶべき点が多い。
寺沢一『法と力』（東信堂、二〇〇五年）
祖川武夫『国際法と戦争違法化』（信山社、二〇〇四年）
高野雄一『集団安保と自衛権』（東信堂、一九九九年）
石本泰雄『国際法の構造転換』（有信堂高文社、一九九八年）
＊H・ケルゼン『法と国家』（東京大学出版会、一九六九年）をはじめ、第1章であげた国際法の基礎理論に関する文献の多くは、この第9章であつかう問題をふくんでいる。

謝辞

父・大沼保昭は、二〇一八年一〇月一六日朝、家族に見守られながら、天国へと旅立ちました。遺作となった本書は、亡くなる前日まで、父がペンを握り、病床で命を削りながら仕上げたものです。誰にでもわかる「生きた国際法」の新書を最後に書きたい――すでに、夏には抗がん剤治療の副作用で、食も細くなり、体力的にも治療するのに精一杯であったはずの父でしたが、本書執筆への思いはとても熱いものでした。

多くの方々の御協力によって、本書を出版することができました。執筆にあたっては、阿部浩己、齋藤民徒、石井由梨佳、伊藤一頼の各先生方に大変にお骨折りいただき、感謝の念に堪えません。ここには挙げきれませんが、松田健ちくま新書編集長をはじめ、蔦木文湖秘書、その他多くの皆様方のご協力があってのものであり、心より御礼申し上げます。さらに、本書の原稿締切まではなんとか執筆できる状態でありたい、と強く願った本人の望みを叶えて下さった慶應義塾大学病院の大家基嗣教授チームには、父の思いを理解し、精一杯サポートいただきました。厚く御礼申し上げます。

病室で、最終章についてコメントを求められた私は、「国際法の未来への可能性、夢をもう少し語ってほしい」と話しました。父は、「そうだね。とても大事なことだね」と言い、「本文に加筆はむずかしかったけれど、注に入れたから」と笑顔で応えてくれました。そこには、日本の先人たちの苦労と教訓が示されていました。第9章の注（19）は、まさに未来へのメッセージを包括しています。最後の最後に父が渾身の思いでペンを握り伝えたかった内容がこの注の六行に凝縮されていると思いました。父は、努力の人でした。常に高みを目指し、学問の真理を追究するだけではなく、それを形にし、行動に移すことを厭わない人でした。

国際法の可能性を誰よりも強く信じた父の遺志を胸に、本書を手にしてくださった全ての皆さんがそれぞれの分野で、少しでもその実践に本書を役立てていただければ、天国の父にとっても本望であると思います。「善きことはカタツムリの速さでしか進まない。しかし、たとえカタツムリの速さであれ、それは一歩一歩前に進んでいるのである」――最後まで、生きる希望を捨てなかった父の国際法への想いがこの一文に託されています。死を目の前にして、なお希望を説いた父の崇高な理念を多くの読者の皆様が受け継いでくださることを願っています。お支えいただいた全ての皆様に心からの感謝を申し上げます。本当にありがとうございました。

娘　大沼みずほ

執筆協力＝阿部浩己　齋藤民徒
石井由梨佳　伊藤一頼

ちくま新書
1372

国際法《こくさいほう》

二〇一八年一二月一〇日　第一刷発行

著者　大沼保昭（おおぬま・やすあき）

発行者　喜入冬子

発行所　株式会社　筑摩書房
東京都台東区蔵前二-五-三　郵便番号一一一-八七五五
電話番号〇三-五六八七-二六〇一（代表）

装幀者　間村俊一

印刷・製本　三松堂印刷　株式会社

ISBN978-4-480-07165-1 C0232

ちくま新書

925
民法改正
——契約のルールが百年ぶりに変わる
内田貴
経済活動の最も基本的なルールが、制定から百年を経て抜本改正されようとしている。なぜ改正が必要とされ、具体的に何がどう変わるのか。第一人者が平明に説く。

1267
ほんとうの憲法
——戦後日本憲法学批判
篠田英朗
憲法九条や集団的自衛権をめぐる日本の憲法学者の議論はなぜガラパゴス化したのか。歴史的経緯を踏まえ、政治学の立場から国際協調主義による平和構築を訴える。

1033
平和構築入門
——その思想と方法を問いなおす
篠田英朗
平和はいかにしてつくられるものなのか。武力介入や犯罪処罰、開発援助、人命救助など、その実際的手法と背景にある思想をわかりやすく解説する、必読の入門書。

1346
立憲的改憲
——憲法をリベラルに考える7つの対論
山尾志桜里
今あるすべての憲法論を疑え！　真に権力を縛り立憲主義を取り戻す「立憲的改憲」を提起し自衛権、安全保障、違憲審査など核心問題について気鋭の論客と吟味する。

1250
憲法サバイバル
——「憲法・戦争・天皇」をめぐる四つの対談
ちくま新書編集部編
施行から70年が経とうとしている日本国憲法。改憲論議も巻き起こり、改めてそのあり方が問われている。問題の本質はどこにあるのか？　憲法をめぐる白熱の対談集。

594
改憲問題
愛敬浩二
戦後憲法はどう機能してきたか。改正でどんな効果が期待できるのか。改憲論議にはこうした実質を問う視角が欠けている。改憲派の思惑と帰結をクールに斬る一冊！

465
憲法と平和を問いなおす
長谷部恭男
情緒論に陥りがちな改憲論議と冷静に向きあうには、そもそも何のための憲法かを問う視点が欠かせない。この国のかたちを決する大問題を考え抜く手がかりを示す。